汽车防盗系统维修

从入门到精通

瑞佩尔◎主编

化学工业出版社

·北京·

内容简介

全书主要讲述了汽车防盗系统的结构原理知识与维修技术。开篇概述性地介绍了汽车防盗系统的类型与应用，防盗系统电路识读与常见故障维修思路；紧接着，介绍了中控门锁、电子转向柱锁(ESCL)、无钥匙进入与启动(PEPS)、发动机防盗系统、防盗报警系统等装置与系统的结构原理、功能及工作方式，主要部件的拆装与电气检测方法，以案例的形式讲解常见故障的诊断与排除。在本书的后面以单个车型为例介绍了部分欧美、日韩及国产自主品牌的遥控钥匙匹配方法，以及部分欧美、日韩及国产自主品牌汽车的电脑编程方法。

本书以图解的形式编排内容，系统全面，浅显易懂，特别适合有志学习汽车防盗维修与编程技术的读者使用，也可作为汽车高职院校、中职学校、技校等汽车维修的防盗专题教材。

图书在版编目(CIP)数据

汽车防盗系统维修从入门到精通/瑞佩尔主编．—北京：化学工业出版社，2023.4

ISBN 978-7-122-42818-9

Ⅰ.①汽… Ⅱ.①瑞… Ⅲ.①汽车-报警系统-车辆修理 Ⅳ.①U472.41

中国国家版本馆CIP数据核字（2023）第019660号

责任编辑：周　红
文字编辑：郑云海　温潇潇
责任校对：李　爽
装帧设计：王晓宇

出版发行：化学工业出版社
（北京市东城区青年湖南街13号　邮政编码100011）
印　　装：高教社（天津）印务有限公司
787mm×1092mm　1/16　印张12¾　字数320千字
2023年5月北京第1版第1次印刷

购书咨询：010-64518888
售后服务：010-64518899
网　　址：http://www.cip.com.cn
凡购买本书，如有缺损质量问题，本社销售中心负责调换。

定　　价：89.00元

前言

汽车防盗系统是指为防止汽车本身或车上的物品被盗所设的系统。汽车防盗器已由初期的机械控制，发展成为“钥匙控制—电子密码—遥控呼救—信息报警”的汽车防盗系统，由以前单纯的机械钥匙防盗技术走向电子防盗、生物特征式电子防盗。电子防盗系统主要由电子控制的遥控器或钥匙、电子控制电路、报警装置和执行机构等组成。

汽车防盗系统属于汽车车身电气系统里的一个子系统，与其相关或由其衍生的系统有发动机防盗系统(IMMO，Immobilizer)、中控门锁(CDL，Central Door Lock)、电子转向柱锁(ESCL，Electrical Steering Colum Lock)、无钥匙进入与启动系统(PEPS，Passive Entry & Passive Start System)以及车辆防盗报警系统(VSAS，Vehicle Security Alarm Systems)等。由于涉及车身财产安全与汽车使用的便捷性，防盗系统的作用举足轻重，由此，汽车防盗技术与防盗功能的配置很受汽车厂商和车主们的重视。由于防盗系统涉及诸多汽车部件(控制器、传感器与执行器)与应用系统，所以汽车防盗系统的维修及编程技术在整个汽车维修工作中的地位也很重要。

与汽车防盗系统相关的维修与服务技术工作，可以分为两大流派：一类是以汽车开锁、配锁服务为主的“锁匠”行业，如汽车钥匙锁车里了、丢了或自身需要增加新的钥匙，当有此类需求时，就可以找此类人员进行汽车开锁或匹配钥匙；另一类是以汽车维修工作为主，同时也可以解决解锁、配钥匙等问题的汽车维修人员。此类人员按其是否有厂家授权或拥有厂家技术资源，可以分为4S/授权售后服务商和社会维修单位人员两类。按所使用的专业工具来看，“锁匠”所应用的仪具是第三方开发的专业防盗匹配工具，如解码器与编程器；而维修人员则使用“专检”(厂家开发的专用检测仪)或第三方开发的综合检测仪，如元征的X431等工具。

本书内容围绕汽车防盗系统的维修技术与匹配编程技术展开。汽车防盗技术博大精深，考虑到初学入门者的需要，本书由浅入深，先介绍系统功能结构与工作原理，再介绍实践拆装检测与故障诊断排除。关于钥匙匹配与电脑(控制器)编程的内容，限于篇幅，只是各选一两个车型作为例子。另外，本书所列车型手工匹配钥匙的操作流程大都需要用专业工具及由厂家提供技术支持(如在线编程与注册激活，密码授权)，相关方法与步骤从具体案例中可以略知一二。

本书是一本适合汽车防盗系统维修和匹配编程从入门到提高的书籍，内容涉及防盗系统结构原理与故障诊断及排除、遥控钥匙匹配与电脑编程的诸多方面，可以说是汽车防盗维修相关从业人员及汽车职业院校汽车维修专业师生的“充电宝”。

全书分为八章，讲述汽车防盗系统的结构原理知识与维修技术，以行业规范为依照，注重知识性、系统性、实用性的多重结合，尽量用最直观的方式将最有用的内容呈现给读者朋友们。

第一章为概述性内容，介绍了汽车防盗系统的类型与应用，以及防盗系统电路识读与常见故障维修思路。第二章到第六章分别介绍了中控门锁(CDL)、电子转向柱锁(ESCL)、无钥匙进入与启动系统(PEPS)、发动机防盗系统(IMMO)、防盗报警系统(VSAS)等装置与系统的结构原理、功能及工作方式，主要部件的拆装与电气检测方法，常见故障的诊断与排除(案例)。第七章以单个车型为例介绍了部分欧美、日韩及国产自主品牌的遥控钥匙匹配方法。第八章同样以单个举例的方式介绍了部分欧美、日韩及国产自主品牌汽车的电脑编程方法。

本书整理了大量进口及国产主流车型的防盗系统电路图(见附录)，希望可以为大家对汽车防盗系统的学习与维修工作带去方便。

本书由瑞佩尔主编，此外参加编写的人员还有朱如盛、周金洪、刘滨、陈棋、孙丽佳、周方、彭斌、王坤、章军旗、满亚林、彭启凤、李丽娟、徐银泉，在编写过程中，参考了大量厂家技术文献和网络信息资料，在此表示衷心的感谢!

由于涉及内容众多，技术新颖，加上编者水平有限，疏漏之处在所难免，还请广大读者批评指正，以使本书在再版修订时更为完善。

编者

目录

第一章

汽车防盗系统概述

第一节

系统分类与应用

一、汽车防盗系统类型

汽车防盗系统，是指为防止汽车本身或车上的物品被盗所设的系统。它由电子控制的遥控器或钥匙、电子控制电路、报警装置和执行机构等组成。最早的汽车门锁是机械式门锁，只是用于防止汽车行驶时车门自动打开而发生意外，只起行车安全作用，不起防盗作用。随着社会的进步、科学技术的发展和汽车保有量的不断增加，后来制造的汽车车门都装上了带钥匙的门锁。这种门锁只控制一个车门，其他车门是靠车内门上的门锁按钮进行开启或锁止。

汽车防盗器就是一种安装在车上、用来增加盗车难度、延长盗车时间的装置，是汽车的守护神。将防盗器与汽车电路配接在一起，可以达到防止车辆被盗、被侵犯、保护汽车并实现防盗器各种功能的目的。随着科学技术的进步，为应对不断升级的盗车手段，人们研制出各种方式、不同结构的防盗器。防盗器按其结构可分三大类：机械式、电子式和网络式。网络式主要是GPS全球防盗系统。另外还有一种新型的生物识别防盗锁。下面详细介绍各种防盗装置。

1. 机械式防盗技术

机械式防盗装置是市面上最简单最廉价的一种防盗器形式，其原理也很简单，只是将转向盘和控制踏板或挡柄锁住。其优点是价格便宜，安装简便；缺点是防盗不彻底，每次拆装麻烦，不用时还要找地方放置。比较常见的机械式防盗装置有以下几种。

① 转向盘锁：转向盘锁靠坚固的金属结构锁住汽车的操纵部分，使汽车无法开动。转向盘锁将转向盘与制动踏板连接在一块，或者直接在转向盘上加限位铁棒使转向盘无法转动，如图 1-1(a) 所示。

② 可拆卸式转向盘：这种防盗器材在市场上比较少见，其整套配备包括底座、可拆式转向盘、专利锁帽盖，如图 1-1(b) 所示。操作程序是将转向盘取下，将专利锁帽盖套在转向轴上。即使小偷随便拿一个转向盘也无法安装在转向轴上。该类防盗锁的优点是不会破坏原车结构，故障率低，操作容易；缺点是车主必须找一个空间隐藏拆下的转向盘。

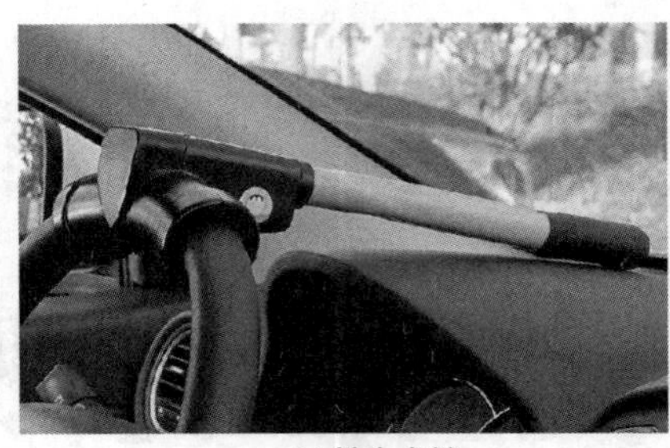

(a) 转向盘锁

(b) 可拆卸式转向盘

图 1-1 转向盘锁与可拆卸式转向盘

③ 离合/制动/油门踏板锁：这种装置是将汽车离合/制动踏板或油门踏板锁住并支撑稳，使其无法操控而防止车辆被盗，如图 1-2(a) 所示。其特点是结构简单，不影响汽车的内饰和美观。但是夜间照明不良时，上锁就很困难。

④ 车轮锁：车轮锁是车体外用锁，锁在车轮上可以牢固地锁住汽车的轮胎，使车轮无法转动，以此防止汽车被盗，如图 1-2(b) 所示。车轮锁一般锁在驾驶座一侧的前轮上，比车内锁具有更明显的震慑力。但是车轮锁笨重、体积大，携带不方便。

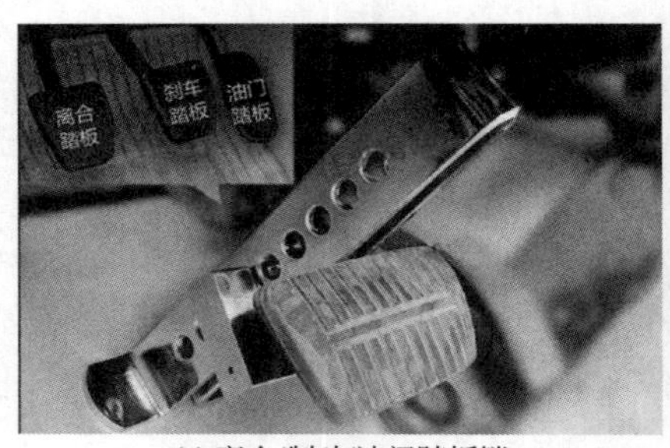

(a) 离合/制动/油门踏板锁

(b) 车轮锁

图 1-2 踏板锁与车轮锁

⑤ 防盗磁片：防盗磁片全称是汽车车锁防盗防撬磁片或汽车防盗磁片，是用物理方法堵住汽车钥匙孔，依靠防盗磁片的强磁力吸到汽车车锁锁眼中，盖住锁芯以达到汽车车锁防撬盗的汽车防撬盗保护装置，如图 1-3(a) 所示。该装置对使用暴力撬盗汽车车锁具有非常好的防止效果。

⑥ 排挡锁：排挡锁用来锁住变速器换挡杆，使换挡杆不能移动而无法驾驶汽车，如

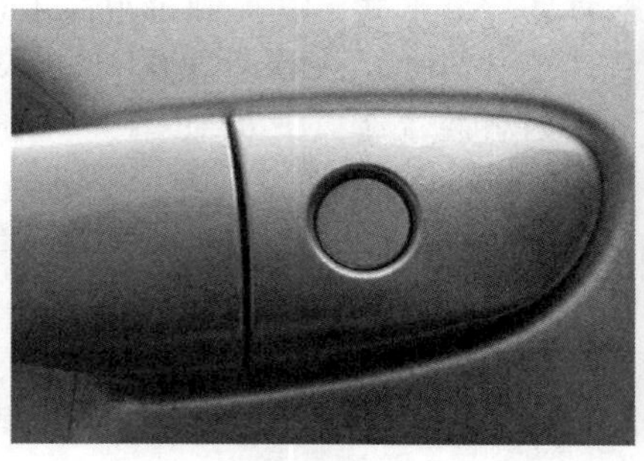

(a) 防盗磁片

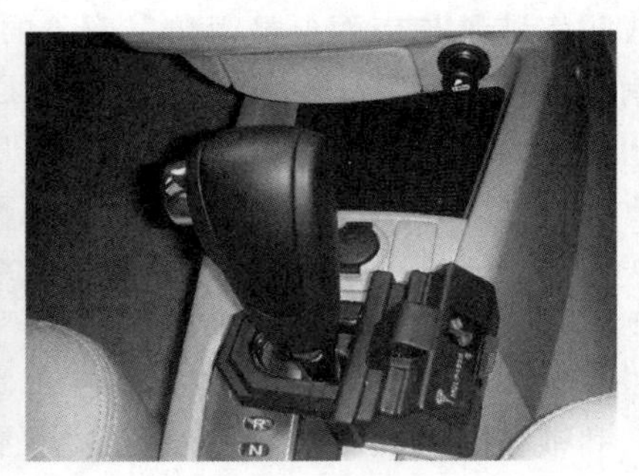

(b) 排挡锁

图 1-3 防盗磁片与排挡锁

图 1-3(b) 所示。此防盗系统简便又坚固，采用特殊高硬度合金钢制造，防撬、防钻、防锯，且采用同材质镍银合金锁芯和钥匙，没有原厂配备钥匙，无法打开，钥匙丢失后，可使用原厂电脑卡复制钥匙。

上述机械式防盗装置结构比较简单，占用空间，不隐蔽，每次使用都要用钥匙开锁，比较麻烦，而且不太安全。随着电子技术在汽车上的应用，电子式防盗装置应运而生。

2. 电子式防盗技术

电子式数码防盗器是汽车防盗器发展的重点，大多数轿车均采用这种防盗方式作为原配防盗器。

电子式防盗的基本原理是锁住汽车的发动机运行的电路和油路，在没有芯片钥匙的情况下无法启动车辆。数字化的密码重码率极低，而且要用密码钥匙接触车上的密码锁才能开锁，杜绝了被扫描的可能。

最新的电子防盗芯片具有特殊的诊断功能，即已获授权者在读取钥匙保密信息时，能够得到该防盗系统的历史信息，系统中经授权的备用钥匙数目、时间印记以及其他背景信息，成为收发器安全性的组成部分。其独特的射频识别技术可以保证系统在任何情况下都能正确识别驾驶者，在驾驶者接近或远离车辆时可以自动识别其身份，自动打开或关闭车锁。电子防盗系统组成部件如图 1-4 所示。

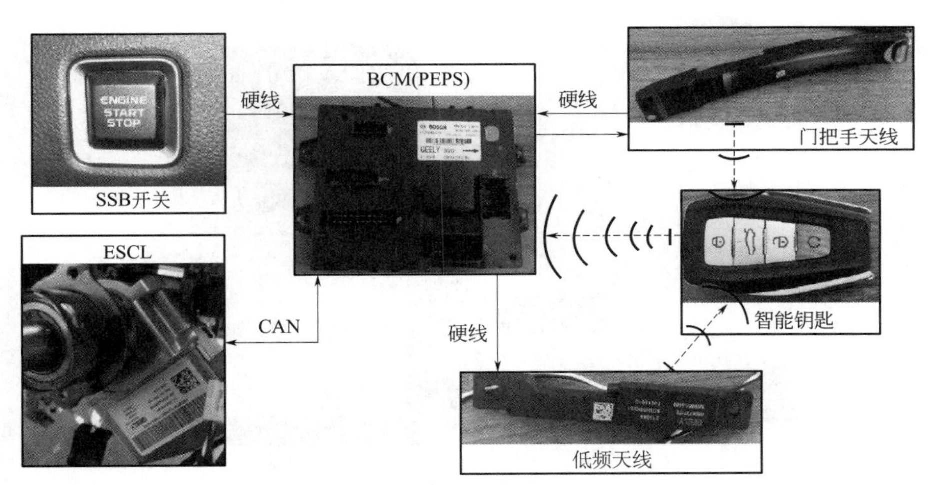

图 1-4　某品牌汽车电子防盗系统组成部件

所谓电子防盗，简而言之就是给车锁加上电子识别、开锁配钥匙都需要输入十几位密码的汽车防盗方式。它一般具有遥控功能，是随着电子技术的发展而迅速发展起来的一种防盗方式。电子式防盗器有如下四大功能：

① 防盗报警：这个功能是指在车主遥控锁门后，报警器即进入警戒状态，此时如有人撬门或用钥匙开门，会立即引及防盗器鸣叫报警，吓阻窃贼行窃。

② 车门未关安全提示：行车前车门未关妥，警示灯会连续闪烁数秒。汽车熄火遥控锁门后，若车门未关妥，车灯会不停闪烁，扬声器鸣叫，直至车门关好为止。

③ 寻车：车主用遥控器寻车时，扬声器断续鸣叫，同时伴有车灯闪烁提示。

④ 遥控中央门锁：当遥控器发射正确信号时，中央门锁自动开启或关闭。电子遥控防盗装置的遥控器、电子钥匙都有相对应的密码。遥控器发射部分采用微波/红外线系统。利用手持遥控器将密码信号发向停车位置，门锁系统接收开启，驾车者进车后再将电子钥匙放

入点火锁内，电子钥匙将内置密码发至控制电路中的接收线圈，产生电感耦合，令电路和油路启动，使汽车得以运行。

3. 网络式防盗技术

GPS 即全球卫星定位系统，是在 20 世纪 70 年代美国耗资 130 亿美元研制开发出来的追踪定位系统，最初只使用于军事领域。1993 年后，美国国防部正式宣布 GPS 向全球免费开放使用。由于它先进的技术特点在很多方面和交通行业不谋而合，因此很快就被广泛用于交通行业。

GPS 的工作原理是利用接收卫星发射信号，与地面监控设备和 GPS 信号接收机组成全球定位系统。卫星星座连续不断发送动态目标的三维位置、速度和时间信息，保证车辆在地球上的任何地点、任何时刻都能收到卫星发出的信号。GPS 防盗系统主要是靠锁定点火或启动来达到防盗的目的，同时还可通过 GPS 卫星定位系统，将报警处和报警车辆所在位置无声地传送到报警中心。因此，只要每辆移动车辆上安装的 GPS 车载机能正常地工作，再配上相应的信号传输链路（如 GSM 移动通信网络和电子地图），建一个专门接收和处理各个移动目标发出的报警和位置信号的监控室，就可形成一个卫星定位的移动目标监控系统。其功能原理如图 1-5 所示。

图 1-5　汽车 GPS 追踪监视功能示意图

GPS 卫星定位汽车防盗系统有如下五大功能：

① 定位：监控中心可随时监控某辆车的运行状况，可以 24h 不间断地检测目标车辆当前的运行位置、行驶速度和前行方向等数据。

② 通信：GPS 适应信息时代的需求，在行车中可以为车主提供 GSM 网络上的漫游服务。车主可以随时随地与外界和服务中心保持联络。

③ 监控：如果万一不幸遇上劫匪，可以通过 GPS 系统配备的脚踏/手动报警、防盗报警等报警设施与监控中心取得联系。

④ 停驶：假若车辆不幸丢失，可通过监控中心对它实行“远程控制”。监控中心在对车主所提供的信息和警情核实无误后，可以遥控该车辆，对其实行断油断电。

⑤ 调度：在车辆日渐增多的大城市遇上塞车怎么办？GPS 同样可以帮忙。监控服务中心可以将当前的交通信息广播，发布中文调度指令，提高客运/货运效率。

4. 生物式防盗技术

生物防盗技术主要指利用指纹、人脸或眼睛进行识别解锁。

(1) 指纹锁

指纹锁是利用每个人不同的指纹图形特征制成的一种汽车门锁。制作时先在锁内安装车主的指纹图形，当车主开启车门时，只要将手指往门锁上一按，如果指纹图形相符，车门即打开。在现代第四代胜达车型上，搭载了有指纹识别功能的无钥匙启动功能，通过预先录入个人指纹，便可以启动车辆，如图 1-6 所示。

(a) 车门指纹锁

(b) 指纹启动按钮

图 1-6　指纹识别于车辆的应用

(2) 人脸锁

人脸锁是利用每个人不同的面部特征进行刷脸识别的一种控制系统，如图 1-7 所示。用户只需在车外按下门把手，即可打开人脸识别功能，扫描人脸，对用户进行人脸比较，识别成功后即可打开门。进车后，也可以刷脸启动系统，摆脱钥匙的束缚。进入车内后，踩刹车触发车内的脸部识别，识别自己独特的所有者信息，就可以注册账户。不仅如此，人脸识别系统还能记住不同用户的使用习惯。

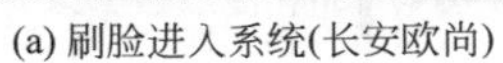

(a) 刷脸进入系统(长安欧尚)

(b) 刷脸启动及操控系统

图 1-7　人脸识别系统在车辆上的应用

(3) 眼睛锁

眼睛锁是利用视网膜图纹来控制的汽车门锁。这种锁内设有视网膜识别和记忆系统，车主开锁时只需凑近门锁看一眼，视网膜图形与记录相吻合时，车门会自动打开，但缺点是价格昂贵。目前汽车使用虹膜识别还多处于理论阶段，就算展出也仅仅是概念车，比如 2015 年上海车展上博泰的 Project N、雪佛兰 FNR 等，如图 1-8 所示。虹膜识别基于眼睛中的虹膜进行身份识别，它是业界公认的最精准与最安全的生物识别技术。虹膜识别误识率可低至百万分之一，与之相比，指纹识别误识率为 0.8%，人脸识别则为 2%。

雪佛兰FNR概念车

图 1-8 虹膜识别的应用

二、汽车防盗系统应用

目前汽车防盗器已由初期的机械控制，发展成为“钥匙控制—电子密码—遥控呼救—信息报警”的汽车防盗系统，由以前单纯的机械钥匙防盗技术走向电子防盗、生物特征式电子防盗。

汽车电子防盗系统具有报警、切断发动机点火电路、油路、控制制动和变速等功能。它由电子控制的遥控器或钥匙、电子控制电路、报警装置和执行机构等组成。汽车电子防盗系统在原有中央门锁的基础上加设了防盗系统的控制电路，以控制汽车移动并报警。电子防盗是目前较为理想的防盗装置。防盗系统不仅具有切断启动电路、点火电路、喷油电路、供油电路和变速电路，将制动锁死等功能，同时还会发出不同的求救声光信号。

汽车电子防盗系统由发动机控制 ECU（EMS）、防盗控制 ECU（Mobilizer ECU）、发送器（Transponder）组成，如图 1-9 所示。

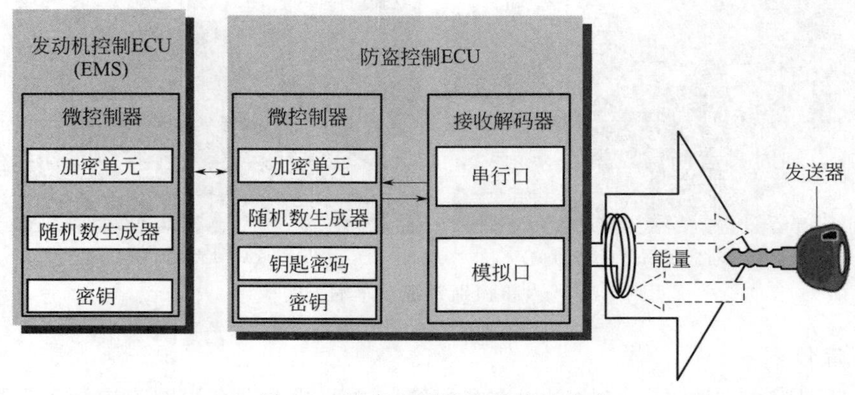

图 1-9 汽车电子防盗系统的组成

根据防盗控制 ECU 的集成程度，防盗系统有两种结构形式：一种是防盗控制 ECU 作为一个独立的器件；另一种是将防盗控制 ECU 中的单片机控制功能集成到车内某一器件单片机内，仅将信号收发器独立出来。

根据电子技术先进程度、汽车豪华程度和生产条件等的不同，防盗系统具有许多种类。

按驾驶员控制方式分有钥匙式和遥控式。按防盗功能和防盗程度的不同，防盗系统又可分为报警和防止汽车移动、卫星跟踪全球定位防盗系统等。不同原理的电子防盗系统包括声磁防盗系统、无线电/射频系统、电磁波系统、微波系统、分频系统、智慧型系统。

① 钥匙控制式防盗系统：通过钥匙将门锁打开或锁止，同时将防盗系统设置或解除。

② 遥控式电子防盗系统：利用发射和接收设备，并通过电磁波或红外线来对车门进行锁止或开启，也就是远距离控制汽车防盗系统的防盗或解除。这种电子防盗系统广泛应用于许多原厂配置防盗系统的汽车上。

③ 报警式防盗系统：该防盗系统遇有汽车被盗窃时，能启动报警，但无防止汽车移动的功能。

④ 具有防盗报警和防止车辆移动的防盗系统：当遇有窃车行为时，除音响信号报警外，还会切断汽车的启动电路、点火电路或油路等，起到防止汽车移动的作用。

⑤ 电子密码防盗系统：防盗器的电子密码就是开启防盗器的钥匙。它一方面记载着防盗器的身份码，区别各个防盗器的不同；另一方面，它又包含着防盗器的功能指令码、资料码，负责开启或关闭防盗器，控制完成防盗器的一切功能。

⑥ 电子跟踪防盗系统：该系统分为卫星定位跟踪系统（简称 GPS）和利用对讲机通过中央控制中心定位监控系统。电子跟踪定位监控防盗系统是利用电波在电子地图上显示被盗车位置并向警方报警的追踪装置。跟踪定位监控防盗系统需有关单位专门设立一套机构和一套专用的设备，并需 24h 不间断地监视，否则，即使安装了电子跟踪定位监控防盗系统，还是起不到防盗作用。

第二节 系统维修基础

一、系统电路识读

1. 中控门锁电路

中控门锁可以实现所有车门锁的集中控制，防止驾驶员侧车门误锁，确保后排车门行驶中不被误开，同时具有防盗功能。下面以日产天籁轿车为例讲解中控门锁与防盗电路图的识读。中控门锁电路原理图如图 1-10 所示。

（1）供电电路

蓄电池电压→50A M 号熔丝→BCM 端口 55。

蓄电池电压→15A 17 号保险丝→BCM 端口 42。

蓄电池电压→15A 18 号保险丝蓄电池电压→钥匙开关端口。

当钥匙插入点火钥匙芯中时通过钥匙开关端口 8→BCM 端口 37。

（2）闭锁操作

当用电动车窗主开关（车门闭锁和开锁开关）锁住车门时，车身 BCM 端口 60→电动车窗主开关（车门闭锁和开锁开关）端口 18→电动车窗主开关（车门闭锁和开锁开关）端口 17→车身接地点 M71 和 M72。

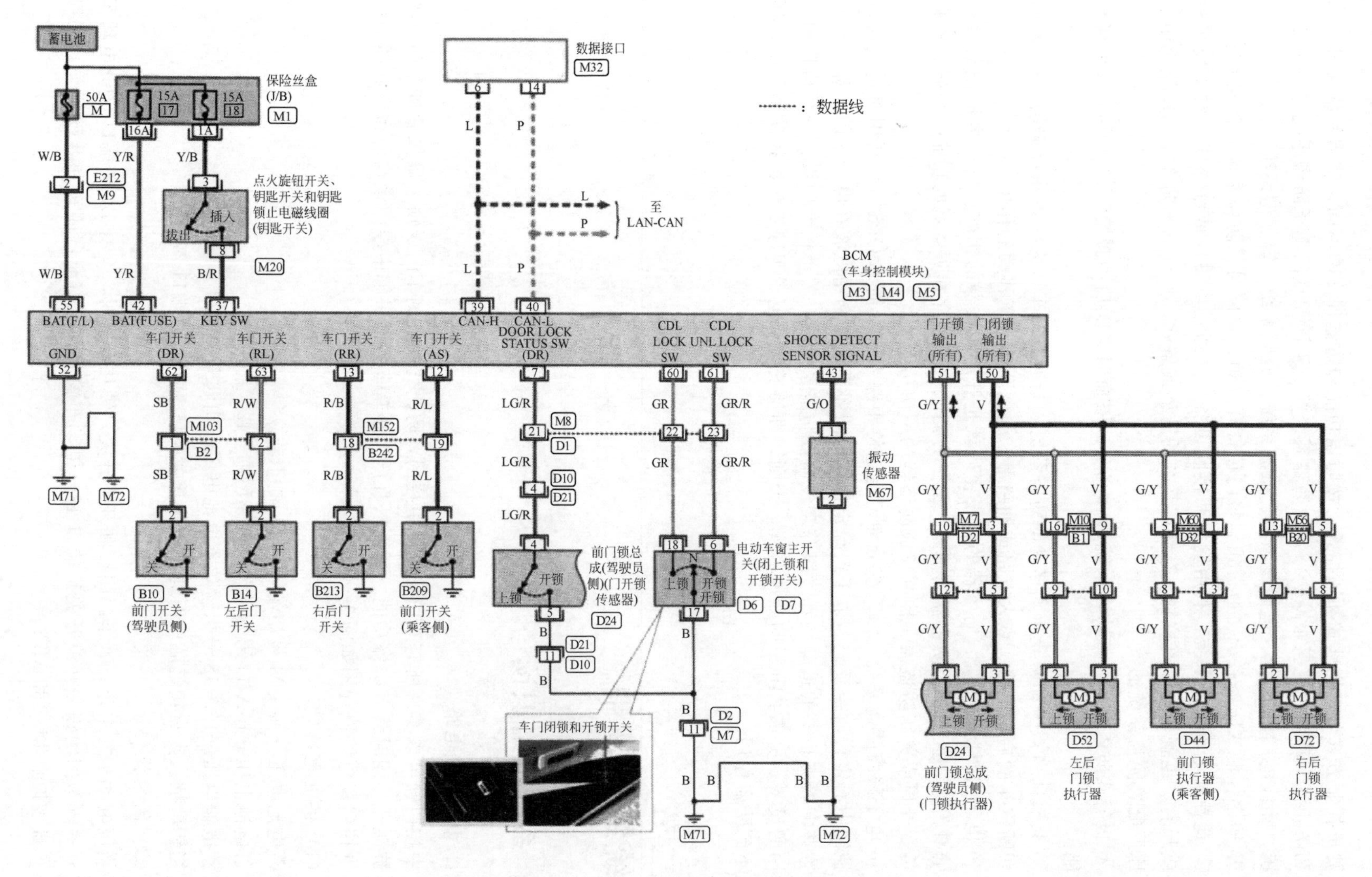

图 1-10 汽车中控门锁电路原理图（日产天籁）

当用手柄或钥匙孔锁住驾驶员侧车门时，车身BCM端口7脚外接的驾驶员侧前门锁总成4脚与5脚断开。

遇到上面提到的任一种情况时，BCM端口50输出电压→每个车门锁执行器端口3→每个车门锁执行器→每个车门锁执行器端口2→BCM端口51。此时每个车门锁执行器锁住车门锁。

（3）开锁操作

当用电动车窗主开关（车门闭锁和开锁开关）开启车门时，BCM端口61→电动车窗主开关（车门闭锁和开锁开关）端口6→电动车窗主开关（车门闭锁和开锁开关）端口17→车身接地点M71和M72。

当用手柄或钥匙孔开启驾驶员侧车门时，车身BCM的7脚外接驾驶员侧前门锁总成4脚与5脚导通，BCM端口7→前门锁总成（驾驶员侧）（车门开锁传感器）端口4→前门锁总成（驾驶员侧）（车门开锁传感器）端口5→车身接地点M71和M72。

遇到上面提到的任一种情况时，BCM端口51输出电压→每个车门锁执行器端口2→每个车门锁执行器→每个车门锁执行器端口3→BCM端口50。此时每个车门锁执行器打开车门锁。

（4）车门开关

当前车门开关（驾驶员侧）B10打开时（门打开），BCM端口62脚→通过前门开关（驾驶员侧）端口2→通过前门开关（驾驶员侧）盒接地。

当前车门开关（乘客侧）打开时（门打开），BCM端口12→通过前门开关（乘客侧）端口2→通过前门开关（乘客侧）盒接地。

当后门开关（左侧）打开时（门打开），BCM端口63→通过后门开关（左侧）端口2→通过后门开关（左侧）盒接地。

当后门开关（右侧）打开时（门打开），BCM端口13→通过后门开关（右侧）端口2→通过后门开关（右侧）盒接地。

2. 汽车防盗系统电路

汽车防盗系统就是一种安装在车上，用来增加盗车难度，延长盗车时间的装置。它通过将防盗器与汽车电路配接在一起，从而可以达到声光报警、阻止汽车启动、防止车辆被盗的目的。日产防盗系统（NATS）的发动机防盗锁止系统包括：机械钥匙、NATS天线放大器、转向锁装置、BCM、智能钥匙单元、安全指示灯（嵌入式组合仪表）电路，如图1-11所示。

电源供电电路：

蓄电池电压→15A 77号保险丝→NATS天线放大器的1脚。

蓄电池电压→50A M号保险丝→BCM的55脚。

蓄电池电压→15A 17号保险丝→BCM的42脚。

蓄电池电压→10A 19号保险丝→安全指示灯的1脚。

蓄电池电压→15A 18号保险丝→智能钥匙单元的11脚、转向锁装置的1脚、点火旋钮开关、钥匙开关和钥匙锁螺线管的7脚和3脚。

当点火开关位于ON或START位置时，经点火开关后的蓄电池电压供电给智能钥匙单元的6脚，经点火开关后的蓄电池电压→10A 1号保险丝→BCM的38脚。

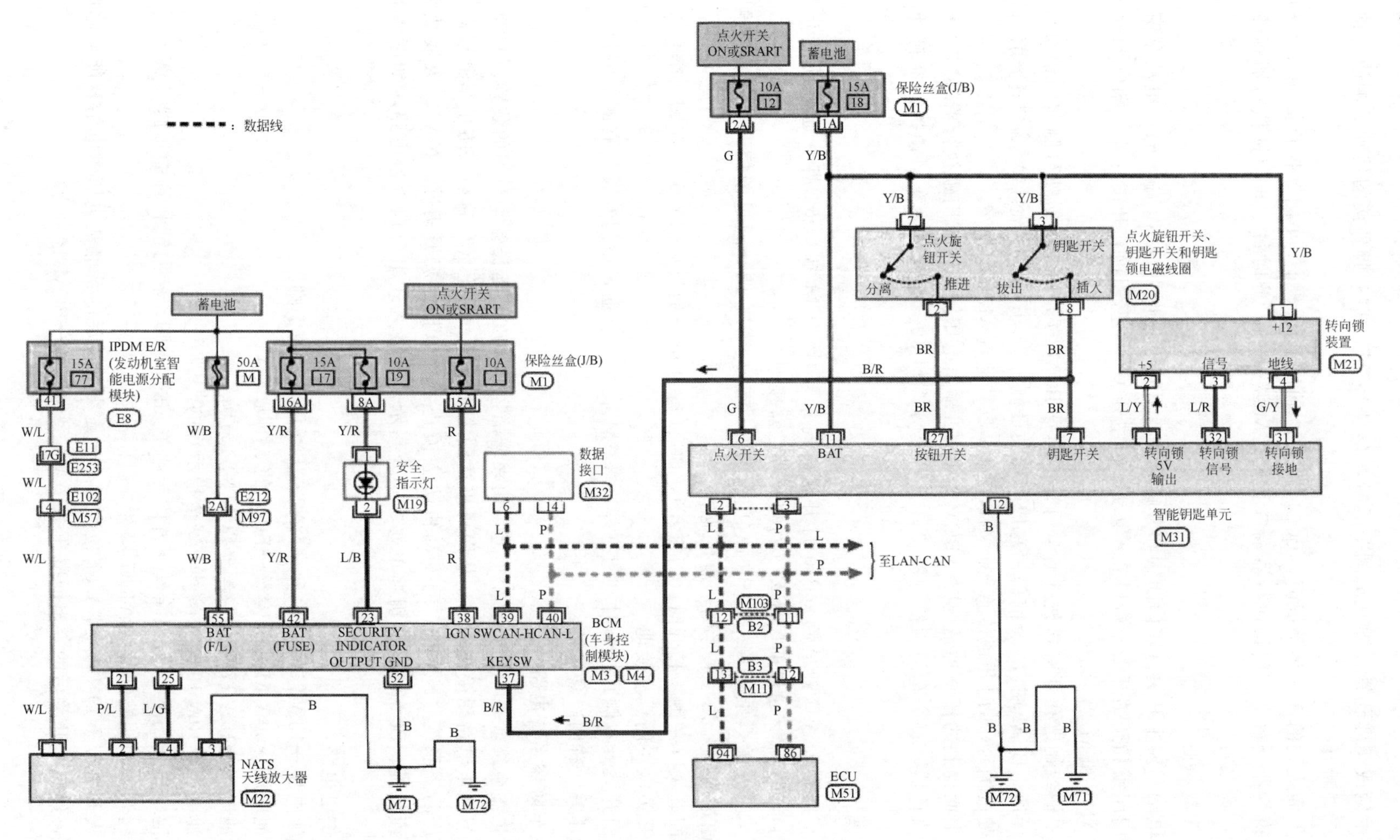

图1-11 汽车防盗系统电路图（日产天籁）

智能钥匙单元M31的27脚外接点火旋钮开关、钥匙开关和钥匙锁螺线管M20的2脚，当按下点火旋钮时，蓄电池电压供电给M31的27脚；当点火旋钮回到LOCK位置，M31的27脚接收到0V电压。

M31的7脚外接M20的8脚，将机械钥匙插入点火钥匙孔中时，M31的7脚接收到蓄电池电压；将机械钥匙从点火钥匙孔中拔出，M31的7脚接收到0V的电压。

BCM（车身控制模块）的23脚外接安全指示灯的2脚。当机械钥匙拔出（钥匙开关打开）和点火旋钮在LOCK位置时（点火旋钮开关打开），安全指示灯闪烁。这样，日产防盗系统可以警告车外人员车辆装备了防盗系统。

3. 汽车智能钥匙系统电路

汽车智能钥匙系统通过使用随身携带的智能钥匙可以开关车门门锁（门锁功能）以及启动发动机（发动机启动功能），智能钥匙和车辆之间使用双向通信，根据电子钥匙ID的校验结果来操作。图1-12、图1-13所示为日产天籁智能钥匙系统电路。

（1）供电电路

蓄电池电压→15A 18号保险丝→智能钥匙单元的11脚和转向锁单元的1脚。

蓄电池电压→10A 19号保险丝→一体化仪表和A/C放大器的21脚和智能钥匙告警蜂鸣器（驾驶员侧及行李厢）的1脚。

蓄电池电压→50A M号保险丝→车身BCM的55脚。

蓄电池电压→15A 17号保险丝→BCM的42脚及组合仪表的7脚。

当钥匙开关插入钥匙孔时，蓄电池电压→15A 18号保险丝→点火旋钮开关、钥匙开关和钥匙锁止电磁线圈M20的3脚→钥匙开关→M20的8脚，后分两路：一路到智能钥匙单元的7脚；另一路到BCM的37脚，BCM通过此电压的输入从而检测到钥匙开关的插入。

当按下点火旋钮开关时，蓄电池电压→M20的7脚→点火旋钮开关→M20的2脚→智能钥匙单元的27脚。

（2）车门闭锁/开锁、行李厢开启操作

智能钥匙单元M31的28脚接有两条线路：一路经前门锁总成（驾驶员侧）（车门开锁传感器）D24→M71或M72搭铁，另一路接BCM的7脚。当按下D24开关按钮时，搭铁信号一路输入智能钥匙单元的28脚；另一路输入BCM的7脚，BCM检测到前门锁（驾驶员侧）为开锁状态。

M31的5脚外接车外钥匙天线和前车门请求开关（驾驶员侧）D25，当按下D25开关按钮时，搭铁信号输入到M31的5脚。

M31的25脚外接车外钥匙天线和前车门请求开关（乘客侧）D43，当按下D43开关按钮时，搭铁信号输入到M31的25脚。

M31的29脚外接行李厢开启请求开关T2，当按下T2开关按钮时，搭铁信号输入到M31的29脚。

智能钥匙单元的2脚、3脚为CAN-H、CAN-L通信脚，智能钥匙单元通过CAN总线分别与BCM、一体化仪表、IPDM E/R（发动机室智能电源分配模块）进行通信。

当按下控制驾驶员侧车门、乘客侧车门或者行李厢开启的请求开关按钮，智能钥匙单元将根据所按下的请求按钮通过车外部钥匙天线发出请求信号，车辆通过与智能钥匙之间的双向通信进行ID校验，如果ID校验成功，通过CAN通信向BCM发送一个车门开/闭锁请求信号来开闭车门锁。

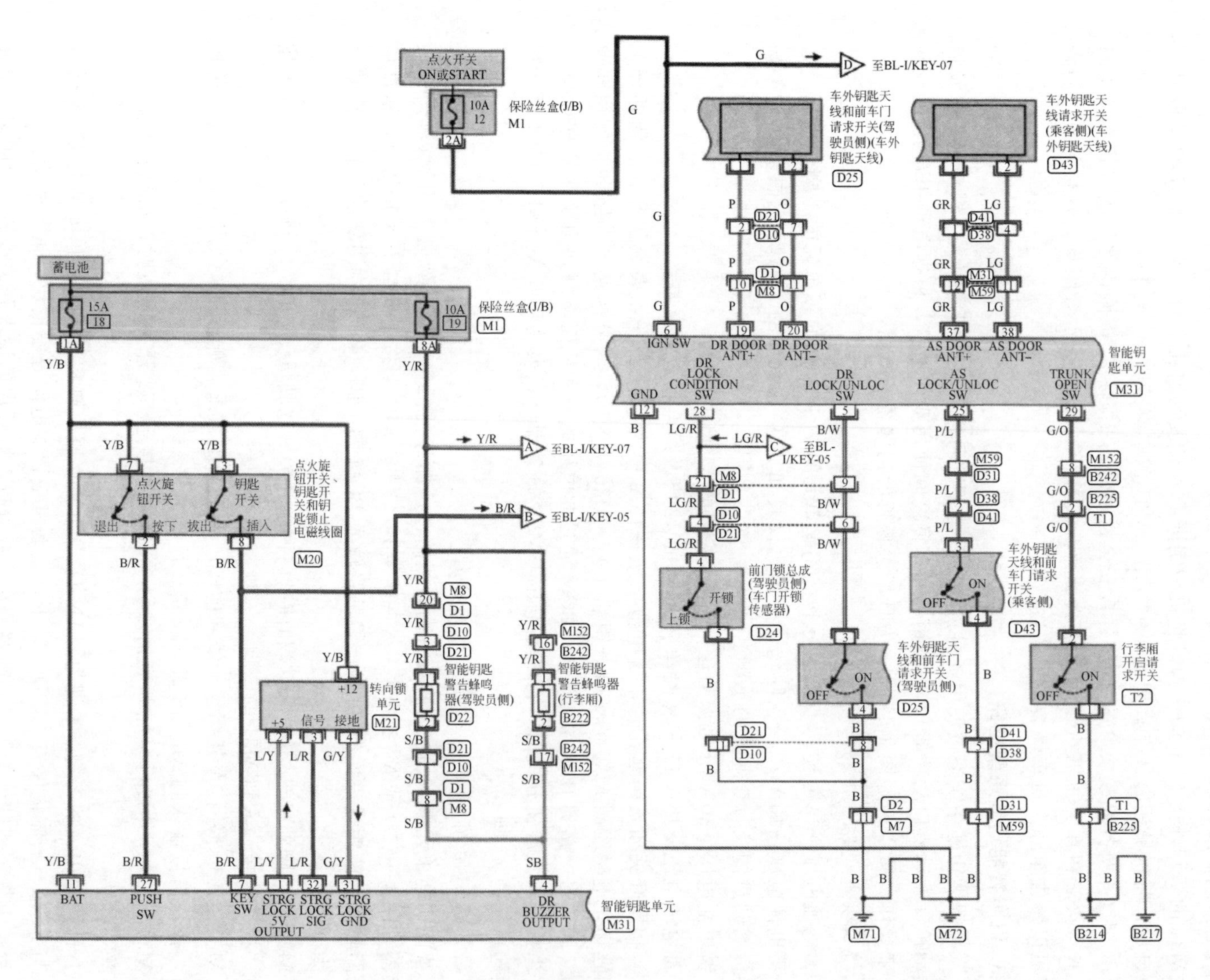

图 1-12　汽车智能钥匙系统电路（日产天籁）（一）

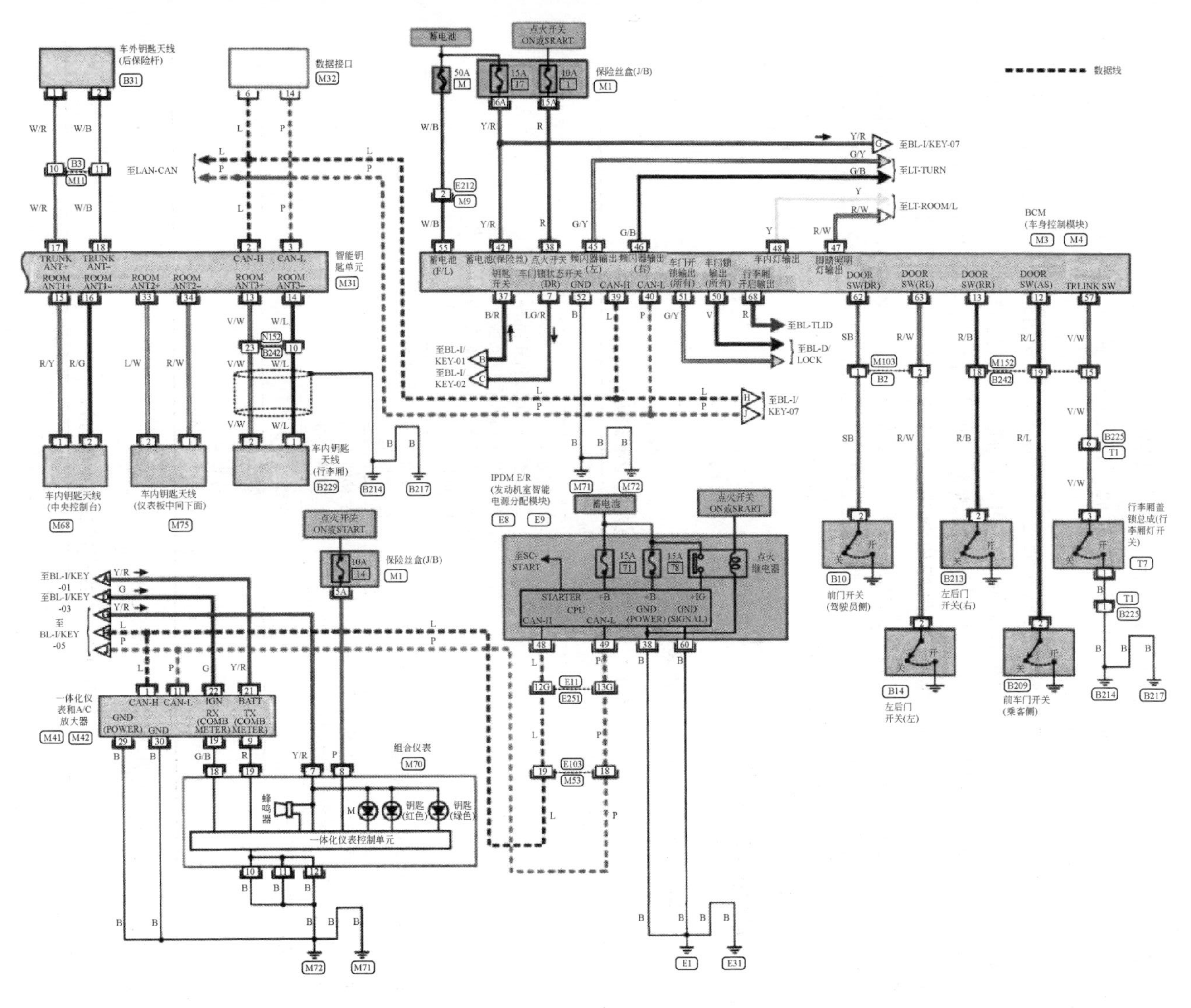

图1-13　汽车智能钥匙系统电路（日产天籁）（二）

智能钥匙单元的4脚外接智能钥匙告警蜂鸣器（驾驶员侧）D22和智能钥匙告警蜂鸣器（行李厢）B222的2脚，通过车门请求开关操作开/关车门锁时，危险警告灯闪烁，同时智能钥匙的警告蜂鸣器鸣响。

（3）*发动机启动功能*

智能钥匙单元M31的1脚向转向锁单元M21提供转向锁装置电源，当闭锁时，M31的1脚输出5V的电压；M31的32脚为转向锁单元通信信号脚，接M21的3脚；M31的31脚为转向锁单元接地，接M21的4脚。

当按下点火旋钮时，智能钥匙控制单元通过内部钥匙天线发送请求信号，智能钥匙将使用双向通信执行钥匙ID校验，如果校验通过，向转向锁装置发送解除点火旋钮禁止旋转锁定的信号，转向锁装置解除点火旋钮禁止旋转的锁定（现在可以转动点火旋钮了）。点火旋钮可以转动时，组合仪表上的“KEY”将变成绿色，以此提醒驾驶员可以转动点火旋钮了。

当钥匙ID校验成功，智能钥匙单元将利用CAN通信向BCM发出允许发动机启动的信号。接收到允许发动机启动的信号时，BCM通过CAN通信向IPDM E/R发出启动请求信号。这样，点火旋钮被旋转到START位置时发动机将启动。

二、一般维修思路

电动门锁电路故障维修方法如表1-1所示。

表1-1　电动门锁电路故障维修方法

故障现象	维修方法
所有门锁执行器不能工作	1. 检查BCM电源和接地电路 2. 检查车门闭锁和开锁开关 3. 检查车门开锁传感器 4. 检查门锁执行器输出信号 5. 更换BCM
使用车门闭锁和开锁开关不能操作电动门锁	1. 检查车门闭锁和开锁开关 2. 更换BCM
用驾驶员侧车门锁钮或车门钥匙孔操作时电动门锁不起作用(用车门锁开关正确操作电动门锁)	1. 检查车门开锁传感器 2. 更换BCM
个别门锁执行器不能工作	检查门锁执行器电路
车门系统不能正常工作	1. 检查钥匙开关 2. 检查车门开关 3. 更换BCM

中控门锁故障维修方法如表1-2所示。

表1-2　中控门锁故障维修方法

故障现象	原因分析	排除方法
机械钥匙不能锁/开车门	中控锁的电源故障	检修电源线路
	左前门锁机内的开/闭锁开关接触不良	更换或修复开关
	线束插头接触不良	检修线束、插头
	相关接地点接触不良	检修接地点故障
	线束故障	检修线束

续表

故障现象	原因分析	排除方法
机械钥匙不能锁/开车门	中控锁电机故障	更换门锁电机总成
	BCM 故障	检修 BCM，必要时更换 BCM
中控锁开关不能锁/开车门	中控锁的电源故障	检修电源线路
	左前玻璃升降开关总成上的中控锁开关故障	检修左前门玻璃升降开关
	线束插头接触不良	检修线束、插头
	相关接地点接触不良	检修接地点故障
	线束故障	更换或修复线束
	中控锁电机故障	更换门锁电机总成
	BCM 故障	检修 BCM，必要时更换 BCM
只有左前门锁不能锁/开车门	中控锁的电源故障	检修电源线路
	左前门锁线束插头接触不良	检修线束、插头
	左前门锁接地点接触不良	检修接地点故障
	线束故障	更换或修复线束
	左前门中控锁电机故障	更换门锁电机总成
	BCM 故障	检修 BCM，必要时更换 BCM
遥控器不能锁/开车门	使用环境有电磁干扰	移动至无干扰的环境中使用
	遥控器故障	检修遥控器电池，必要时更换遥控器
遥控器不能锁/开车门	中控锁的电源故障	检修电源线路
	线束插头接触不良	检修线束、插头
	相关接地点接触不良	检修接地点故障
	线束故障	更换或修复线束
	中控锁电机故障	更换门锁电机总成
	BCM 故障	检修 BCM，必要时更换 BCM
防盗状态下中控锁不能自动落锁	电源电压不足	检修电源线路
	线束插头接触不良	检修线束、插头
	相关接地点接触不良	检修接地点故障
	线束故障	更换或修复线束
	中控锁电机接触开关故障	更换门锁电机总成
	BCM 故障	检修 BCM，必要时更换 BCM
车门锁在行车中出现跳动	门锁机械机构故障	调整门锁机械机构，必要时更换门锁机构
	线束插头接触不良	检修线束、插头
	相关接地点接触不良	检修接地点故障
	线束故障	更换或修复线束
	中控锁电机接触开关故障	更换门锁电机总成
	BCM 故障	检修 BCM，必要时更换 BCM

PEPS 系统故障维修方法如表 1-3 所示。

表 1-3 PEPS 系统故障维修方法

故障现象	原因分析	排除方法
无法启动,仪表提示“未检测到钥匙”	1. 观察钥匙上指示灯是否正常闪烁(正常时绿色指示灯闪烁一次或两次或三次);如无闪烁则钥匙存在问题 2. 钥匙电量不足 3. 测试点是否存在强烈的电磁干扰 4. 钥匙存在故障	1. 更换钥匙电池 2. 将车辆开出该区域重新测试 3. 更换钥匙
无法启动,仪表提示“转向锁定系统故障”“转向锁定系统未解锁”	电子转向锁定系统故障或者未解锁	检查电子转向锁定系统
无法启动,仪表提示“防盗认证失败”	1. K 线出现短路或断路 2. 防盗未匹配成功	1. 用万用表检查 K 线导通情况 2. 用诊断仪重新进行防盗匹配
仪表提示“无钥匙系统故障”	1. 天线短路或开路 2. 启动开关短路或开路 3. 无钥匙控制模块故障	1. 用诊断仪读取故障码,读出后检查相关线路故障 2. 更换启动开关 3. 更换无钥匙控制模块 注意:更换无钥匙控制模块需要重新学习智能钥匙,重新进行防盗匹配
仪表提示“电源分配故障”	控制的 ACC/IGN1/IGN2/START 继电器存在开路或短路	用诊断仪读取故障码,读出后检查相关线路故障

第二章 中控门锁

第一节 系统结构与原理

一、系统组成与功能

以吉利星越车型为例，该车的中控门锁系统由锁体、锁扣、锁芯、钥匙、内/外把手、连接拉杆/拉线联合工作，以实现车门安全关闭开启的机电集成功能系统，是集功能性、安全性与装饰性于一体的重要系统；主要功能为保证车主及乘客在行车、泊车过程的人身、财产安全。系统组成的主零件：锁体、锁扣、内外开拉杆/拉线，接口零件［锁芯、钥匙、内/外把手、保险钮、BCM（或门模块）］。中控门锁组成部件如图 2-1 所示。

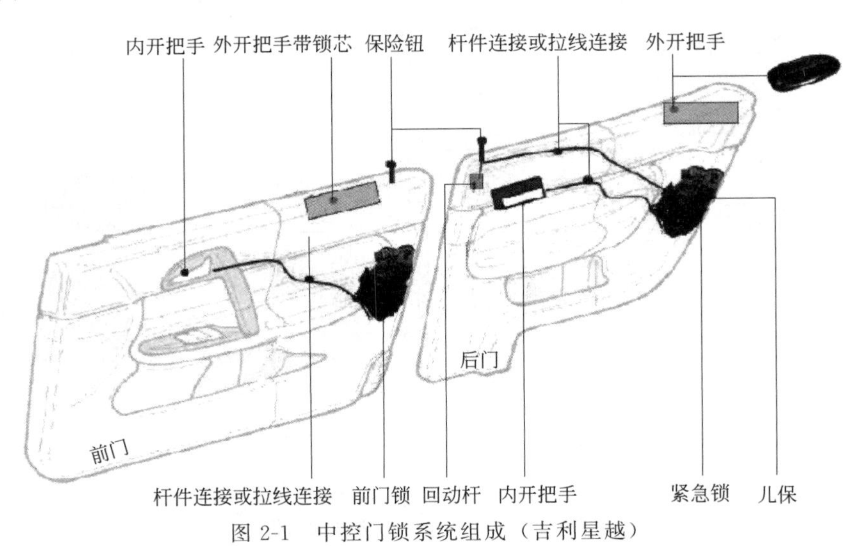

图 2-1　中控门锁系统组成（吉利星越）

侧门锁接口外部组成主要有外把手、锁芯与门模块。外把手与锁体用拉杆或拉线连接；锁芯与锁体用拉杆连接，或直接插接在锁体上；BCM（或门模块）与锁体用车门线束连接。侧门锁外部接口组成部件如图 2-2 所示。

侧门锁接口内部组成主要有内把手与锁止钮。内把手与锁体用拉线连接（线芯承受拉力），锁止钮与锁体用拉线连接（线芯能够承受拉力与压力），如图 2-3 所示。

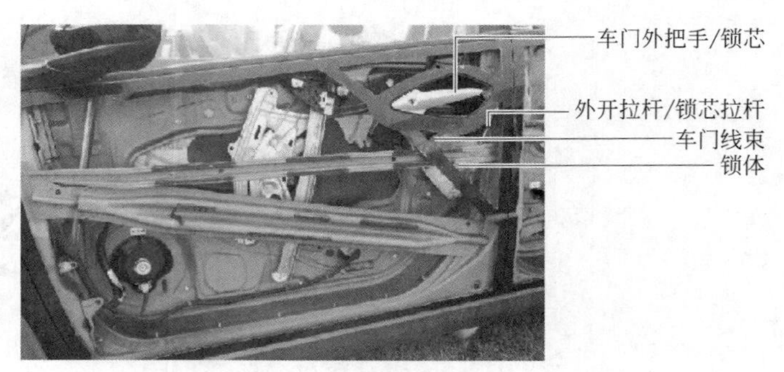

图 2-2　侧门锁外部接口

图 2-3　侧门锁内部接口

中控锁通过钥匙遥控器或中控开关，控制全车锁的保险状态，实现锁止或解锁，如图 2-4 所示。

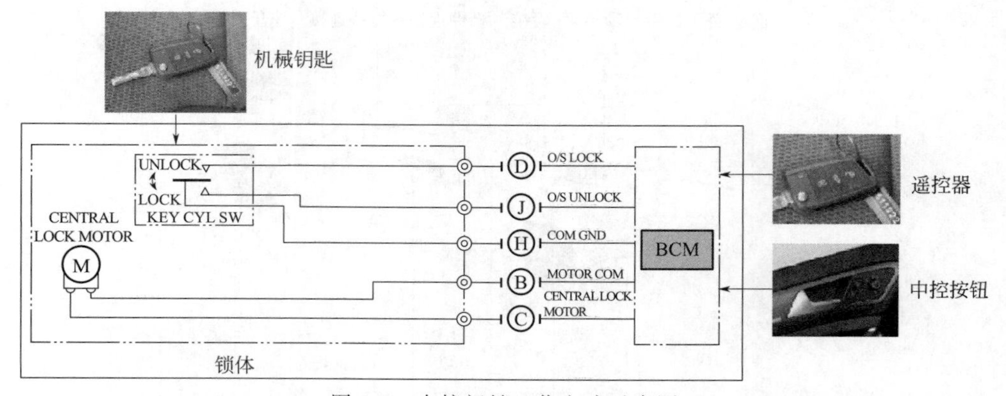

图 2-4　中控门锁工作方式示意图

实现方式：

① 遥控器/中控按钮为 BCM 输出信号，BCM 输出电流给门锁电机，控制全车门锁的锁止或解锁；

② 机械钥匙触发主驾门锁，主驾门锁为 BCM 输出信号，BCM 输出电流给其他门锁电机，控制全车门锁锁止或解锁。

以江铃福特撼路者车型为例，其中控锁系统中，四个车门门锁直接由车门模块控制。尾门锁和燃油箱盖由 BCM 控制。引擎盖锁是一套机械机构，由位于驾驶室内左侧 A 柱下端的释放杆控制。系统原理如图 2-5 所示。

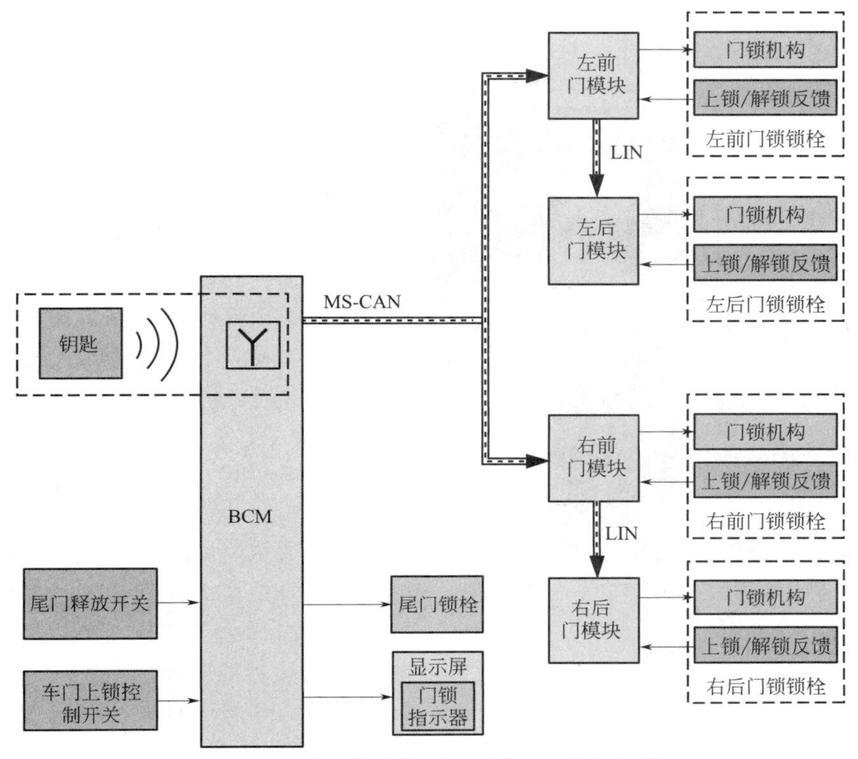

图 2-5　中控门锁系统原理框图（福特撼路者）

电控中控锁系统由控制模块、CAN 网络、LIN 网络、锁开关、锁机构及传感器等组成。U375 车辆中控锁系统具备如下功能：标准锁功能、中控锁功能、手动上锁功能、儿童锁功能。

在车辆外部驾驶员可通过操作遥控器钥匙或机械钥匙对车辆的中控门锁系统进行操作，在车内可通过操作车门内侧的锁开关对系统进行控制。

如图 2-6 所示，驾驶员可通过机械钥匙操纵车门把手上的机械锁，实现车门开锁、闭锁功能。

通过按动遥控器上的开锁与闭锁按钮执行对中控锁的控制，如图 2-7 所示。

图 2-6　车辆机械钥匙（福特撼路者）

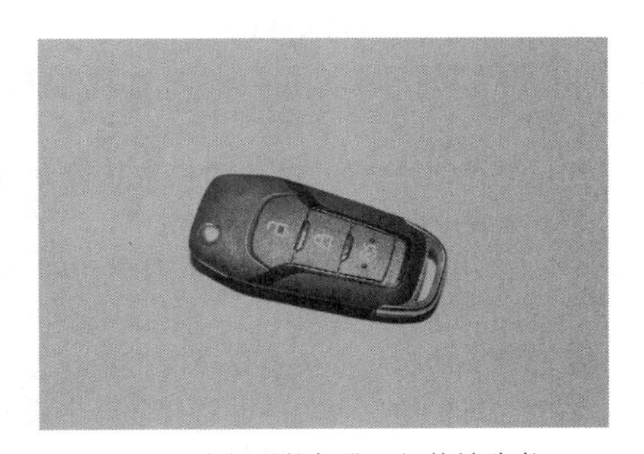

图 2-7　车辆遥控钥匙（福特撼路者）

遥控器开锁功能可对遥控器进行设置，实现单独开锁和整体开锁。单独开锁：当按动遥控器开锁按钮一次时，汽车的驾驶员门锁解锁，其他车门不解锁，3s 内连续按动两次开锁按钮，所有车门解锁。整体开锁：当按动遥控器开锁按钮一次时，汽车的所有车门锁均解锁。

这两个功能可通过同时按住遥控器开锁按钮与闭锁按钮的方法实现切换。如当使用遥控器开锁后的 45s 内，车辆所有车门没有打开，那么中控锁系统将重设，全部进入闭锁状态。

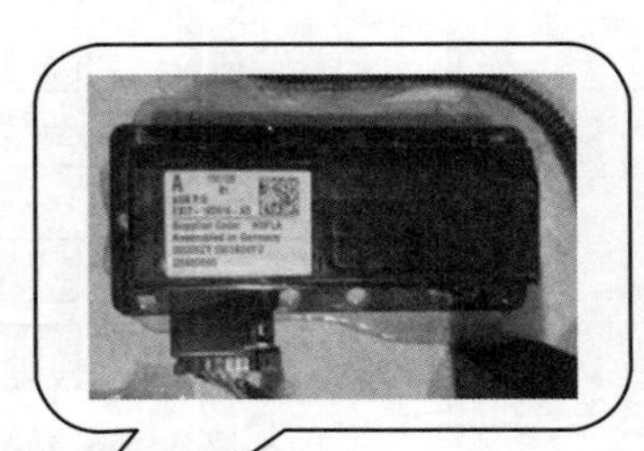

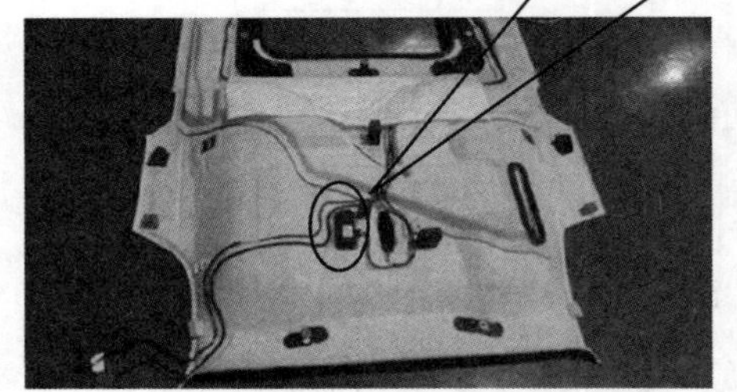

图 2-8　遥控功能执行器模块

遥控功能执行器模块（RFA）安装在汽车顶部内衬中靠近车位的位置，当使用遥控开锁、上锁或者开启尾门时，RFA 接收遥控钥匙信号，并将信号通过 MS CAN 发送到 BCM，BCM 通过中控门锁系统做出相应功能的控制。图 2-8 所示为遥控功能执行器模块 RFA。

前车门模块通过 BCM 与 CAN 网络实现对车身电气的控制。驾驶员车门模块我们称之为 DDM，副驾驶员模块称之为 PDM。前车门配备的车身电气功能通常由前车门模块参与控制。如图 2-9 所示，车门玻璃升降功能、中控锁前车门控制、后视镜电动调节、BLIS 指示灯控制等功能均由前门模块控制实现。

后门模块（RDM）包括右侧后门模块和左侧后门模块，它们通过 LIN 网络与对应侧的前门模块（DDM）通信，并作为该 LIN 网络的从模块。

图 2-9　前车门模块（福特撼路者）

汽车两个后车门的电气功能由两个后门模块与车载网络系统实现，例如后车门玻璃升降功能与中控锁功能等。

电动尾门包括一个控制尾门打开/关闭的电机，和一个控制尾门锁开锁/闭锁的电机。RGTM（尾门控制模块）是电动尾门的主要控制装置。它接收来自开关、传感器和 BCM 的输入信号，提供电源以驱动尾门的工作，系统原理如图 2-10 所示。

当电动尾门系统的 RGTM 模块接收到打开尾门的信号时，RGTM 将先后执行两个动作：第一，驱动尾门锁内的释放电机，释放尾门锁；第二，当尾门释放后（通过位置开关得知），停止给尾门锁电机供电，同时驱动尾门电机工作以打开尾门。关闭尾门时，RGTM 将执行相反的操作。

尾门锁中的位置开关监控锁的位置状态，并将信息传输给 RGTM。

尾门电机中的位置传感器将尾门开启或关闭过程中的位置信息传输给 RGTM。

防夹开关的作用是在尾门关闭过程中防止尾门因夹杂异物造成损坏。

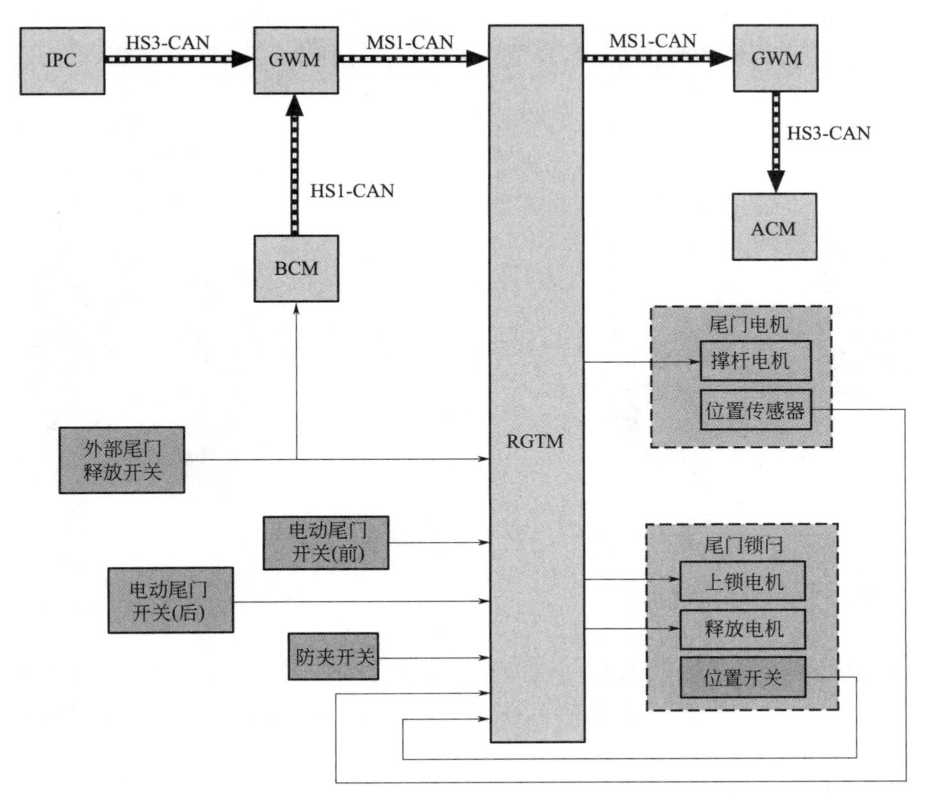

图 2-10 电动尾门系统原理方框图（福特撼路者）

无论车辆处于开锁或闭锁状态，连续按动两次遥控器的尾门按钮，遥控器都会发出操纵尾门开启或关闭的信号给 BCM，BCM 将该指令通过 CAN 网络传输给 RGTM，RGTM 执行对尾门的开启或关闭。

二、系统工作原理

以吉利星越车型为例，门锁功能由三部分实现：

- 保持机构：有效地将车门保持在关闭状态的机构。
- 释放机构：传递内、外开运动，开启锁体的机构。
- 保险机构：确保车门在上锁的状态下不被打开的机构。

保持机构的主要作用是有效地将车门保持在关闭状态，需要达到法规要求的强度，是重要的安全部件，由卡板、棘爪、底板、背板锁扣、回位弹簧等部件组成，如图 2-11 所示。

释放机构的主要作用是传递内开/外开运动，通过操作保持机构开启锁体。基本组成部件有外开拉杆（拉线）、内开拉线、锁止杆，如图 2-12 所示。

保险机构的主要作用是隔离内开/外开运动，确保车门在锁止的状态下不被打开，是重要的防盗部件。基本组成部件有电机涡轮蜗杆、锁止杆、离合杆、外锁止杆、内锁止杆。

门锁闭锁控制原理：车门转动，通过闭锁机构，锁扣进入卡板，带动卡板旋转，卡板与棘爪卡接，并将锁扣啮合，实现门锁闭锁。

门锁释放机构控制原理：外手柄为外操作机构，从外部控制门锁的释放；内手柄为内操作机构，从内部控制门锁的释放。

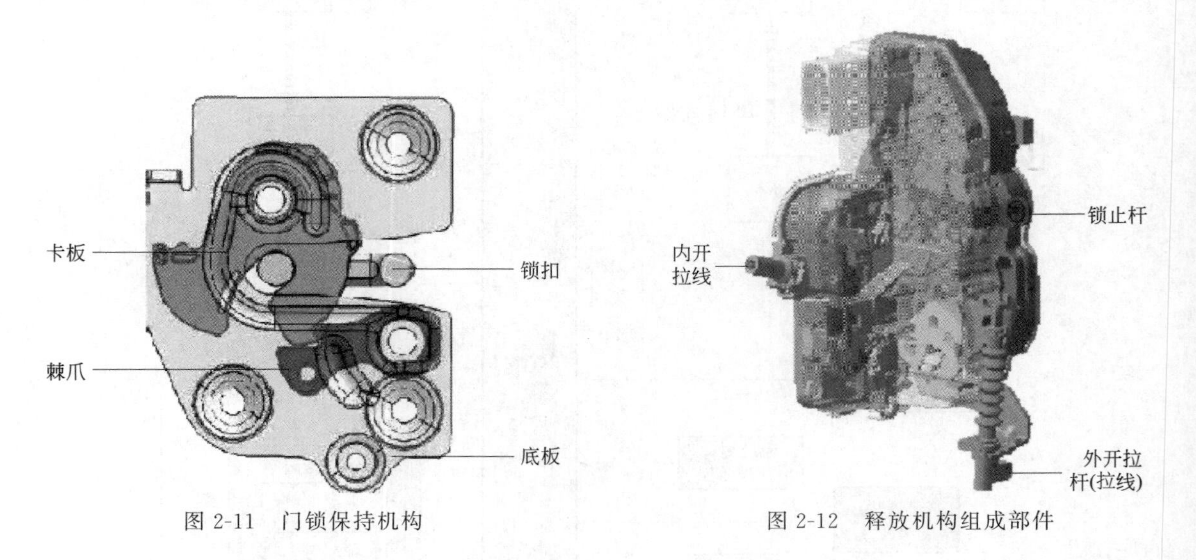

图 2-11　门锁保持机构　　图 2-12　释放机构组成部件

锁止机构控制原理：通用钥匙 1、安全钮 2、遥控器 3 控制锁止机构，阻隔内开与外开功能；紧急锁机构 4 控制锁止机构，阻隔内开与外开功能；儿童锁机构仅阻隔内开功能。

门锁工作原理如图 2-13 所示。

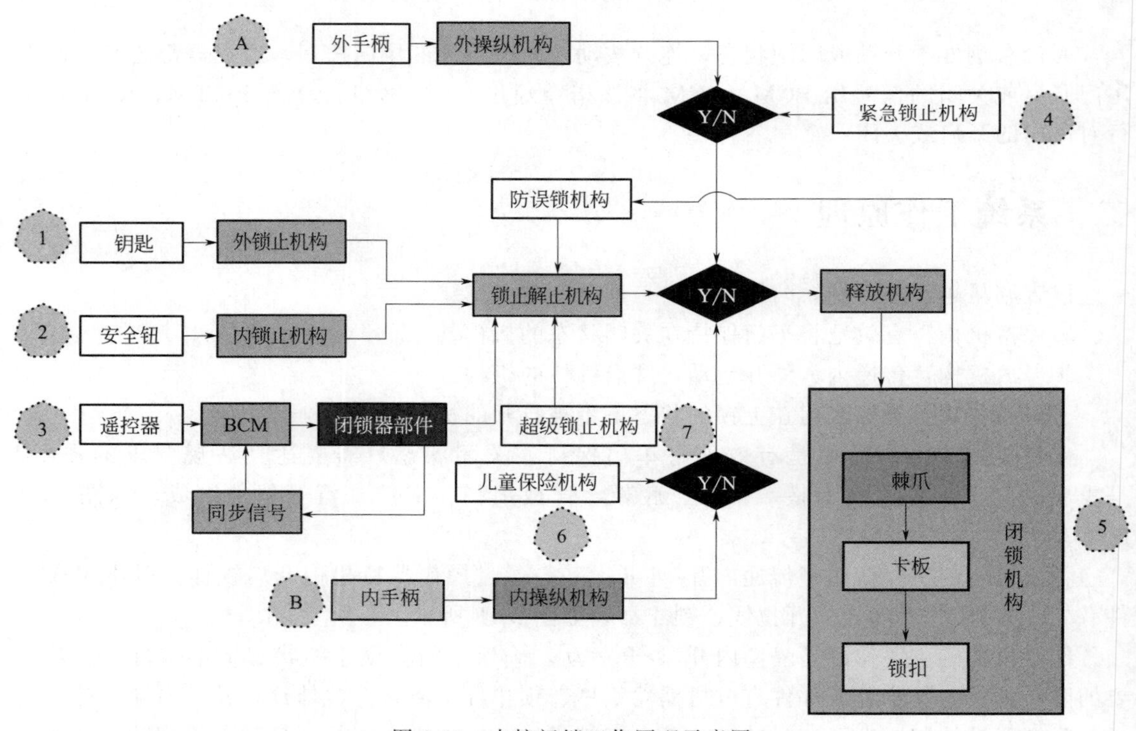

图 2-13　中控门锁工作原理示意图

第二节 部件拆装与检修

一、部件拆装

以本田雅阁车型为例，前车门部件分解如图 2-14 所示。

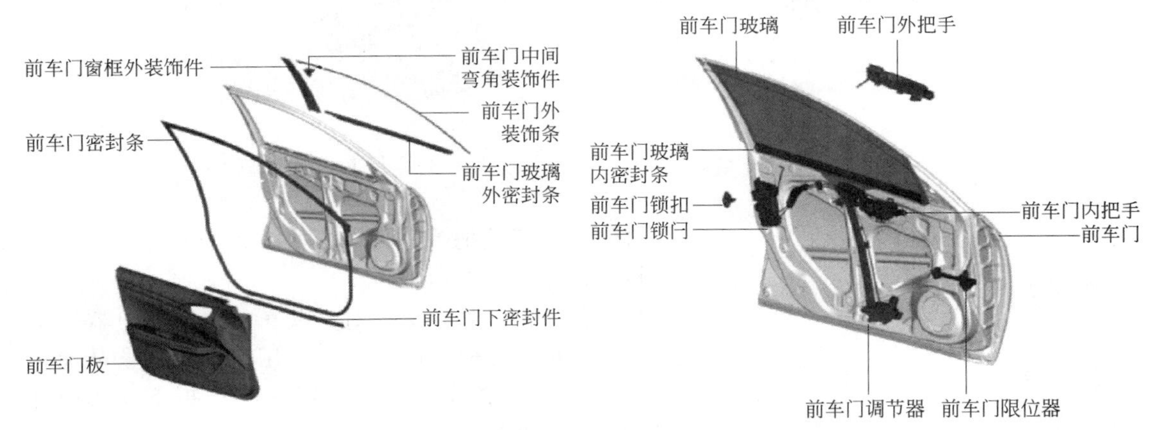

图 2-14　前车门部件分解图（本田雅阁）

车门锁的拆装步骤如下。

(1) 车门外把手拆装

① 拆卸前车门塑料盖。

② 拆卸前车门锁芯：拆下塞盖（A），拧松螺栓（B），如图 2-15 所示。注意螺栓仍在前车门外把手底座内。

③ 拆下前车门锁芯（A），如图 2-16 所示。

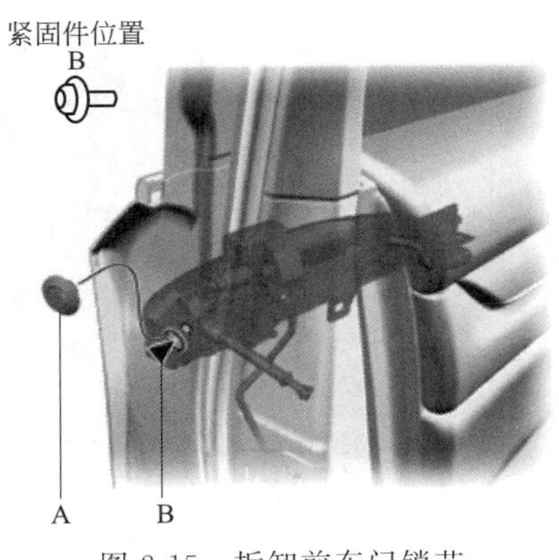

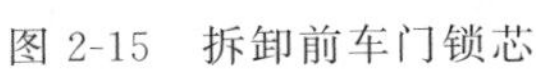
图 2-15　拆卸前车门锁芯

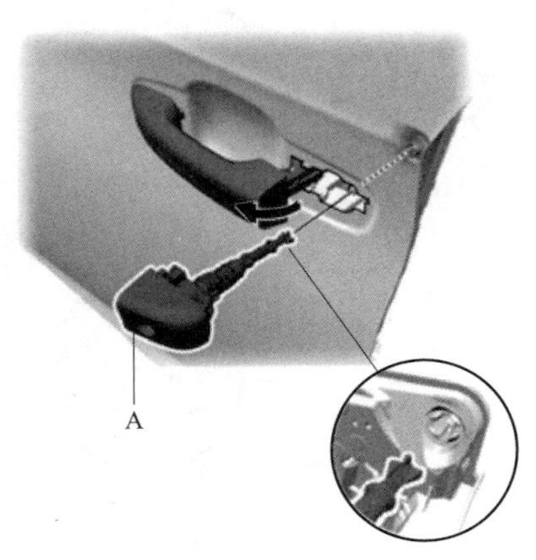

图 2-16　拆下前车门锁芯

④ 拆卸前车门外把手：对某些车型，断开电气连接器（A），如图 2-17 所示。

⑤ 拆下前车门外把手（A），如图 2-18 所示。

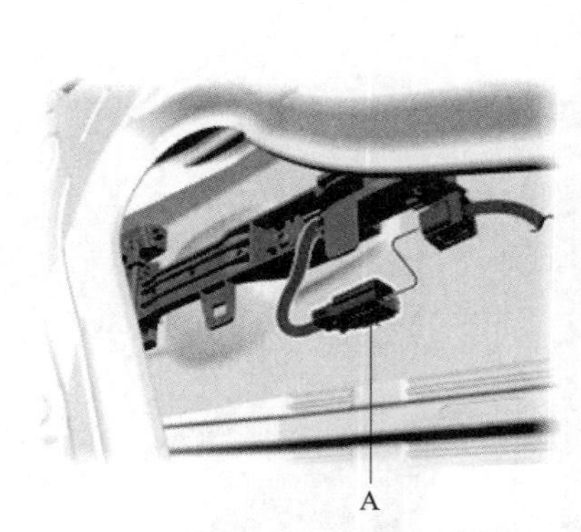

图 2-17 断开电气连接器

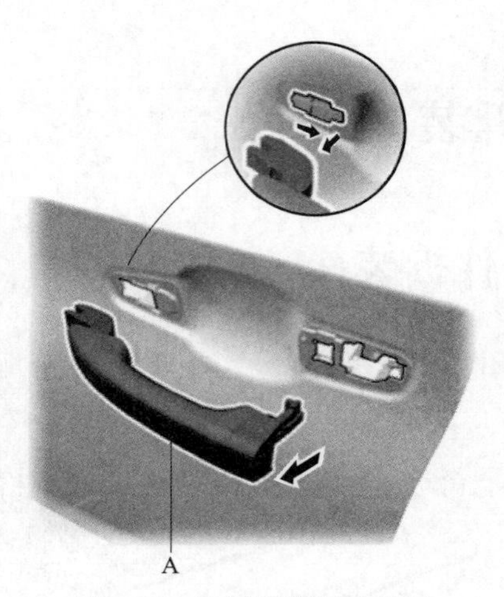

图 2-18 拆下前车门外把手

图 2-19 拆卸外把手密封件

⑥ 拆卸前车门外把手密封件，如图 2-19 所示。

⑦ 拆卸前车门中下窗框。

⑧ 拆卸前车门外把手座：对某些车型，松开电器连接器卡扣（A）。拆下螺栓（B）。拆下专用螺母（C）。从前车门锁闩（E）上拆下前车门外把手杆（D）。拆下前车门外把手底座（F）。如图 2-20 所示。

⑨ 从前车门外把手杆（B）上松开杆紧固件（A），用卡扣拆卸工具断开前车门外把手杆，如图 2-21 所示。

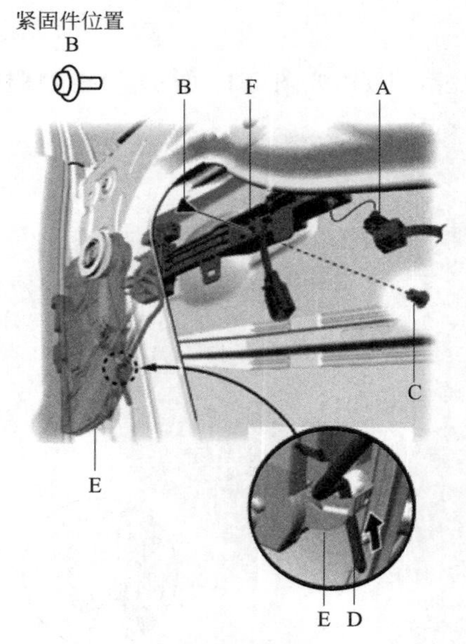

图 2-20 拆卸前车门外把手座

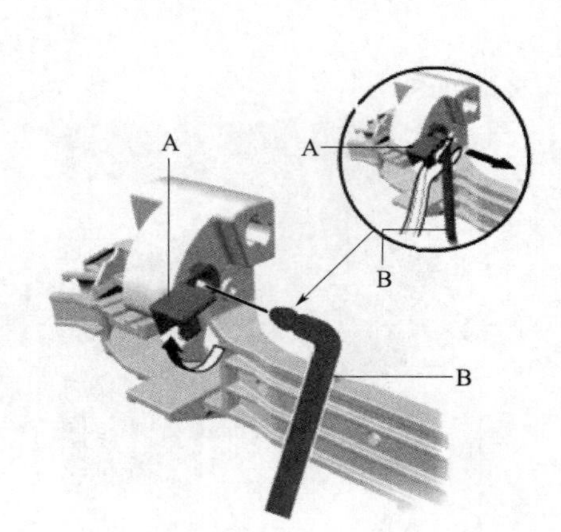

图 2-21 断开外把手杆

⑩ 拆下杆紧固件（A），如图 2-22 所示。

⑪ 按与拆卸相反顺序进行安装。

(2) 车门内把手拆装

① 拆卸前车门板。

② 拆卸前车门内把手，拆下螺钉（A)。对某些车型，断开电气连接器（B)，如图 2-23 所示。

③ 从前车门内把手（C）上断开内把手拉线（A）和锁闩拉线（B)，然后拆下把手，如图 2-24 所示。

④ 按照与拆卸相反的顺序安装零件。

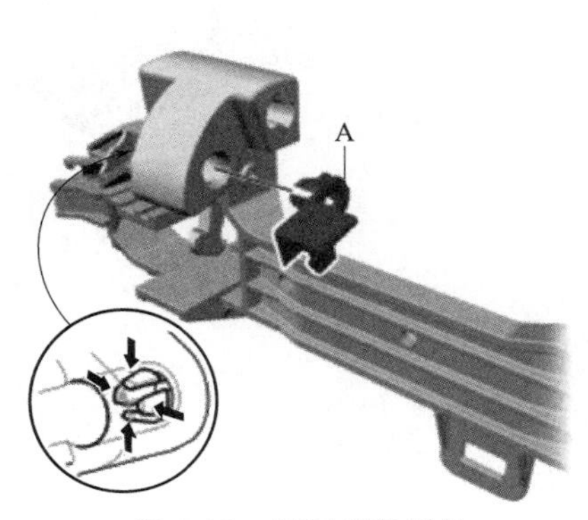

图 2-22　拆下杆紧固件

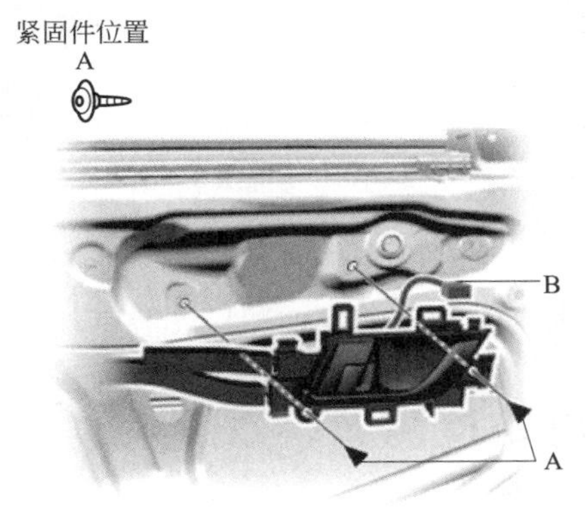

图 2-23　拆卸螺钉并断开电气连接器

(3) 车门锁体拆装

① 拆卸前车门板。

② 拆卸前车门塑料盖：断开电气连接器（A)、并松开线束夹（B)。拆下塞盖（C)。如有需要，松开前车门塑料盖（D)。如图 2-25 所示。

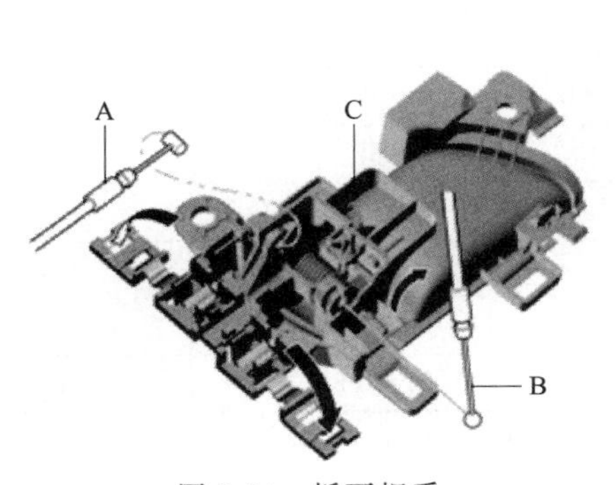

图 2-24　拆下把手

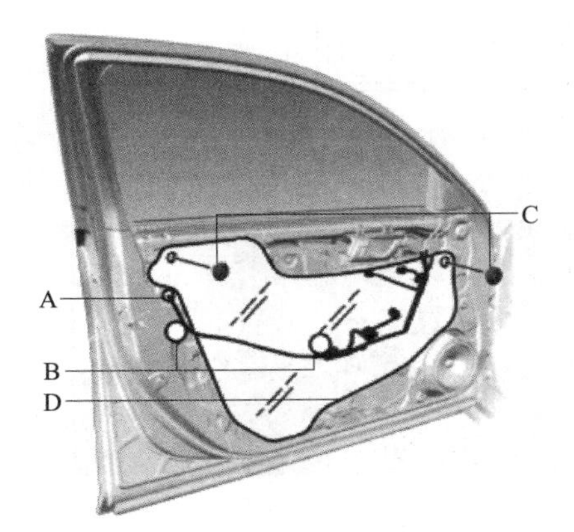

图 2-25　拆卸前车门塑料盖

③ 拆卸前车门锁芯。

④ 拆卸前车门中下窗框：如有需要，松开前车门玻璃升降槽（A)。拆下前车门中下窗框（B)，如图 2-26 所示。

⑤ 拆卸前车门锁闩：从拉线卡扣（B）上松开拉线（A)。从前车门锁闩（D）上断开前车门外把手杆（C)，然后拆下前车门锁闩。如图 2-27 所示。

⑥ 打开锁闩护盖（A）。将内把手拉线（B）和锁闩拉线（C）从前车门锁闩（D）上断开，如图 2-28 所示。

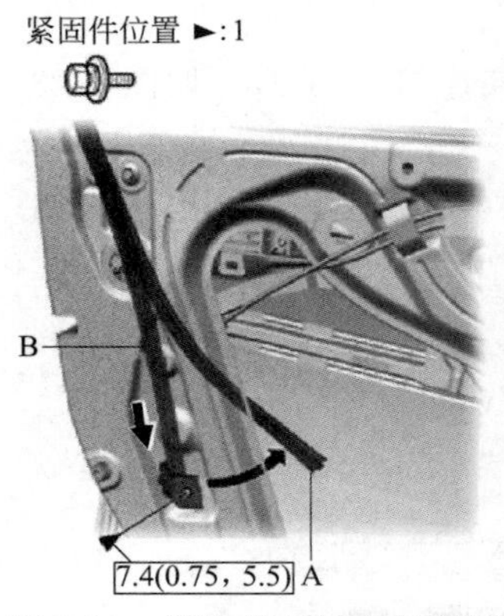

图 2-26 拆卸前车门中下窗框

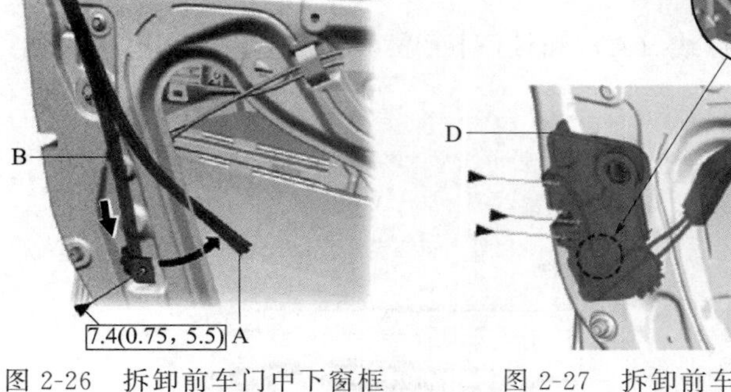

图 2-27 拆卸前车门锁闩

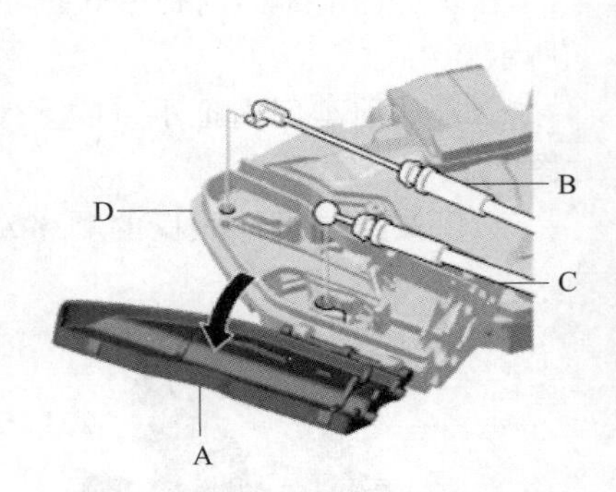

图 2-28 拆下前车门锁闩

⑦ 按照与拆卸相反的顺序安装零件。

二、电路检测

（1）以起亚 K2 车型为例，前门锁总成检查步骤

① 拆卸前车门装饰板。

② 拆卸前车门防潮膜。

③ 从执行器上分离连接器。连接器端子分布如图 2-29 所示，定义见表 2-1。

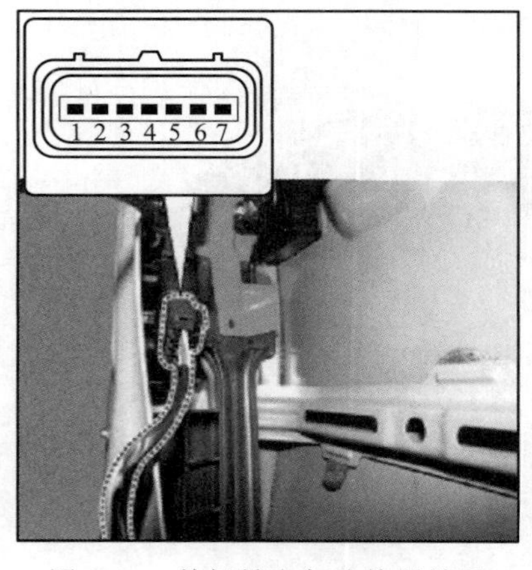

图 2-29 前门锁电气连接器端子

表 2-1 前门锁电气连接器端子定义

编号	端子信息	
	左	右
1	电机 1	闭锁/开锁开关
2	电机 2	COM
3	—	—
4	钥匙开锁开关	—
5	钥匙闭锁开关	—
6	COM	电机 2
7	闭锁/开锁开关	电机 1

④ 如图 2-30 所示连接电源和搭铁，并检查执行器的工作状态，见表 2-2。为防止损坏执行器，仅短暂应用蓄电池电压。

（2）后门锁总成检查步骤

① 拆卸后车门装饰板。

② 拆卸后车门防潮膜。

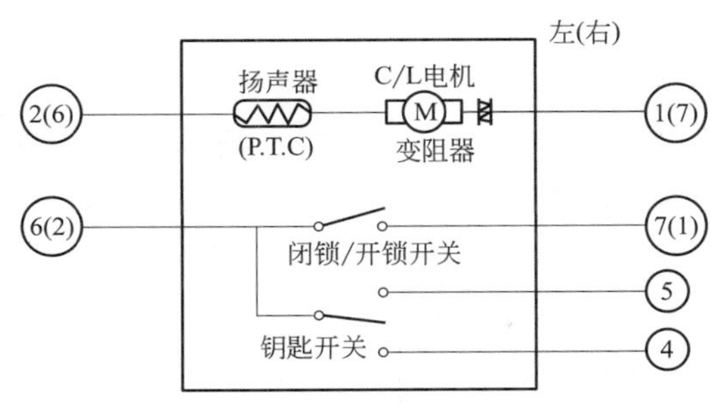

图 2-30　连接电源和搭铁 1

表 2-2　执行器工作状态 1

左（右）

端子	中央闭锁	中央开锁
1(7)	+	−
2(6)	−	+
6(2)&7(1)	ON→OFF	OFF→ON
6(2)&5	钥匙顺时针旋转(LH):ON 钥匙返回:OFF	
6(2)&4	钥匙逆时针旋转(RH):ON 钥匙返回:OFF	

③ 从执行器上分离连接器。连接器端子分布如图 2-31 所示，定义见表 2-3。

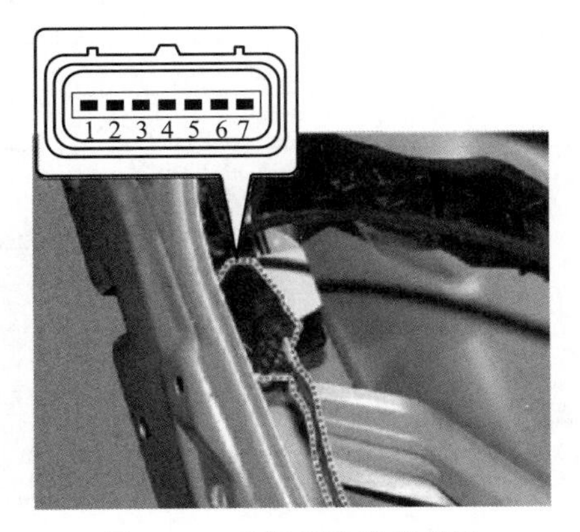

图 2-31　后门锁连接器端子

表 2-3　后门锁连接器端子定义

编号	端子信息	
	左	右
1	电机 1	闭锁/开锁开关
2	电机 2	COM
3	—	—
4	—	—
5	—	—
6	COM	电机 2
7	闭锁/开锁开关	电机 1

④ 如图 2-32 连接电源和搭铁，并检查执行器的工作状态，见表 2-4。为防止损坏执行器，仅短暂应用蓄电池电压。

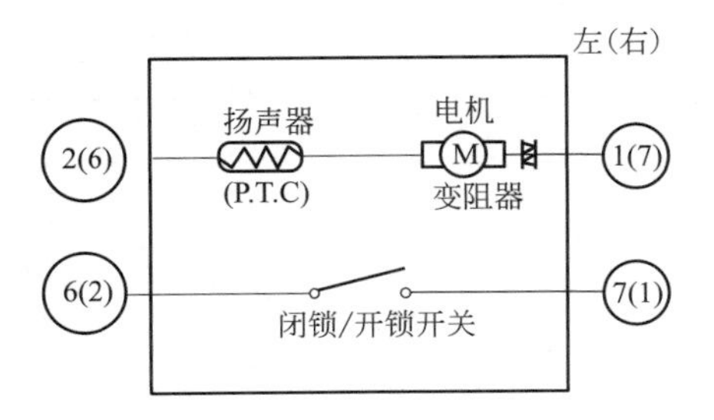

图 2-32　连接电源和搭铁 2

表 2-4　执行器工作状态 2

左（右）

端子	中央闭锁	中央开锁
1(7)	+	−
2(6)	−	+
6(2)&7(1)	ON→OFF	OFF→ON

(3) 行李厢盖锁模块的检查步骤

① 拆卸行李厢盖装饰板。

② 从执行器上分离连接器，行李厢电气连接器端子如图 2-33 所示。

③ 根据图 2-34 连接电源和搭铁，检查执行器工作状态，如表 2-5 所示。为了防止执行器损坏，仅短时间提供蓄电池电压。

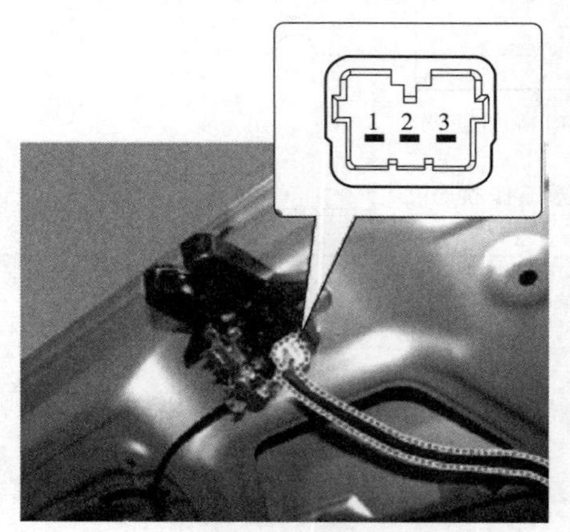

图 2-33 行李厢电气连接器端子

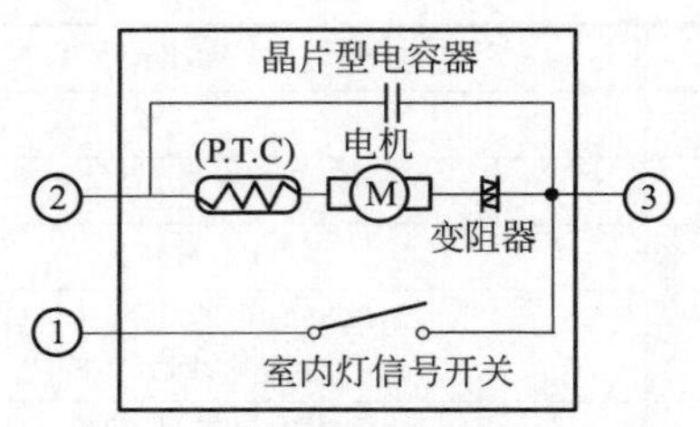

图 2-34 连接电源和搭铁 3

表 2-5 执行器工作状态 3

端子	2	3
开锁	⊕	⊖
闭锁	—	—

(4) 行李厢盖开启开关检查方法

① 分离蓄电池负极（—）端子。

② 拆卸行李厢盖装饰板。

③ 分离行李厢盖开启开关连接器（A）。

④ 拧下固定螺钉，并拆卸行李厢盖开启开关（B），如图 2-35 所示。

⑤ 在半程锁状态，按照表 2-6 检查端子之间的导通性。

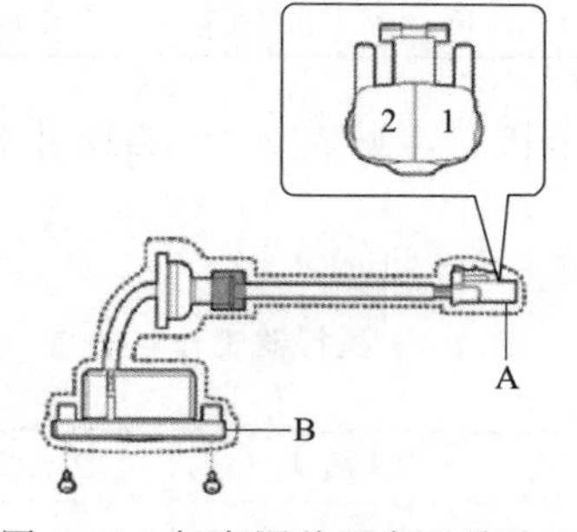

图 2-35 行李厢盖开启开关检查

表 2-6 检查导通性 1

端子	OFF	ON(按下)
1		○
2		○

(5) 发动机罩开关检查方法

① 分离发动机罩开关线束连接器，如图 2-36 所示。

② 按照表 2-7 检查端子与搭铁之间的导通性。

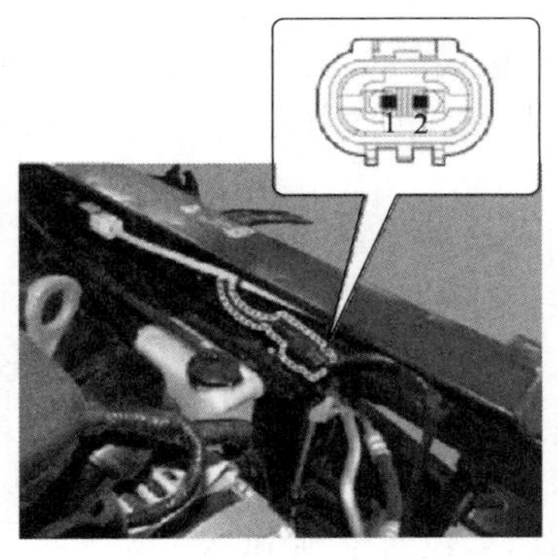

图 2-36　断开线束连接器

表 2-7　检查导通性 2

端子	1	2
发动机罩开启(释放)	○—	—○
发动机罩关闭(按下)		

第三节 故障诊断与排除

一、故障诊断

以吉利星越车型为例，中控门锁故障快速诊断方法如表 2-8 所示。

表 2-8　门锁故障快速诊断方法

故障现象	排查对象	维修方法
车门从外侧可以打开，从里面打不开	检查是否为内开拉线与内把手卡接处脱落	将内开拉线卡接到位
	检查是否为内开拉线与门锁卡接处脱落	将内开拉线与门锁卡接到位
	检查是否为内开拉线断裂	更换内开拉线
	检查是否为门锁内开启机构损坏	更换门锁
车门从外侧无法打开，从内侧可以打开	检查是否为外开拉线与外把手卡接处脱落	将外开拉线卡接到位
	检查是否为外开拉线与门锁卡接处脱落	将外开拉线与门锁卡接到位
	检查是否为外开拉线断裂	更换外开拉线
	检查是否为门锁外开启机构损坏	更换门锁
车门锁通过遥控钥匙可以解锁，通过机械钥匙无法实现解锁	检查是否为锁芯杆脱落	将锁芯杆安装到位
	检查是否为门锁锁止结构损坏	更换门锁
机械钥匙操作左前门锁芯上、解锁，其他三门不能同步上、解锁	检查左前门锁信号开关功能是否正常	更换门锁
	检查电气控制单元(门模块或 BCM)	更换控制模块
	检查左前门线束连接是否正常	更换线束

二、故障排除

一辆比亚迪 M6 汽车闭锁时转向灯不闪烁（四门能正常闭锁），同时锁车状态下带着钥匙靠近车门迎宾灯不亮。

车辆闭锁控制原理：在非防盗状态并且车辆电源处于 OFF 挡位，收到遥控器闭锁信号以后，若四门两盖均处于关闭状态，则控制所有门锁电机闭锁，闭锁成功后转向灯闪烁 1 次，外后视镜折叠，10s 后进入防盗状态；如果闭锁不成功，转向灯不闪烁，车辆还是处于非防盗状态。

迎宾灯点亮条件：车辆在防盗状态下，带着合法钥匙靠近微动开关 1m 范围内，迎宾灯点亮。如果在非防盗状态下靠近微动开关，迎宾灯不亮。

结合故障现象和原理可以初步分析为车辆闭锁不成功导致车辆无法进入防盗状态。

排查步骤：

① 闭锁时车辆不报警，可以排除四门两盖的开关问题，并且锁车后四门均无法从外面打开，说明闭锁电机也能正常工作。初步分析为闭锁器信号没有给到 BCM。

② 用诊断仪进入车身控制模块（从“秦”车型进入），读取闭锁后的数据流，发现左前门锁状态还是处于解锁状态，如图 2-37 所示。

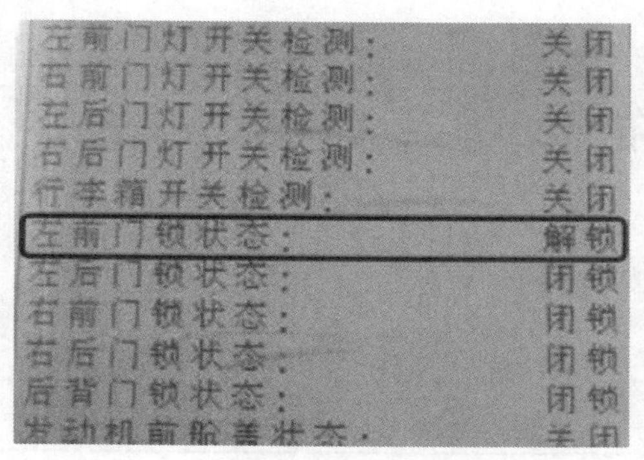

图 2-37　车门锁工作状态

③ 检查左前门锁体的线路没有异常，更换左前门锁体后故障排除。

第三章

转向柱锁止装置

第一节

系统结构与原理

一、系统组成与功能

电子转向柱锁（ESCL）是整车防盗功能的执行机构，其包含机械锁止机构和电子控制单元，根据控制器的指令，进行转向柱锁止和解锁动作。电子转向柱锁安装位置及部件形式如图 3-1 所示。

图 3-1　电子转向柱锁

1—电子转向柱锁；2—转向柱；3—转向盘

转向柱锁止功能：整车电源从点火（IGN）状态打到关闭（OFF）状态，车门动作，系统将根据车速、电源状态信息进行转向柱锁止动作。整车电源从点火（IGN）状态打到关闭（OFF）状态的 10min 内，如果没有车门开关动作，则电子转向柱锁不会上锁，此时需要按下启动开关重新上电再关闭电源，再开关车门，即可触发电子转向锁上锁，达到整车防盗的目的。

转向柱解锁功能：智能钥匙在车内，按下启动开关时，转向柱锁解锁。某些情况下，比如当车辆停放在坡道上，锁销与转向柱存在很大的应力，锁销可能会被卡住，此时做如下操作。

① 系统将在 3s 内尝试 3 次解锁动作。

② 若转向锁还未成功解锁，请按照仪表的提示信息“请按启动开关，重启电源”以及“请按启动开关，并转动转向盘，解除转向柱锁”进行相关操作。

注意事项：

① 若电子转向锁解锁失败，多尝试几次在按下启动开关后立即晃动转向盘，请不要暴力旋转转向盘。

② 若电子转向锁不能成功解锁，为了保证驾驶安全，系统不允许整车上电，也不能启动发动机。

二、系统工作原理

按下无钥匙启动开关，状态从 OFF 转至 ON 后，系统上电。IMMO 进入无线认证状态，通过防盗线圈输出能量和数据给转发器，而 ECM 也向 IMMO 发起认证请求。

IMMO 在接收到 ECM 的认证请求后不会立即返回响应给 ECM，而是要等到 IMMO 和转发器的认证完成后才会给 ECM 响应。

转发器接收到正确的无线信号后，会同 IMMO 进行加密认证。如果认证成功，则 IMMO 会回复 ECM 发起的加密认证；如果认证失败，IMMO 不回复任何信息。

ECM 接收到 IMMO 的响应后，再次进行加密认证，如果认证成功，则 ECM 允许点火；如果认证失败，ECM 不启动发动机。

第二节 部件拆装与检修

一、部件拆装

以起亚 K2 车型为例，转向柱锁的拆装步骤如下。

① 分离蓄电池负极（－）端子。

② 拆卸仪表板下板。

③ 拆卸转向柱上罩和下罩。

④ 分离电子转向立柱锁连接器（A），如图 3-2 所示。

⑤ 拆卸电控转向柱锁（A），如图 3-3 所示。

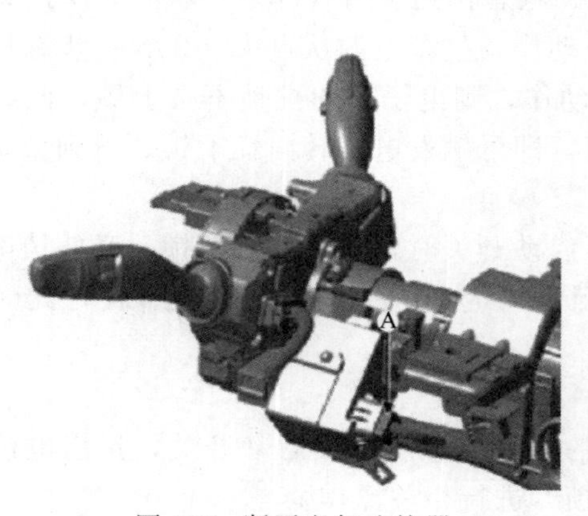

图 3-2 断开电气连接器

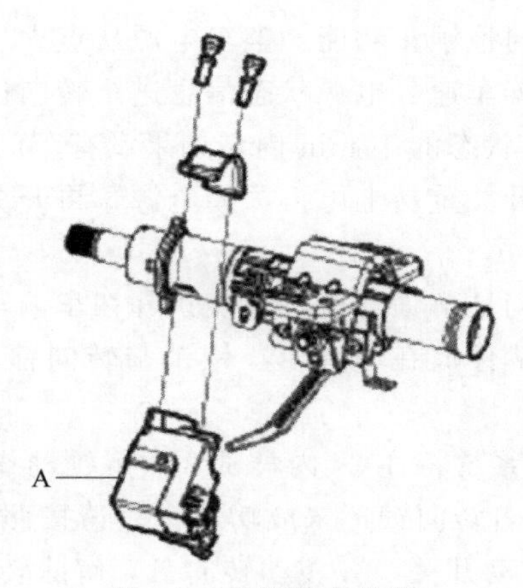

图 3-3 拆卸转向柱锁

⑥ 安装按拆卸相反的顺序进行。注意不要重复使用保险螺栓。在电子转向立柱锁上安装新品保险螺栓时，应拧紧保险螺栓。规定转矩为：7.0～13.0N·m。

二、电路检测

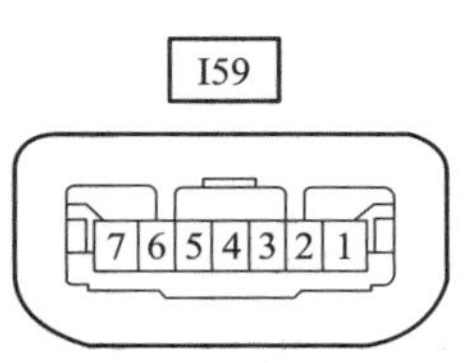

图 3-4　转向锁止ECU端子分布

以丰田车型为例，检查转向锁止 ECU（转向锁止执行器或上支架总成），端子分布如图 3-4 所示。

检测步骤如下：

① 断开转向锁止 ECU（转向锁止执行器或上支架总成）连接器 I59。

② 根据表 3-1 中的值测量电压和电阻。

表 3-1　转向锁止 ECU 连接器断开检测值

端子(名称)	线色	I/O	端子定义	条件	参考值
I59-1(GND)-车身搭铁	W-B-车身搭铁	—	搭铁	始终	小于 1Ω
I59-6(IG2)-K65-1(GND)	B-W-B	输入	IG 信号(转向锁止电动机 IG2 电源输入)	发动机开关 OFF	小于 1V
				发动机开关 ON(IG)	11～14V
I59-7(B)-车身搭铁	L-车身搭铁	输入	稳压电源	始终	11～14V

提示：在连接器断开的情况下，测量线束侧的值。

③ 连接转向锁止 ECU（转向锁止执行器或上支架总成）连接器 I59。

④ 根据表 3-2 中的值测量电压并检查脉冲。

表 3-2　转向锁止 ECU 连接器连接检测值

端子(名称)	线色	I/O	端子定义	条件	参考值
I59-3(IGE)-I59-1(GND)	P-W-B	输入	转向锁止电动机工作许可信号，认证 ECU(智能钥匙 ECU 总成)提供的电动机工作许可信号	手动传动桥，满足下列所有条件时转向锁止电动机工作，然后车门打开 —转向解锁 —发动机开关置于 OFF 位置 非手动传动桥，满足下列所有条件时转向锁止电动机工作，然后车门打开 —转向解锁 —发动机开关置于 OFF 位置 —换挡杆置于 P	11～14V→低于 1V
I59-4(SLP1)-I59-1(GND)	G-W-B	输出	转向锁杆位置信号(从转向解锁传感器输出的信号)	转向锁止→解锁	11～14V→低于 1.5V
I59-5(LIN)-I59-1(GND)	G-W-B	I/O	LIN 通信线路	发动机开关 ON(IG)	产生脉冲

提示：

- 转向锁止执行器或上支架总成中内置有 1 个电动机和 2 个传感器。
- 停止锁止电动机的情况下采取措施时，无需进行任何操作。
- 如需在锁止电动机工作时采取措施，应进行下列任一操作：

手动传动桥：

—要解锁转向，携带钥匙并将发动机开关置于 ON（ACC）或 ON（IG）位置。

—要锁止转向，需将发动机开关置于 OFF 位置，然后打开车门。

非手动传动桥：

—要解锁转向，携带钥匙并将发动机开关置于 ON（ACC）或 ON（IG）位置。

—要锁止转向，在换挡杆置于 P 的情况下将发动机开关置于 OFF 位置，然后打开车门。

第三节 故障诊断与排除

一、故障诊断

一辆一汽-大众迈腾轿车，装备 2.0T EA888 发动机和 DQ380 自动变速器，行驶里程 3154km。用户反映该车无法启动。

维修人员首先对故障进行确认。发现在按下启动按钮后，车辆会有几秒钟的供电，组合仪表显示“方向盘锁紧装置损坏”，如图 3-5 所示，并且转向系统红色报警灯点亮，之后 15 号电断电。

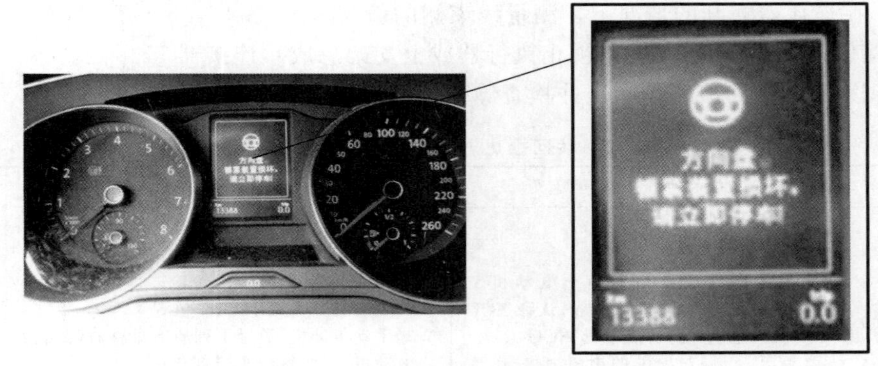

图 3-5 仪表显示屏提示信息

因为没有 15 号电，所以无法通过故障诊断仪或电路测量得到更多的故障信息。根据组合仪表显示的故障信息，初步判断是电子转向柱锁止装置（ELV）出现问题。ELV 与转向柱集成在一起，如图 3-6 所示。它的作用是在锁车时自动对转向柱进行锁止，在车辆 15 号电供电后，对转向柱进行解锁。

图 3-6 集成 ELV 的转向柱总成

在ELV上有一个锁舌，如图3-7所示，在转向柱上有与之相匹配的锁舌窗口，见图3-8。当ELV锁止转向柱时，锁舌会弹出，通过锁舌窗口进入转向管柱的凹槽内，这时转向柱便无法转动了，从而起到锁止转向柱的作用。

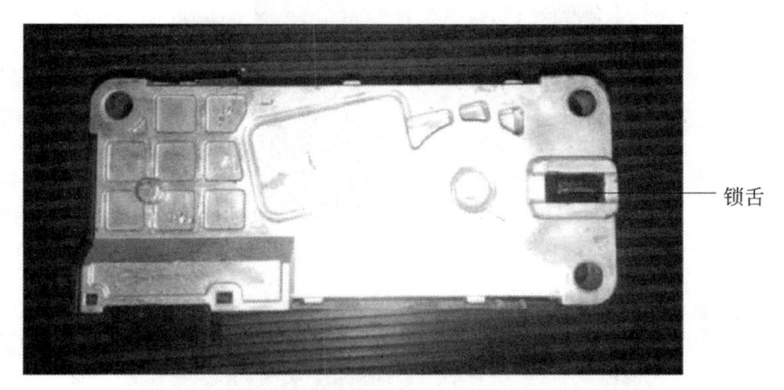

图3-7　ELV上的锁舌

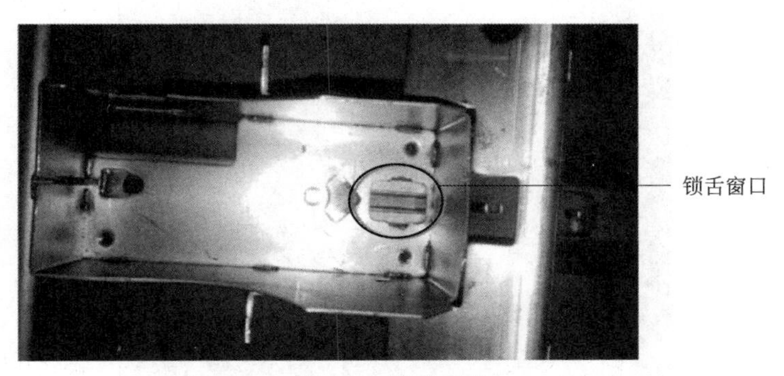

图3-8　锁舌窗口

维修人员拆下ELV，对它及转向柱进行检查，发现转向柱的锁舌窗口明显不正常。正常情况下，锁舌窗口应如图3-8所示，但是故障车的锁舌窗口却被堵住，如图3-9所示。

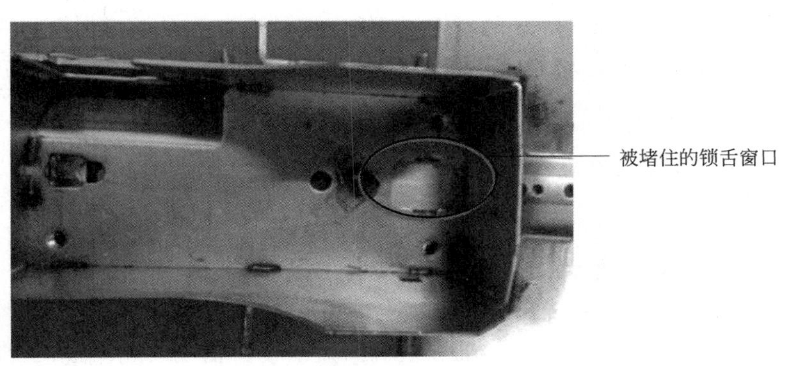

图3-9　锁舌窗口被堵住

对转向柱进行仔细检查，发现转向柱向前调节时没有限位功能，转向开关会直接撞到仪表板上，经检查发现转向柱限位块丢失，如图3-10所示。

当转向柱存在限位块时，由于限位块的限位功能，可以保证转向柱的凹槽区域出现在锁舌窗口中。而当限位块丢失后，当转向柱向前调节超过极限位置时，锁舌窗口就会被堵住。

图 3-10 转向柱限位块丢失

进一步在车内仔细检查，发现了被撞掉的限位块，如图 3-11 所示。

图 3-11 被撞掉的限位块

重新安装限位块后试车，发现车辆可以正常启动了。连接诊断仪检测，在 ELV 控制单元中可以读出故障码，该故障码产生的原因是 ELV 连续 7 次无法成功执行上锁。故障码产生后，ELV 会屏蔽上锁和解锁功能，从而导致车辆无法通电和启动。清除 ELV 中故障码，反复试车，确认故障排除。

二、故障排除

转向轴锁失效时一般的故障现象为：无法解锁导致车辆无法上电、启动。具体表现为：按下启动按钮时，车内蜂鸣器报警一声，启动按钮绿色指示灯闪烁数下。

故障原因分析：蓄电池电压不足；轴锁被转向盘卡住；轴锁装配不当；转向轴锁故障。

检查前先确认蓄电池电压是否大于 12V，然后按图 3-12 所示流程进行故障检修。

装配轴锁时的注意事项：

① 请在轴锁闭锁状态（轴锁锁舌伸出）下进行装配；

② 将轴锁对准转向盘管柱的卡槽，令锁舌将管柱卡住，此时晃动转向盘，如果转向盘无法晃动，说明轴锁已安装到位；

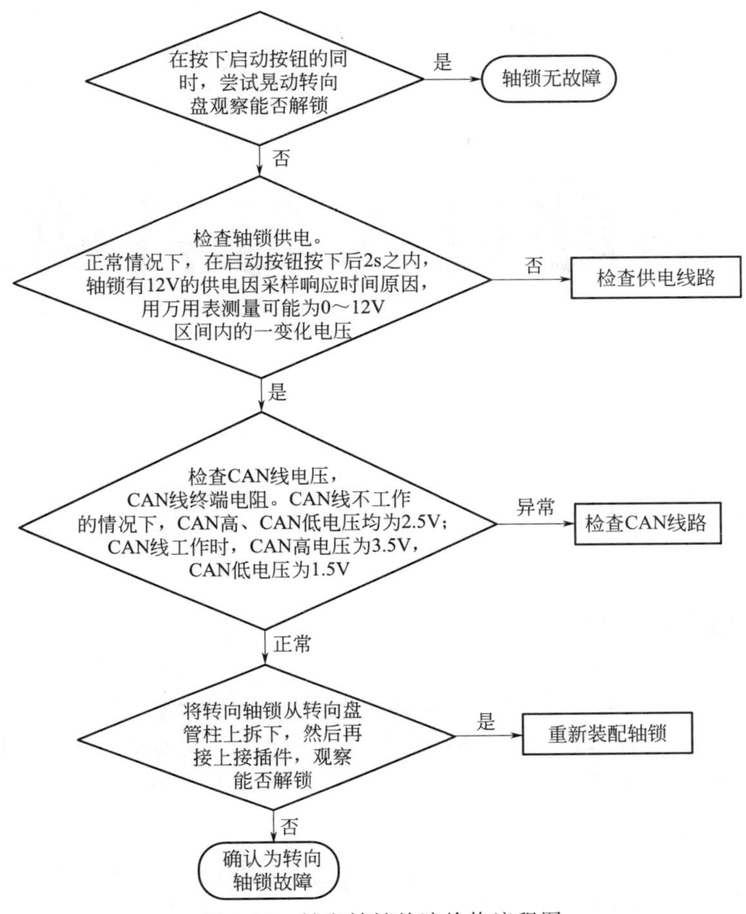

图 3-12 转向轴锁故障检修流程图

③ 轴锁安装到位后，需要用螺栓将轴锁固定在转向盘管柱上时，此时需要保持轴锁位置不动，以免轴锁位置偏移导致无法卡住转向盘管柱，将卡环两侧的螺栓拧紧后完成装配。

第四章

无钥匙进入与启动系统

第一节
系统结构与原理

一、系统组成与功能

无钥匙进入与启动系统（PEPS）主要具有以下功能：无线遥控开闭锁（RKE）、无钥匙进入（PE）、无钥匙启动（PS）、电源挡位切换（PDU）、发动机防盗（IMMO）、电子转向柱锁开闭锁（ESCL）、后背门脚踢开启。

以起亚 K2 车型为例，系统组成部件如图 4-1 所示。

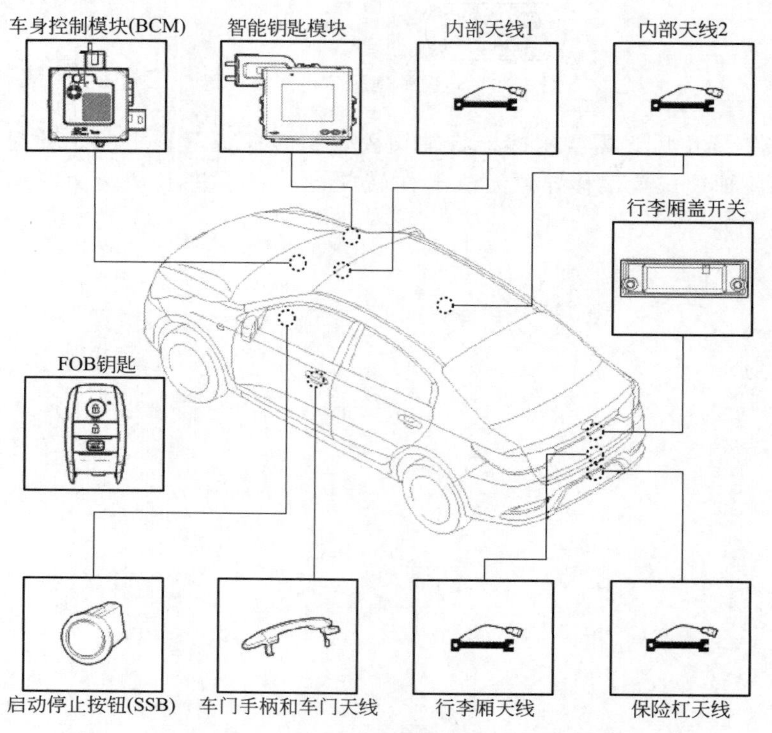

图 4-1　无钥匙进入与启动系统组成部件（起亚 K2）

以比亚迪为例，PEPS 系统组成部件如图 4-2 所示。

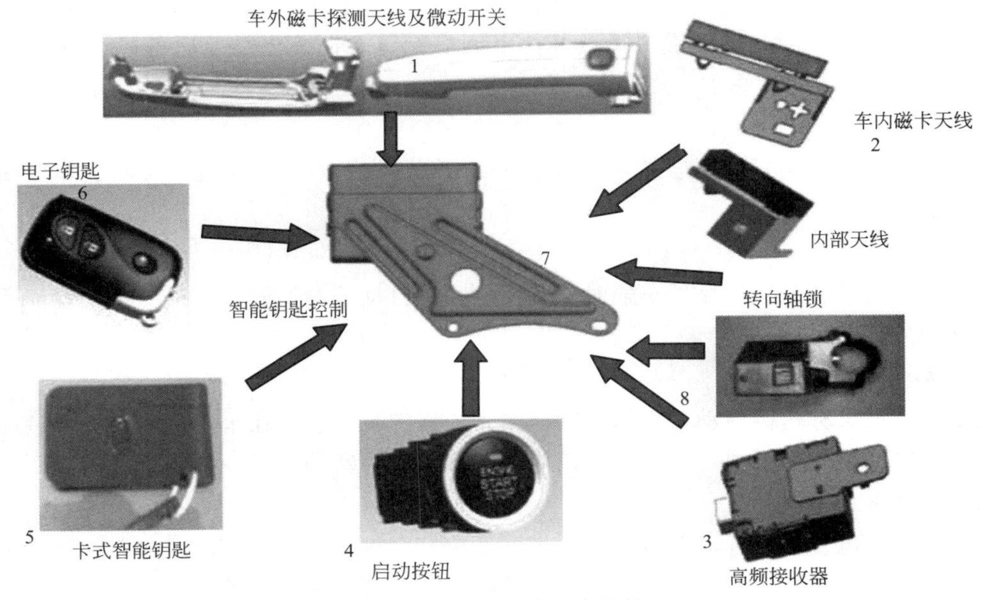

图 4-2　PEPS 系统组成部件

智能钥匙通过一定频率的无线信号传输用户信息，如图 4-3 所示。

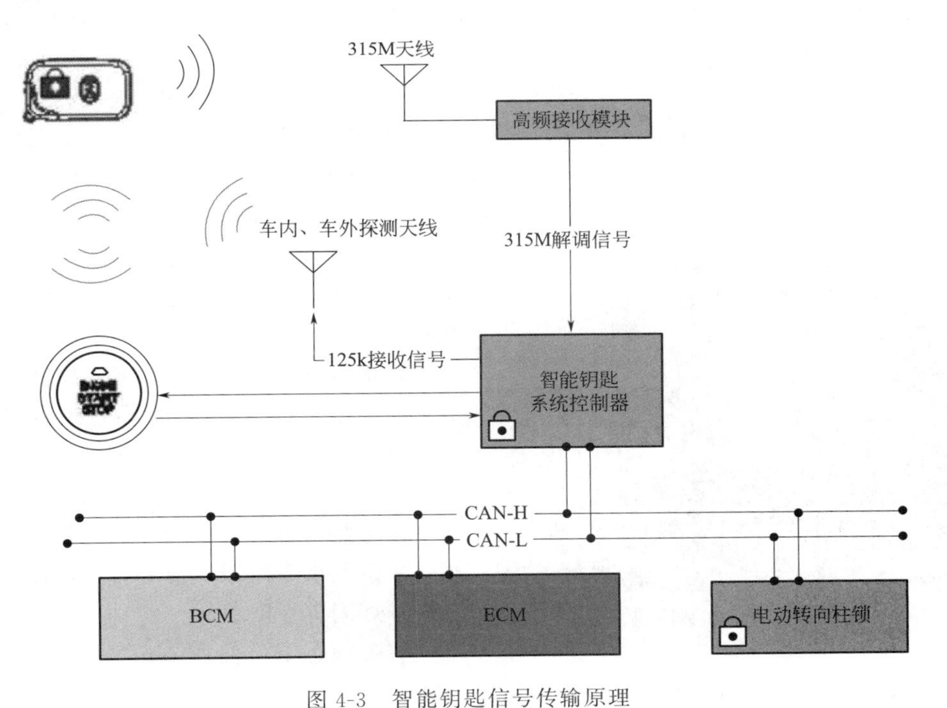

图 4-3　智能钥匙信号传输原理

/防盗安全部件，须进行匹配；125kHz 无线信号；315MHz 无线信号

车辆智能钥匙具有以下功能：

(1) 遥控门锁

按下遥控闭锁键时，车门闭锁，同时车外后视镜折叠起来，车辆设定防盗；按下遥控开锁键时，车门开锁，同时车外后视镜展开，车辆解除防盗；按住遥控后备门按键 1.5s，车辆后备门打开。

(2) 点亮迎宾照明灯

在防盗状态下，当智能钥匙进入车门约 1m 的探测范围内，后视镜下方的迎宾照明灯会自动点亮。

(3) 无钥匙进入

用户携带合法智能钥匙靠近车辆时，无钥匙系统自动监测钥匙并验证身份，验证后按下微动开关便可拉开车门。

(4) 无钥匙启动

无钥匙启动又称一键启动，如果车辆检测到合法的智能钥匙在车内，用户按下启动按钮可实现不同电源模式的切换，踩下刹车或离合踏板可启动发动机。

(5) 无电模式启动

在智能钥匙电量不足、蓄电池电量不足、系统存在故障等情况下，用户可以使用机械钥匙打开车门，但是打开车门后车辆会报警，可按以下步骤启动发动机：

① 踩下制动踏板或者按下“启动/停止”开关，此时智能进入和智能启动系统告警灯点亮，且车辆中的蜂鸣器鸣响一声；

② 在蜂鸣器鸣响后的 30s 内将电子智能钥匙接近“启动/停止”开关，蜂鸣器会再次鸣响一声，提示可以启动发动机；

③ 在此蜂鸣器鸣响后的 5s 内，按下“启动/停止”开关启动发动机。

NFC（Near Field Communication）是一种采用 13.56MHz 频带的近距离无线通信技术，通过两个带有 NFC 功能的电子产品近距离通信来实现信息交换以及解闭锁、授权等功能。

图 4-4 NFC 控制模块

系统由 NFC 控制模块（图 4-4）、智能卡片或手机 NFC 等组成。手机不支持 NFC 功能可使用卡片解锁。

整车电源挡位处于“OFF”挡，车门关闭且未锁止，将 NFC 卡片靠近左前外后视镜上指令区域，所有车门同时闭锁。此时，转向信号灯闪烁 1 次。

在防盗状态下，携带 NFC 卡片靠近左前外后视镜上指令区域，所有车门同时解锁。转向信号灯闪烁 2 次。

防盗状态下，使用 NFC 卡片解锁后，请在 30s 内打开车门，否则所有车门将自动重新闭锁。

使用 NFC 卡片解锁后，在 10min 内提供用户启动权限，此权限在“OFF”挡闭锁解除。出现下列情况，NFC 卡片靠近左前外后视镜上指令区域将不进行解/闭锁：

① 打开或关闭车门的同时，NFC 卡片靠近左前外后视镜上指令区域。

② 整车电源挡位处于非“OFF”挡时。

③ 手机 NFC 钥匙使用前需打开手机 NFC。

二、系统工作原理

按动门把手微动开关后，PEPS 控制器会发送低频信号寻找钥匙，并与钥匙进行认证确认钥匙的合法性，当确认钥匙在有效区域内并合法，则 PEPS 发送开闭锁指令（通过 CAN）给 BCM，由 BCM 执行开闭锁指令。无钥匙进入原理如图 4-5 所示。

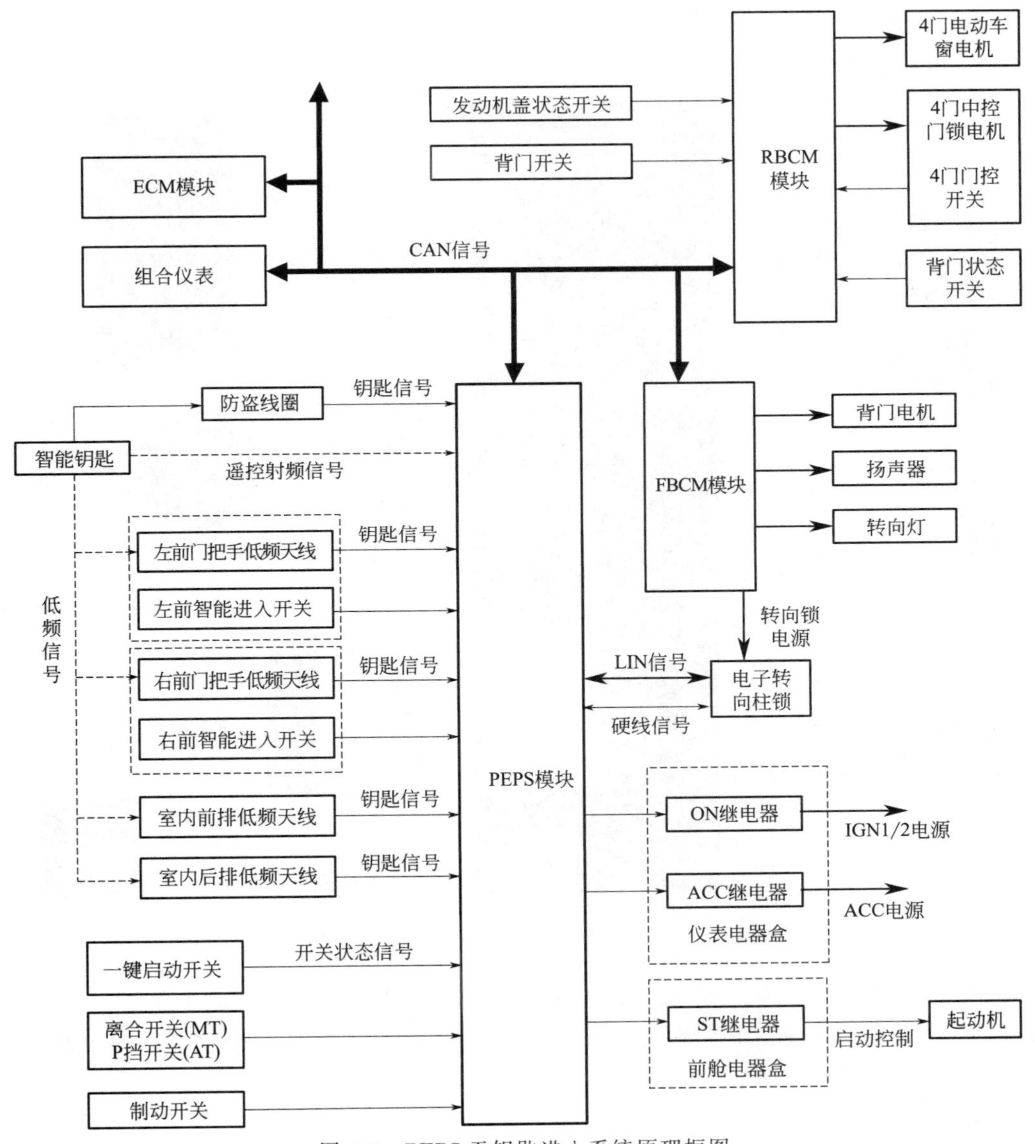

图 4-5　PEPS 无钥匙进入系统原理框图

车主进入车内，踩下离合踏板（AT 车型踩下制动踏板）、按下启动按钮，PEPS 发送低频信号查找钥匙，当确认钥匙在车内并合法的情况下，PEPS 控制器会执行 ESCL 解锁指令。当 ESCL 解锁成功后，PEPS 控制器会与 IMMO 进行防盗认证。当 IMMO 认证通过后，电源挡位会由 OFF 直接切换到 START，启动电机工作（同时 IMMO 与 EMS 进行防盗认证），如 IMMO 与 EMS 认证也通过，则发动机启动正常，电源挡位切换到 ON。智能钥匙在车辆内时，可以切换电源模式和启动发动机。无钥匙启动系统原理框图如图 4-6 所示。

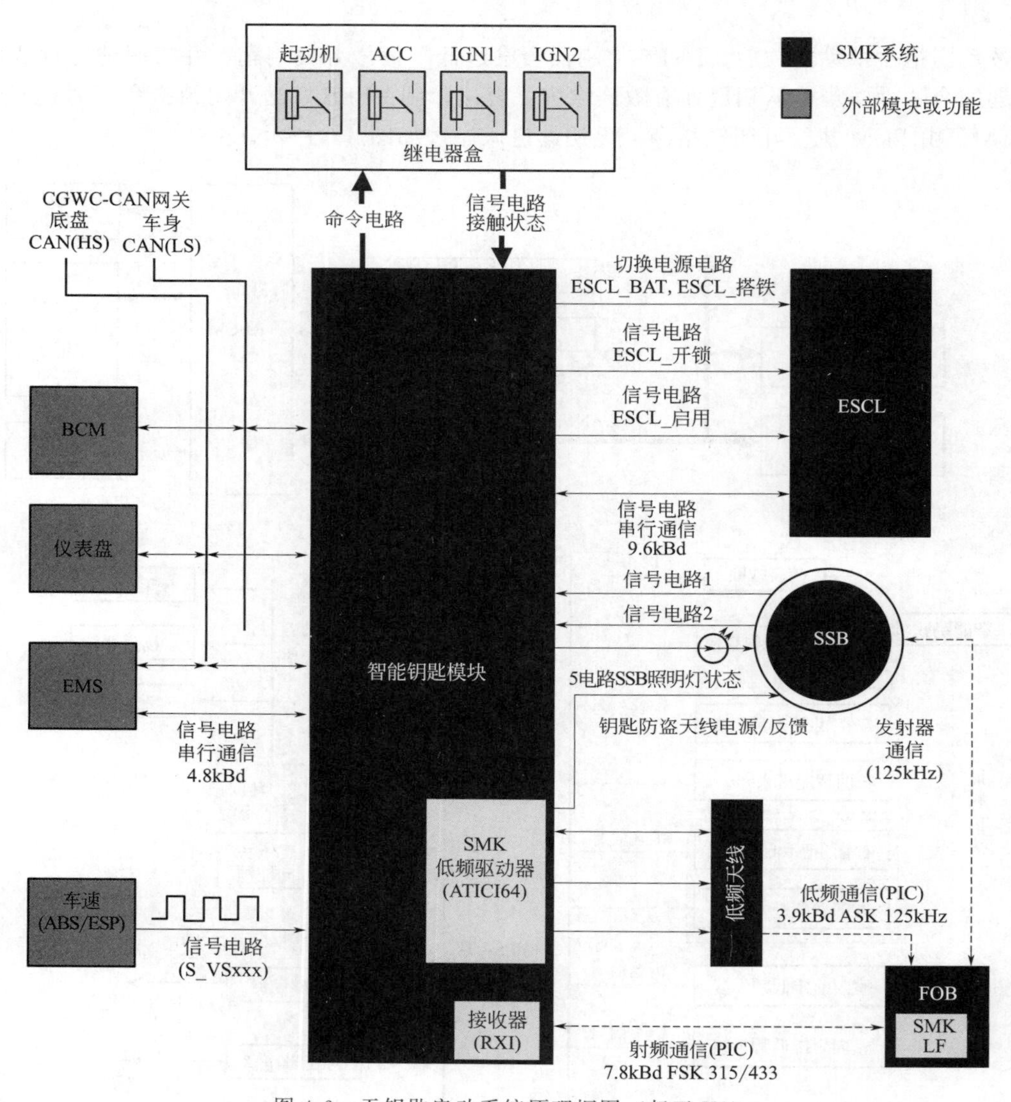

图 4-6　无钥匙启动系统原理框图（起亚 K2）

智能钥匙通过低频天线（智能钥匙有电时）或者 IMMO 线圈（智能钥匙电量不足时）实现与 PEPS 的前级认证。智能钥匙的认证过程分为两个链路：低频链路和高频链路。逻辑控制电气原理如图 4-7 所示。

认证过程：

① 低频链路：PEPS 通过 LF 驱动器发送低频唤醒和认证信号给智能钥匙。

② 智能钥匙通过 3D 天线接收 LF 信号，并检测 PEPS 发送过来的能量（即 RSSI 值）。

③ 智能钥匙认证成功后，通过 RF 链路返回认证信息和 RSSI 值。

④ PEPS 验证智能钥匙返回的 RF 信号。如果认证成功，则再计算 RSSI，判断钥匙位置。

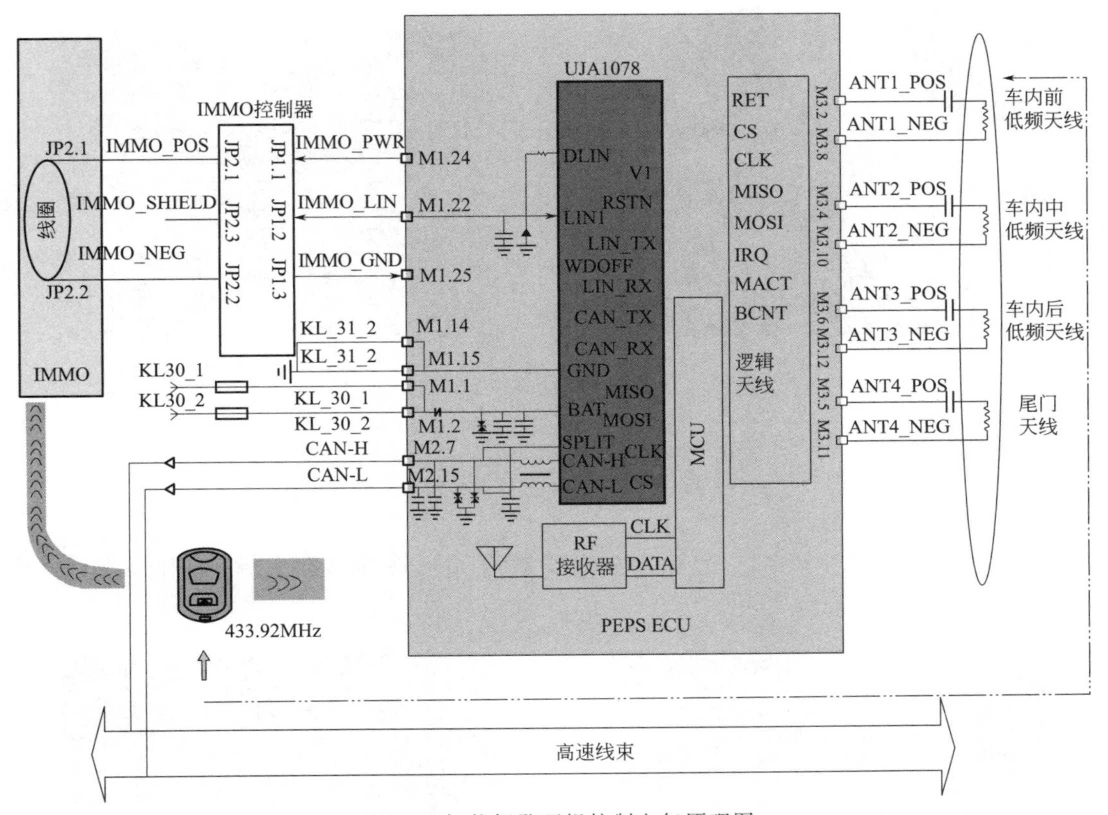

图 4-7　智能钥匙逻辑控制电气原理图

第二节 部件拆装与检修

一、部件拆装

以北京现代索纳塔 PHEV 车型为例，讲解 PEPS 系统主要部件的拆装方法。

(1) 智能钥匙控制模块

① 分离蓄电池负极（—）端子。

② 拆卸手套箱。

③ 分离 VESS 模块连接器和 SMK 模块连接器（A），如图 4-8 所示。

④ 拧下固定螺钉和螺母，并拆卸 VESS 模块（A）和 SMK 模块（B），如图 4-9 所示。

(2) 内部天线 1

① 分离蓄电池负极（—）端子。

② 拆卸仪表板中央装饰板。

③ 分离连接器（B），拧下固定螺母，并拆卸内部天线 1（A），如图 4-10 所示。

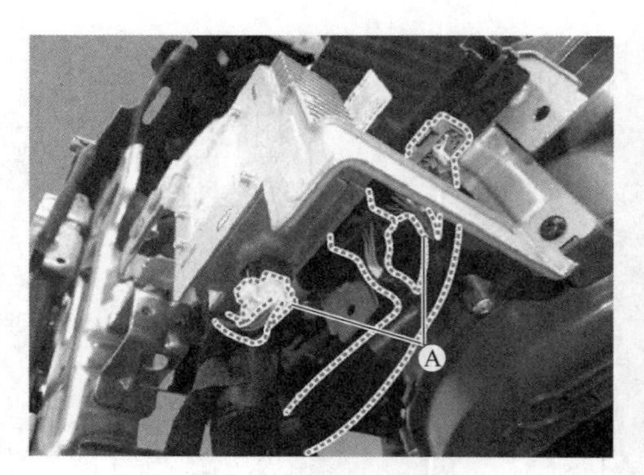

图 4-8 断开连接器

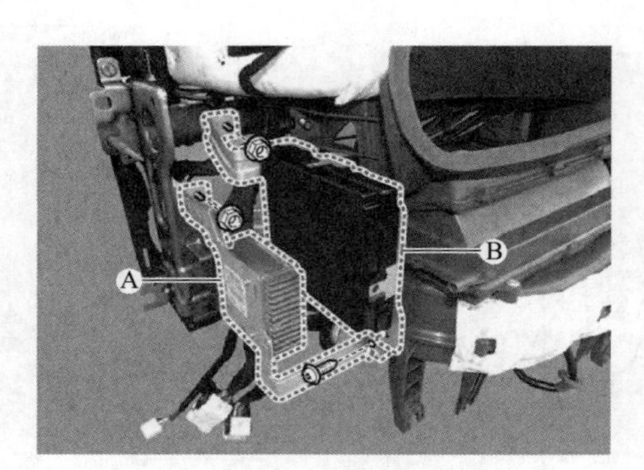

图 4-9 拆下模块

(3) 内部天线 2

① 分离蓄电池负极(—)端子。

② 拆卸后控制台盖。

③ 拧下固定螺钉(2 个),分离线束连接器(A),拆卸内部天线 2(B),如图 4-11 所示。

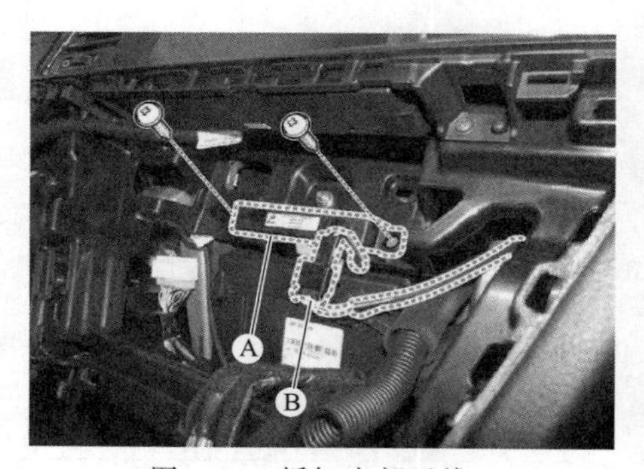

图 4-10 拆卸内部天线 1

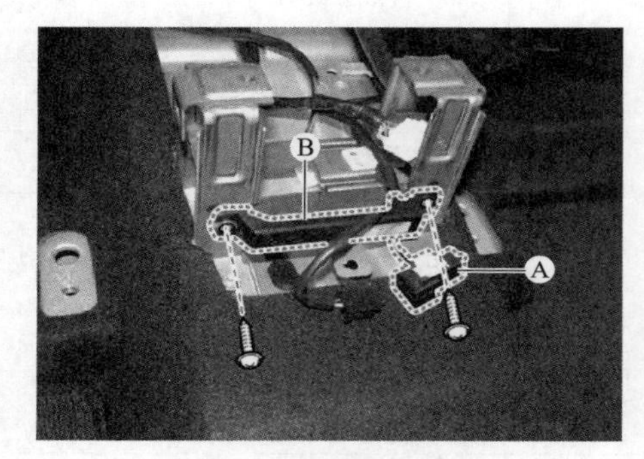

图 4-11 拆卸内部天线 2

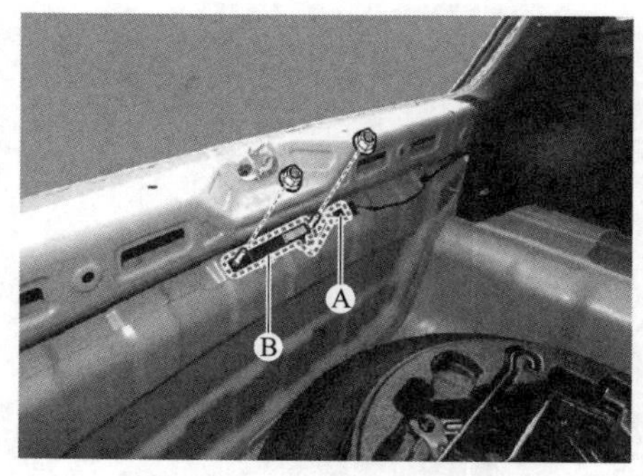

图 4-12 拆卸行李厢天线

(4) 行李厢天线

① 分离蓄电池负极(—)端子。

② 拆卸后横向装饰板。

③ 分离连接器(A),拧下固定螺母,并拆卸行李厢天线(B),如图 4-12 所示。

(5) 后保险杠天线

① 分离蓄电池负极(—)端子。

② 拆卸后保险杠盖。

③ 分离连接器(A),拧下固定螺母,并拆卸后保险杠天线(B),如图 4-13 所示。

(6) 蜂鸣器

① 分离蓄电池负极(—)端子。

② 拆卸前左车轮导板。

③ 分离线束连接器,并拆卸蜂鸣器(A),如图 4-14 所示。

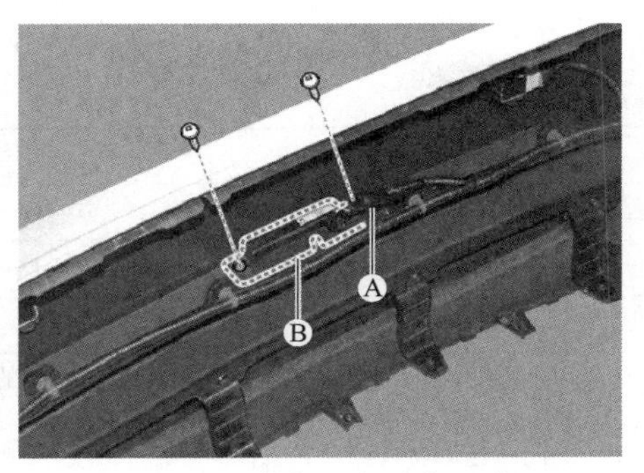

图 4-13　拆卸后保险杠天线

图 4-14　拆卸蜂鸣器

(7) 行李厢开启开关

① 分离蓄电池负极（—）端子。

② 拆卸行李厢盖装饰板。

③ 分离行李厢盖开启开关连接器（A），如图 4-15 所示。

④ 分离固定夹（A），并拆卸行李厢盖开启开关，如图 4-16 所示。

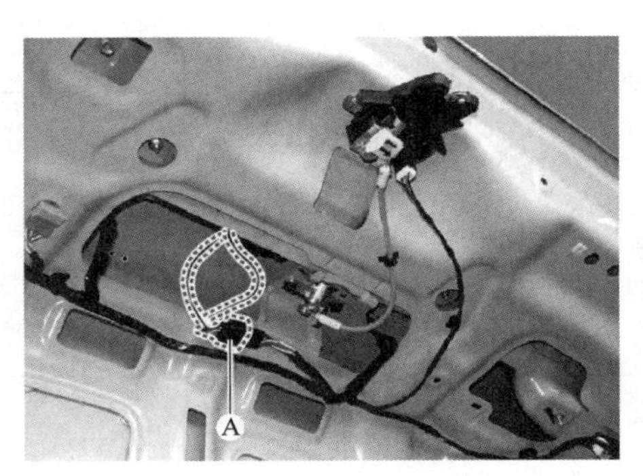

图 4-15　断开连接器

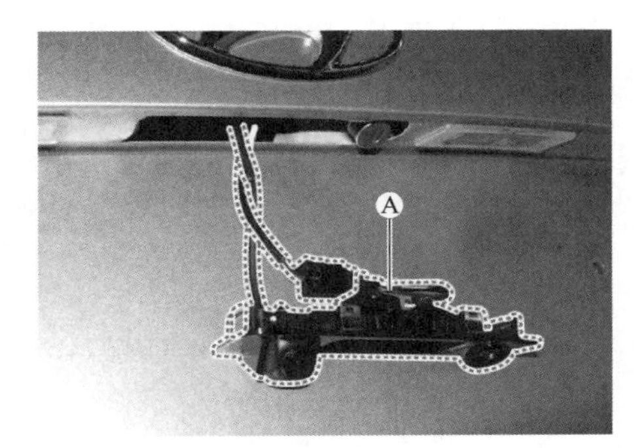

图 4-16　拆卸行李厢盖开关

二、电路检测

以丰田卡罗拉/雷凌车型为例，检查认证 ECU（智能钥匙 ECU 总成），连接器端子分布如图 4-17 所示。

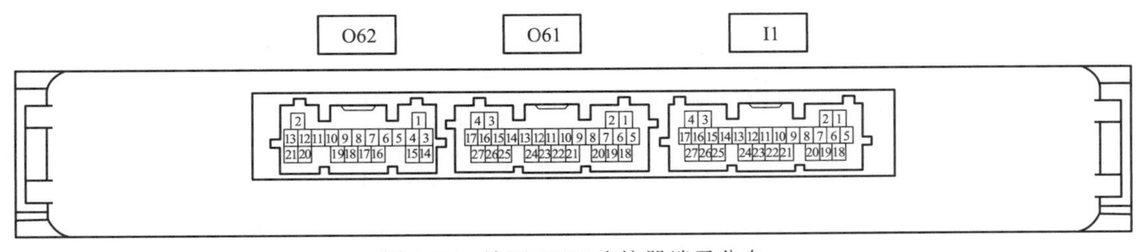

图 4-17　认证 ECU 连接器端子分布

检测步骤如下：

① 断开认证 ECU（智能钥匙 ECU 总成）连接器 I1。

② 根据表 4-1 中的值测量电压和电阻。

表 4-1 认证 ECU 连接器断开检测值

检测仪连接	线色	I/O	端子定义	条件	参考值
I1-18(E)-车身搭铁	W-B-车身搭铁	—	搭铁	始终	小于 1Ω
I1-3(+B)-I1-18(E)	GR-W-B	输入	电源	始终	11～14V
I1-17(CUTB)-I1-18(E)	SB-W-B	输入	暗电流切断针脚*	始终	11～14V

* 运输车辆的距离较长时，为防止车辆蓄电池电量耗尽，在电路中安装一根运输车辆时切断不必要电气负载的保险丝。如果拆下该保险丝，则电路断路。如果拆下车辆蓄电池和端子 CUTB 之间的保险丝且电路断路，则认证 ECU（智能钥匙 ECU 总成）切换至某控制模式（例如形成检测区域的每 0.25s 一次的无线电波传输停止）。

③ 重新连接认证 ECU（智能钥匙 ECU 总成）连接器 I1。

④ 根据表 4-2 中的值测量电压并检查脉冲。

表 4-2 认证 ECU 连接器连接检测值

检测仪连接	线色	I/O	端子定义	条件	参考值
I1-15(IG1D)-I1-18(E)	R-W-B	输出	IG 电源	发动机开关 OFF→ON(IG)	低于 1V→9V 或更高
I1-16(ACCD)-I1-18(E)	L-W-B	输出	ACC 电源	发动机开关 OFF → ON (ACC)	低于 1V→8.5V 或更高
O61-17(CLG1)-I1-18(E)	L-W-B	输出	输出至驾驶员车门电子钥匙天线。将来自认证 ECU(智能钥匙 ECU 总成)的请求信号(怀疑)发送至车门电子钥匙天线，以形成检测区域	1. 发动机开关 OFF 2. 所有车门关闭 3. 电子钥匙发射器分总成不在车内 4. 通过遥控操作锁止所有车门(电子钥匙发射器分总成带至检测区域内③)	产生脉冲
O61-17(CLG1)-I1-18(E)	L-W-B	输入	输入至驾驶员车门锁止传感器。将前门外把手总成(驾驶员车门)锁止传感器打开信号发送至认证 ECU(智能钥匙 ECU 总成)	1. 发动机开关 OFF 2. 将电子钥匙发射器分总成带到车外 3. 所有车门关闭 4. 通过遥控操作锁止所有车门(电子钥匙发射器分总成带至检测区域外③) 5. 触摸驾驶员车门锁止传感器	产生脉冲
O61-17(CLG1)-I1-18(E)	L-W-B	输入	输入驾驶员车门解锁传感器。系统处于解锁备用模式且触摸解锁传感器时，车门电子钥匙天线将解锁传感器输入信号(感应)发送至认证 ECU(智能钥匙 ECU 总成)	1. 发动机开关 OFF 2. 将电子钥匙发射器分总成带到车外 3. 所有车门锁止 4. 电子钥匙发射器分总成不在车辆附近 5. 触摸驾驶员车门解锁传感器	产生脉冲
O61-16(CG1B)-I1-18(E)	W-W-B	输出	输出至驾驶员车门电子钥匙天线(零部件输出端子 CLG1 相对侧的端子)	1. 发动机开关 OFF 2. 所有车门关闭 3. 电子钥匙发射器分总成不在车内 4. 通过遥控操作锁止所有车门(电子钥匙发射器分总成带至检测区域内③)	产生脉冲

续表

检测仪连接	线色	I/O	端子定义	条件	参考值
O61-4(CLG2)-I1-18(E)	G-W-B	输出	输出至前排乘客车门电子钥匙天线。将来自认证ECU(智能钥匙ECU总成)的请求信号(怀疑)发送至车门电子钥匙天线，以形成检测区域	1. 发动机开关OFF 2. 所有车门关闭 3. 电子钥匙发射器分总成不在车内 4. 通过遥控操作锁止所有车门(电子钥匙发射器分总成带至检测区域内③)	产生脉冲
O61-4(CLG2)-I1-18(E)	G-W-B	输入	输入至前排乘客车门锁止传感器。将前门外把手总成(前排乘客侧)锁止传感器打开信号发送至认证ECU(智能钥匙ECU总成)	1. 发动机开关OFF 2. 将电子钥匙发射器分总成带到车外 3. 所有车门关闭 4. 通过遥控操作锁止所有车门(电子钥匙发射器分总成带至检测区域外③) 5. 触摸前排乘客车门锁止传感器	产生脉冲
O61-4(CLG2)-I1-18(E)	G-W-B	输入	输入至前排乘客车门解锁传感器。系统处于解锁备用模式且触摸解锁传感器时，车门电子钥匙天线将解锁传感器输入信号(感应)发送至认证ECU(智能钥匙ECU总成)	1. 发动机开关OFF 2. 将电子钥匙发射器分总成带到车外 3. 所有车门锁止 4. 电子钥匙发射器分总成不在车辆附近 5. 触摸前排乘客车门解锁传感器	产生脉冲
O61-3(CG2B)-I1-18(E)	R-W-B	输出	输出至前排乘客车门电子钥匙天线(零部件输出端子CLG2相对侧的端子)	1. 发动机开关OFF 2. 所有车门关闭 3. 电子钥匙发射器分总成不在车内 4. 通过遥控操作锁止所有车门(电子钥匙发射器分总成带至检测区域内③)	产生脉冲
O61-10(CLG7)-I1-18(E)	G-W-B	输出	输出至车内3号电子钥匙天线总成(行李厢内部)	1. 车门关闭 2. 发动机开关OFF 3. 电子钥匙发射器分总成不在车内 4. 触摸驾驶员车门锁止传感器	产生脉冲
O61-9(CG7B)-I1-18(E)	W-W-B	输出	输出至车内3号电子钥匙天线总成(行李厢内部)(零部件输出端子CLG7相对侧的端子)	1. 车门关闭 2. 发动机开关OFF 3. 电子钥匙发射器分总成不在车内 4. 触摸驾驶员车门锁止传感器	产生脉冲
O61-13(CLG8)-I1-18(E)	Y-W-B	输出	输出至电子钥匙天线(行李厢外部)	1. 发动机开关OFF 2. 将电子钥匙发射器分总成带到车外 3. 所有车门关闭 4. 行李厢电子钥匙开关关闭→打开	产生脉冲

续表

检测仪连接	线色	I/O	端子定义	条件	参考值
O61-12(CG8B)-I1-18(E)	L-W-B	输出	输出至电子钥匙天线(行李厢外部)(零部件输出端子CLG8相对侧的端子)	1. 发动机开关OFF 2. 将电子钥匙发射器分总成带到车外 3. 所有车门关闭 4. 行李厢电子钥匙开关关闭→打开	产生脉冲
O61-26(TSW5)-I1-18(E)	B-W-B[1] GR-W-B[2]	输入	行李厢电子钥匙开关信号输入	行李厢电子钥匙开关关闭→打开	产生脉冲
O61-18(RCO)-I1-18(E)	LG-W-B	输出	输出至电子钥匙和轮胎压力警告ECU和接收器(电子钥匙和轮胎压力警告ECU和接收器电源)。接收器开始工作时,认证ECU(智能钥匙ECU总成)输出5V电压	1. 发动机开关OFF 2. 电子钥匙发射器分总成位于检测区域外,但是位于遥控功能工作范围 3. 电子钥匙发射器分总成的锁止或解锁开关未按下→按下	产生脉冲
O61-21(RDAM)-I1-18(E)	GR-W-B	输入	电子钥匙和轮胎压力警告ECU和接收器认证自电子钥匙发射器分总成接收的数据 电子钥匙和轮胎压力警告ECU和接收器从电子钥匙发射器分总成发送数据至认证ECU(智能钥匙ECU总成),电子钥匙和轮胎压力警告ECU和接收器间歇地将来自认证ECU(智能钥匙ECU总成)的12V信号搭铁	1. 发动机开关OFF 2. 所有车门锁止 3. 电子钥匙发射器分总成不在车内 4. 电子钥匙发射器分总成位于检测区域外,但是位于遥控功能工作范围 5. 电子钥匙发射器分总成的锁止或解锁开关未按下→按下	产生脉冲
O61-19(CSEL)-I1-18(E)	V-W-B	输出	通信频道切换电路	1. 发动机开关OFF 2. 所有车门关闭	低于1V→产生脉冲

① TFTM制造。
② GTMC制造。
③ 有关上车功能检测区域的详情，可参考工作情况检查。

检查驾驶员侧接线盒总成和主车身ECU（多路网络车身ECU），车身ECU连接器端子分布如图4-18所示。

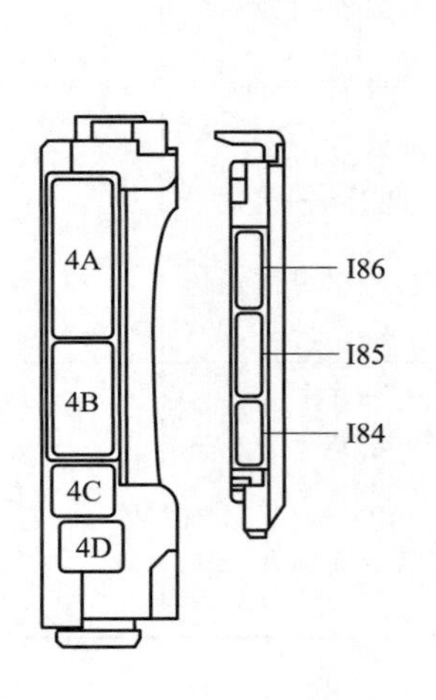

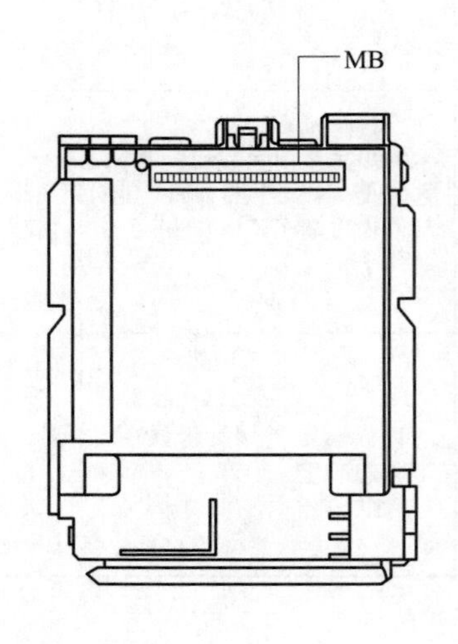

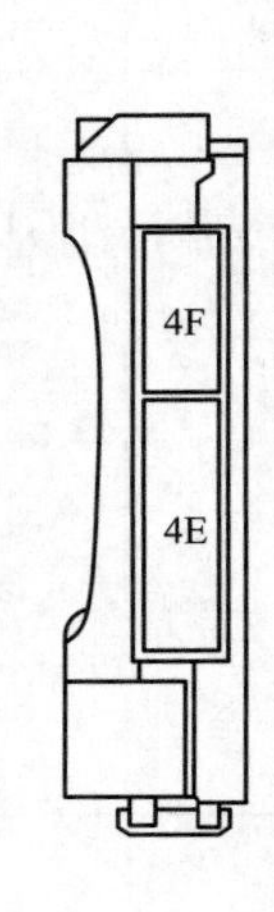

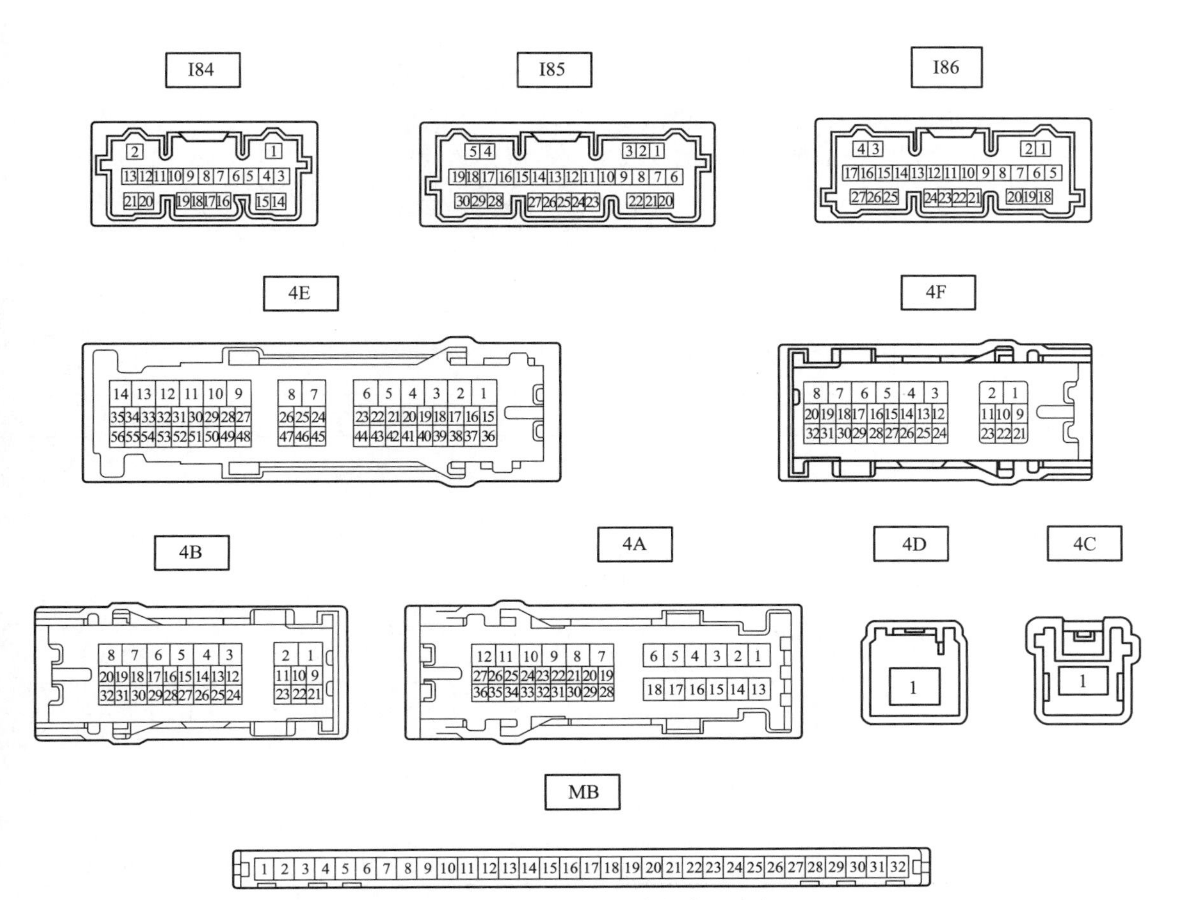

图 4-18　车身 ECU 连接器端子分布

检测步骤如下：

① 从驾驶员侧接线盒总成上拆下主车身 ECU（多路网络车身 ECU）。

② 根据表 4-3 中的值测量电压和电阻。

表 4-3　车身 ECU 接地与电源检测

检测仪连接	线色	I/O	端子定义	条件	参考值
MB-11(GND1)-车身搭铁	—	—	搭铁	始终	小于 1Ω
MB-31(BECU)-车身搭铁	—	输入	蓄电池电源(CPU)	始终	11～14V

检查认证 ECU（智能钥匙 ECU 总成），认证 ECU 端子分布如图 4-19 所示。

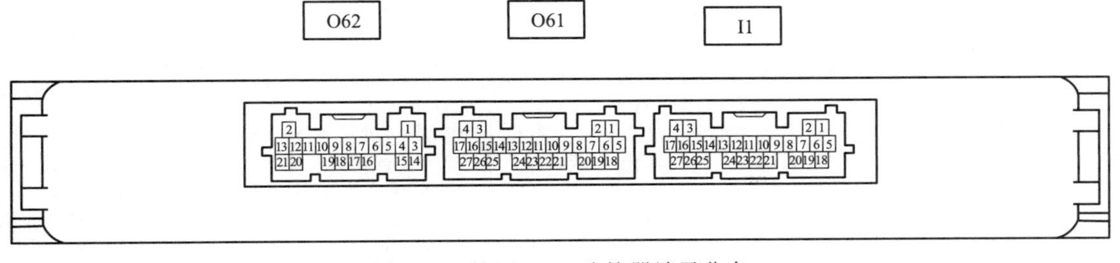

图 4-19　认证 ECU 连接器端子分布

检查步骤如下：

① 断开认证 ECU（智能钥匙 ECU 总成）连接器 O61、O62 和 I1。

② 根据表 4-4 中的值测量电压和电阻。

提示：在连接器断开的情况下，测量线束侧的值。

表 4-4 认证 ECU 连接器断开检测值

检测仪连接	线色	I/O	端子定义	条件	参考值
O62-21(NE)-车身搭铁	L-车身搭铁	输入	发动机转速信号	始终	10kΩ 或更大
O61-24(STP1)-车身搭铁①	BR-车身搭铁	输入	刹车灯开关信号	制动踏板踩下→制动踏板松开	9V 或更高→ 1V 或更低
I1-3(+B)-I1-18(E)	GR-W-B	输入	电源	始终	11～14V
I1-22(P)-I1-18(E)①	P-W-B	输入	P 位置信号	换挡杆置于 P→换挡杆未置于 P	30kΩ 或更大→ 小于 200Ω
I1-17(CUTB)-车身搭铁	SB-车身搭铁	输入	暗电流切断针脚②	始终	11～14V
I1-18(E)-车身搭铁	W-B-车身搭铁	—	GND	始终	小于 1Ω
I1-13(SSW3)-车身搭铁	P-车身搭铁	输入	SSW3 接触信号	发动机开关按下→ 发动机开关未按下	小于 15Ω→ 10kΩ 或更大
I1-20(SSW2)-车身搭铁	L-车身搭铁	输入	SSW2 接触信号	发动机开关按下→ 发动机开关未按下	小于 15Ω→ 10kΩ 或更大
I1-23(SSW1)-车身搭铁	V-车身搭铁	输入	SSW1 接触信号	发动机开关按下→ 发动机开关未按下	小于 15Ω→ 10kΩ 或更大
I1-7(SPD)-车身搭铁	BR-车身搭铁	输入	车速信号	始终	30kΩ 或更大

① 除手动传动桥外。

② 运输车辆的距离较长时，为防止车辆蓄电池电量耗尽，在电路中安装一根运输车辆时切断不必要电气负载的保险丝。如果拆下该保险丝，则电路断路。如果拆下车辆蓄电池和端子 CUTB 之间的保险丝且电路断路，则认证 ECU（智能钥匙 ECU 总成）切换至某控制模式（例如，形成检测区域的每 0.25s 一次的无线电波传输停止）。

③ 连接认证 ECU（智能钥匙 ECU 总成）连接器 O61、O62 和 I1。

④ 根据表 4-5 中的值测量电压和电阻并检查脉冲。

表 4-5 认证 ECU 连接器连接检测值

检测仪连接	线色	I/O	端子定义	条件	参考值
O62-1(STA)-I1-18(E)	LG-W-B	输入	启动发动机时，监视从端子 STAR 发送至启动继电器的电压以判断是否“正在启动”发动机	手动传动桥：踩下离合器踏板的情况下按住发动机开关(起动机打开)→松开发动机开关约 1s 后(起动机关闭) 非手动传动桥：踩下制动踏板的情况下按住发动机开关(起动机打开)→松开发动机开关(起动机关闭)后约 1s	6V 或更高④→ 1.0V 或更低
O62-2(STAR)-I1-18(E)	W-W-B	I/O	输出电压至起动机继电器 启动发动机时输出电压(12V)至起动机继电器(最长 30s，发动机转速为 1000r/min 时关闭) 提示 选定 Hi 时，即使输入启动请求信号(STSW)，也不输出启动请求信号(STAR)	手动传动桥：踩下离合器踏板的情况下按住发动机开关(起动机打开)→松开发动机开关约 1s 后(起动机关闭) 非手动传动桥：踩下制动踏板的情况下按住发动机开关(起动机打开)→松开发动机开关(起动机关闭)后约 1s	6V 或更高④→ 1.0V 或更低

续表

检测仪连接	线色	I/O	端子定义	条件	参考值
O62-2(STAR)-I1-18(E)	W-W-B	I/O	手动传动桥：接收离合器开关信号 —监视离合器开关是打开(踩下离合器踏板)还是关闭(松开离合器踏板)。通过认证ECU(智能钥匙ECU总成)内的电阻器(大)施加电压。离合器开关打开时，由于起动机继电器线圈电阻(小)使用部分电压，因此端子STAR的电压低(2.7V或更低)，离合器开关关闭时，电压高(9V或更高) 非手动传动桥：接收空挡启动开关(P、N位置检测)信号 —监视空挡启动开关是否位于ON(P或N)位置或OFF(P或N以外)位置。通过认证ECU(智能钥匙ECU总成)内的电阻器(大)施加电压。空挡启动开关打开时，由于起动机继电器线圈电阻(小)使用一定电压，因此端子STAR的电压低(2.7V或更低)，且空挡启动开关关闭时，电压高(9V或更高)	手动传动桥 除发动机正在启动情况外，进行以下操作 离合器踏板松开→离合器踏板踩下 非手动传动桥 除发动机正在启动情况外，进行以下操作 换挡杆置于P或N以外的任何位置→换挡杆置于P或N	9V或更高→2.7V或更低
O62-21(NE)-I1-18(E)	L-W-B	输入	发动机转速信号	怠速运转(发动机暖机)	产生脉冲
O61-24(STP1)-I1-18(E)[①]	BR-W-B	输入	刹车灯开关信号	制动踏板松开→制动踏板踩下	1V或更低→9V或更高
I1-12(SLP)-I1-18(E)	G-W-B	输入	转向锁止位置信号	转向锁止→转向解锁	11～14V→1.5V或更低
I1-25(SLR+)-I1-18(E)	P-W-B	输出	转向锁止电动机工作指令信号。认证ECU(智能钥匙ECU总成)发送的转向锁止电动机工作许可信号	手动传动桥 车门打开时，如果满足以下所有条件，则转向锁止电动机工作 —转向解锁 —发动机开关置于OFF位置 非手动传动桥 车门打开时，如果满足以下所有条件，则转向锁止电动机工作 —转向解锁 —发动机开关置于OFF位置 —换挡杆置于P	11～14V→低于1V
I1-14(LIN)-I1-18(E)	V-W-B	I/O	LIN通信线路	发动机开关ON(IG)	产生脉冲
I1-22(P)-I1-18(E)[③]	P-W-B	输入	P位置信号	换挡杆置于P→换挡杆未置于P	9V或更高→2.76V或更低
I1-13(SSW3)-I1-18(E)	P-W-B	输入	SSW3接触信号	发动机开关未按下→发动机开关按下	9V或更高→1V或更低
I1-20(SSW2)-I1-18(E)	L-W-B	输入	SSW2接触信号	发动机开关未按下→发动机开关按下	9V或更高→1V或更低

续表

检测仪连接	线色	I/O	端子定义	条件	参考值
I1-23(SSW1)-I1-18(E)	V-W-B	输入	SSW1 接触信号	发动机开关未按下→发动机开关按下	9V 或更高→1V 或更低
I1-16(ACCD)-I1-18(E)	L-W-B	输出	ACC 信号	发动机开关置于 OFF 位置→发动机开关置于 ON(ACC)位置	1V 或更低→8.5V 或更高
I1-15(IG1D)-I1-18(E)	R-W-B	输出	IG 信号	发动机开关置于 ON(ACC)位置→发动机开关置于 ON(IG)位置	1V 或更低→9V 或更高
I1-7(SPD)-I1-18(E)	BR-W-B	输入	车速信号	车辆以约 5km/h 的速度行驶	产生脉冲
I1-8(CLG5)-I1-18(E)	G-W-B	输出	输出至车内 1 号电子钥匙天线总成(前地板)	1. 发动机开关 OFF 2. 电子钥匙发射器分总成不在车内 3. 关闭任一车门 30s 内	产生脉冲
I1-9(CG5B)-I1-18(E)	R-W-B	输出	输出至车内 1 号电子钥匙天线总成(前地板)(零部件输出端子 CLG5 相对侧的端子)	1. 发动机开关 OFF 2. 电子钥匙发射器分总成不在车内 3. 关闭任一车门 30s 内	产生脉冲
I1-11(AGND)-车身搭铁	W-车身搭铁	—	收发器钥匙放大器搭铁	始终	小于 1Ω
I1-5(ANT1)-I1-11(AGND)	B-W	I/O	信号输出至收发器钥匙放大器。代码从认证 ECU(智能钥匙 ECU 总成)发送至内置于发动机开关的收发器钥匙放大器，然后作为无线电波通过收发器钥匙放大器的天线发射	发动机开关置于 OFF 位置、电子钥匙发射器分总成不在车厢内、按下发动机开关后 30s 内	产生脉冲
I1-6(ANT2)-I1-11(AGND)	G-W	I/O	从收发器钥匙放大器输入的信号。来自内置于发动机开关的收发器钥匙放大器的无线电波用于检测钥匙信息。然后钥匙信息发送至认证 ECU(智能钥匙 ECU 总成)	发动机开关置于 OFF 位置、电子钥匙发射器分总成不在车厢内、按下发动机开关后 30s 内	产生脉冲
I1-19(IND)-I1-18(E)	R-W-B① L-W-B②	输出	安全指示灯输出	发动机开关 OFF→ON(IG)	产生脉冲→低于 2V

① TFTM 制造。
② GTMC 制造。
③ 除手动传动桥外。
④ 发动机启动时，蓄电池电压可能会下降至约 6V。

无需进行特定操作即可检查停止的转向锁止执行器电动机的工作信号。进行以下任一操作，即可检查正在工作的转向锁止执行器电动机的工作信号。

手动传动桥：

—要解锁转向，将电子钥匙发射器分总成带至车内并将发动机开关置于 ON（ACC）或 ON（IG）位置。

—要锁止转向，需在发动机开关置于 OFF 位置的情况下，打开车门。

非手动传动桥：

—要解锁转向，将电子钥匙发射器分总成带至车内并将发动机开关置于 ON（ACC）或

ON（IG）位置。

—要锁止转向，在发动机开关置于 OFF 位置且换挡杆置于 P 的情况下，打开车门。

检查识别码盒（停机系统代码 ECU），端子分布如图 4-20 所示。

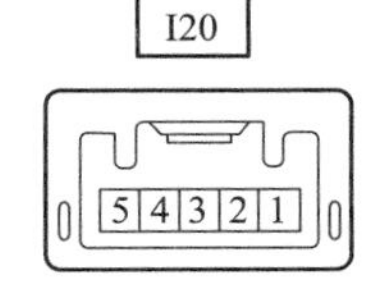

图 4-20　识别码盒连接器端子分布

检查步骤如下：

① 断开识别码盒（停机系统代码 ECU）连接器 I20。

② 根据表 4-6 中的值测量电压和电阻。

提示：在连接器断开的情况下，测量线束侧的值。

表 4-6　识别码盒接地与电源检测

检测仪连接	线色	I/O	端子定义	条件	参考值
I20-1(＋B)-车身搭铁	L-车身搭铁	输入	电源	始终	11～14V
I20-5(GND)-车身搭铁	W-B-车身搭铁	—	搭铁	始终	小于 1Ω

③ 重新连接识别码盒（停机系统代码 ECU）连接器 I20。

④ 根据表 4-7 中的值测量电压并检查脉冲。

表 4-7　识别码盒连接器端子定义与检测值

检测仪连接	线色	I/O	端子定义	条件	参考值
I20-3(EFII)-I20-5(GND)	B-W-B	输入	EFI 通信输入。信号自 ECM 输入至识别码盒(停机系统代码 ECU)	发动机开关 OFF	11～14V
I20-3(EFII)-I20-5(GND)	B-W-B	输入	EFI 通信输入。信号自 ECM 输入至识别码盒(停机系统代码 ECU)	发动机启动后 3s 内，或断开电缆并重新连接至蓄电池后将发动机开关置于 ON(IG)位置 3s 内	产生脉冲
I20-4(EFIO)-I20-5(GND)	R-W-B	输出	EFI 通信输出。信号自识别码盒(停机系统代码 ECU)输出至 ECM	发动机开关 OFF	小于 1V
I20-4(EFIO)-I20-5(GND)	R-W-B	输出	EFI 通信输出。信号自识别码盒(停机系统代码 ECU)输出至 ECM	发动机启动后 3s 内，或断开电缆并重新连接至蓄电池后将发动机开关置于 ON(IG)位置 3s 内	产生脉冲
I20-2(LIN1)-I20-5(GND)	P-W-B	I/O	LIN 通信线路	发动机开关 ON(IG)	产生脉冲

检查 ECM（NR 系列），端子分布如图 4-21 所示。

图 4-21　NR 系列发动机 ECM 端子分布

根据表 4-8 中的值测量电压和电阻并检查脉冲。

表 4-8 NR 系列发动机 ECM 端子定义与检测值

端子(名称)	线色	I/O	端子定义	检测条件	参考数值
A46-3(+B2)-C78-53(E1)	B-W-B	输入	点火电源	发动机开关 ON(IG)	11～14V
A46-2(+B)-C78-53(E1)	B-W-B	输入	点火电源	发动机开关 ON(IG)	11～14V
A46-46(MREL)-C78-53(E1)	G-W-B	输入	点火电源	发动机开关 ON(IG)	11～14V
A46-1(BATT)-C78-53(E1)	R-W-B	输入	+B 电源	始终	11～14V
C78-53(E1)-车身搭铁	W-B-车身搭铁	—	搭铁	始终	小于 1Ω
A46-45(IMO)-C78-53(E1)	B-W-B	输出	EFI 通信输入。信号自 ECM 输入至识别码盒(停机系统代码 ECU)	发动机开关 OFF	11～14V
A46-45(IMO)-C78-53(E1)	B-W-B	输出	EFI 通信输入。信号自 ECM 输入至识别码盒(停机系统代码 ECU)	发动机启动后 3s 内，或断开电缆并重新连接至蓄电池后将发动机开关置于 ON(IG)位置 3s 内	脉冲信号
A46-28(IMI)-C78-53(E1)	W-W-B	输入	EFI 通信输入。信号自识别码盒(停机系统代码 ECU)输出至 ECM	发动机开关 OFF	11～14V→1V 或更低
A46-28(IMI)-C78-53(E1)	W-W-B	输入	EFI 通信输入。信号自识别码盒(停机系统代码 ECU)输出至 ECM	使用注册的电子钥匙发射器分总成将发动机开关置于 ON(IG)位置	脉冲信号

检查 ECM (M15A-FKS、M15B-FKS、M15C-FKS)，端子分布如图 4-22 所示。

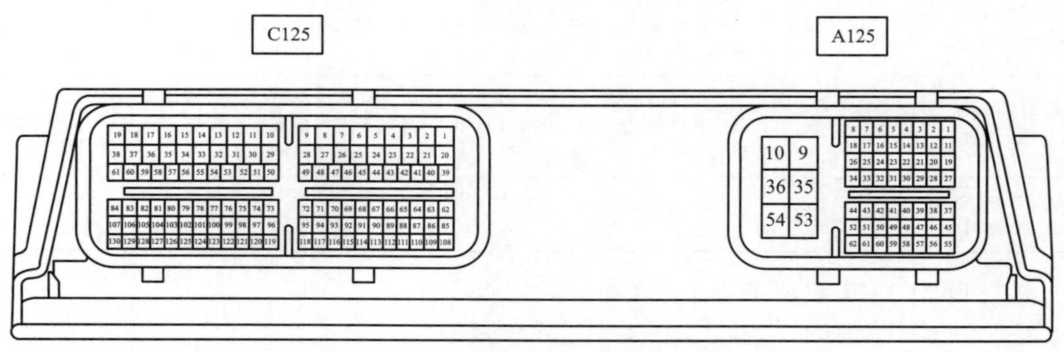

图 4-22 M15 系列发动机 ECM 端子分布

根据表 4-9 中的值测量电压和电阻并检查脉冲。

表 4-9 M15 系列发动机 ECM 端子定义与检测值

端子(名称)	线色	I/O	端子定义	检测条件	参考值
A125-35(+B2)-C125-10(E1)	LG-W-B	输入	点火电源	发动机开关 ON(IG)	11～14V
A125-9(+B)-C125-10(E1)	BE-W-B	输入	点火电源	发动机开关 ON(IG)	11～14V

续表

端子(名称)	线色	I/O	端子定义	检测条件	参考值
A125-15(MREL)-C125-10(E1)	G-W-B	输入	点火电源	发动机开关 ON(IG)	11～14V
A125-1(BATT)-C125-10(E1)	G-W-B	输入	+B电源	始终	11～14V
C125-10(E1)-车身搭铁	W-B-车身搭铁	—	搭铁	始终	小于 1Ω
A125-47(IMO)-C125-10(E1)	B-W-B	输出	EFI 通信输入。信号自 ECM 输入至识别码盒(停机系统代码 ECU)	发动机开关 OFF	11～14V
A125-47(IMO)-C125-10(E1)	B-W-B	输出	EFI 通信输入。信号自 ECM 输入至识别码盒(停机系统代码 ECU)	发动机启动后 3s 内，或断开电缆并重新连接至蓄电池后将发动机开关置于 ON(IG)位置 3s 内	脉冲信号
A125-61(IMI)-C125-10(E1)	W-W-B	输入	EFI 通信输入。信号自识别码盒(停机系统代码 ECU)输出至 ECM	发动机开关 OFF	11～14V→1V 或更低
A125-61(IMI)-C125-10(E1)	W-W-B	输入	EFI 通信输入。信号自识别码盒(停机系统代码 ECU)输出至 ECM	使用注册的电子钥匙发射器分总成将发动机开关置于 ON(IG)位置	产生脉冲

检查发动机开关，端子分布如图 4-23 所示。

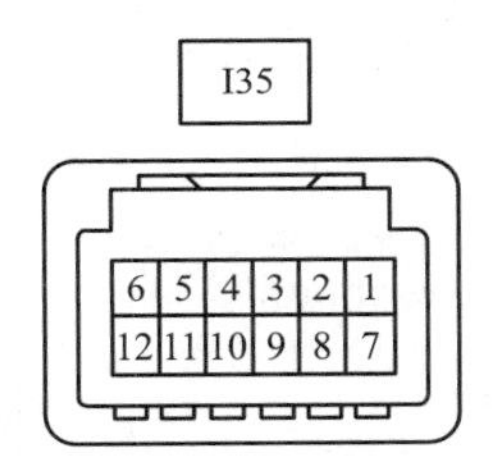

图 4-23　发动机开关连接器端子分布

根据表 4-10 中的值测量电阻。

表 4-10　检测接地端电阻

端子(名称)	线色	I/O	端子定义	条件	参考值
I35-3(GND)-车身搭铁	W-车身搭铁	—	收发器钥匙放大器搭铁	始终	小于 1Ω

根据表 4-11 中的值检查脉冲。

表 4-11　检查脉冲信号

端子(名称)	线色	I/O	端子定义	条件	参考值
I35-1(ANT1)-I35-3(GND)	B-W	I/O	自认证 ECU(智能钥匙 ECU 总成)的信号输入。代码从认证 ECU(智能钥匙 ECU 总成)发送至内置于发动机开关的收发器钥匙放大器，然后作为无线电波通过收发器钥匙放大器的天线发射	发动机开关置于 OFF 位置、电子钥匙发射器分总成不在车内、按下发动机开关后 30s 内	产生脉冲

续表

端子(名称)	线色	I/O	端子定义	条件	参考值
I35-7(ANT2)-I35-3(GND)	G-W	I/O	至认证ECU(智能钥匙ECU总成)的信号输出。来自内置于发动机开关的收发器钥匙放大器的无线电波用于检测钥匙信息,然后钥匙信息发送至认证ECU(智能钥匙ECU总成)	发动机开关置于OFF位置、电子钥匙发射器分总成不在车内、按下发动机开关后30s内	产生脉冲

第三节 故障诊断与排除

一、故障诊断

以吉利星越车型为例，PEPS模块故障检修思路如图4-24所示。

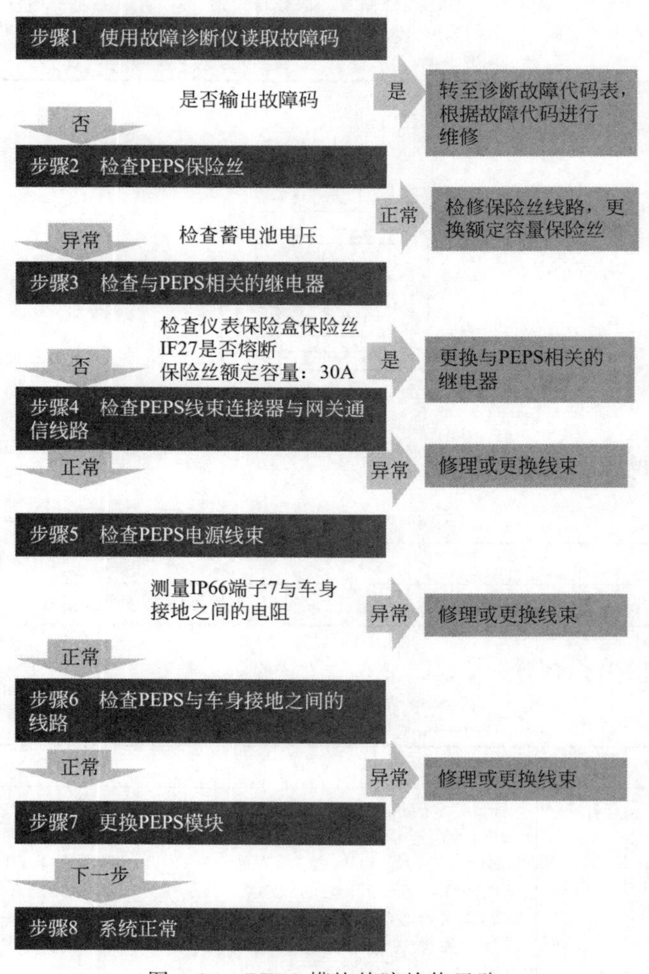

图4-24 PEPS模块故障检修思路

智能钥匙故障检修思路如图 4-25 所示。

图 4-25　智能钥匙故障检修思路

智能钥匙系统故障代码如表 4-12 所示。

表 4-12　智能钥匙系统相关故障代码

故障码	定义	故障范围
B2270-00	电子智能钥匙系统控制器故障	智能钥匙系统控制器
B2271-00	左车外探测天线总成回路故障	左前车外探测天线总成、线束、智能钥匙系统控制器
B2272-00	右车外探测天线总成回路故障	右前车外探测天线总成、线束、智能钥匙系统控制器
B2273-00	车内探测天线回路故障	线束，智能钥匙系统控制器
B2274-00	左前门把手动作开关常闭故障	左前门把手动作开关，线束
B2275-00	右前门把手动作开关常闭故障	右前门把手动作开关，线束
B2278-00	读卡器(启动按钮)故障	启动按钮、线束
B227C-00	车内前部探测天线回路故障	前部探测天线总成，线束
B227A-00	高频接收模块故障	高频接收模块，线束，智能钥匙系统控制器
B227B-00	转向轴锁不匹配	转向轴锁总成、系统控制器
B227D-00	车内中部探测天线回路故障	中部探测天线总成，线束
B227E-00	车内后部探测天线回路故障	车内探测天线总成，线束

PEPS 常见故障问题分析与排除如表 4-13 所示。

表 4-13　PEPS 系统常见故障问题分析与排除

常见故障	原因分析	确认及解决方法
迎宾地脚灯不亮(两边)，其它智能钥匙系统功能正常	1. 车辆没有进入防盗。此故障会导致左右门的迎宾地脚灯都不亮。车辆没有进入防盗可能是门灯开关故障、CAN 总线无法进入休眠等原因造成 2. 迎宾地脚灯损坏 3. 迎宾地脚灯线束故障 4. BCM 故障。迎宾地脚灯是由 BCM 直接控制，BCM 异常可能导致地脚灯不亮	1. 通过观察防盗指示灯可初步判断车辆是否进入防盗，检查门灯开关是否正常，检查 CAN 总线电压是否正常 2. 测试迎宾地脚灯对接线束端口的电压可判断控制线路是否正常，如电压正常，则更换迎宾地脚灯 3. 检查地脚灯线束导通性及电压
按门把手按钮开关(一边或者两边)无法打开或关闭车门，其它智能钥匙系统功能正常(迎宾地脚灯功能正常)	1. 门把手按钮故障。门把手按钮内的开关损坏或者接触不良，除非左右门把手按钮同时出现故障，否则应有一侧功能正常 2. 门把手按钮开关线束故障。门把手按钮开关线束未连接或者接触不良，除非左右两侧门把手按钮开关线束同时出现故障，否则应有一侧功能正常 3. 智能钥匙系统控制器故障(开关检测线路故障)。门把手按钮信号由智能钥匙系统控制器检测，如果智能钥匙系统控制器检测电路存在故障将无法检测开关的动作	1. 进行门把手按钮开关检查 2. 进行门把手按钮开关线束检查 3. 如果门把手按钮开关及线束均确认正常，故障可能出现在智能钥匙系统控制器，可暂时更换其他车辆的智能钥匙系统控制器进行故障确认

续表

常见故障	原因分析	确认及解决方法
按启动按钮无法上电或启动车辆，但其他智能钥匙系统功能都正常（无电模式启动功能正常）	1. 车内探测天线故障。若出现此故障，启动按钮红色指示灯亮，仪表会提示探测不到钥匙。除非所有车内探测天线都存在故障，否则在车内某些区域应可以探测到钥匙。此情况下，可以通过无电模式启动车辆 2. 车内探测天线线束故障。线束未连接或者接触不良，若出现此故障，仪表会提示探测不到钥匙。除非所有车内探测天线的线束都存在故障，否则在车内某些区域应可以探测到钥匙。此情况下，可以通过无电模式启动车辆	1. 进行车内探测天线检查 2. 进行车内探测天线线束检查
无电模式无法上电或启动车辆，其他智能钥匙系统功能正常	1. 启动按钮内部的读卡器故障。启动按钮红色指示灯亮，仪表提示探测不到钥匙，可能是启动按钮内部读卡器出现故障，更换启动按钮后故障现象消除 2. 智能钥匙系统控制器故障。启动按钮红色指示灯亮，仪表提示探测不到钥匙，可能是智能钥匙系统控制器内部线路故障，更换智能钥匙系统控制器后故障现象消除 3. 线束故障。启动按钮红色指示灯亮，仪表提示探测不到钥匙，可能是启动按钮线束出现故障	1. 可通过更换启动按钮来确认故障 2. 检查智能钥匙系统控制器给启动按钮的供电是否正常，通信是否正常。此故障可通过暂时互换其他车辆的智能钥匙系统控制器进行故障确认 3. 检查启动按钮线束。如临时更换其他车辆的启动按钮和智能钥匙系统控制器后，故障未消除，则可确认是线束故障
遥控无响应（一个或者几个按键），其他智能钥匙系统功能正常（此故障为 OFF 挡情况下的故障，需与“车辆上电后自动屏蔽遥控功能”区分）	1. 智能钥匙一个或者几个按键故障。钥匙遥控按键失灵，若出现此故障，按下按键时钥匙上的指示灯不亮。一般情况下，失灵按键对应的功能会失效，但其他按键对应的功能应正常 2. BCM 故障。转向灯、门锁等零部件是由 BCM 直接控制的，如果 BCM 出现故障，则可能出现遥控无法开锁、闭锁或者无响应的情况	1. 如是钥匙按键故障，电池电量正常时，按下该按键后指示灯不亮。当然，如果钥匙受潮后也可能导致此故障 2. 如果暂时更换一套其他车辆的智能钥匙系统控制器和钥匙后，遥控仍然无响应，则可能是 BCM 出现故障导致遥控失效，此情况则需要检查或者更换 BCM
遥控无响应（所有按键），其他智能钥匙系统功能正常（此故障为 OFF 挡情况下的故障，需与“车辆上电后自动屏蔽遥控功能”区分）	1. 同步数出错。此故障现象为按下遥控按键后整车无任何响应，钥匙内存储的同步数和控制器存储的同步数不一致时会导致遥控失效，将钥匙进行一次钥匙匹配编程即可解决此问题 2. BCM 故障。转向灯、门锁等零部件是由 BCM 直接控制的，如果 BCM 出现故障，则可能出现遥控无法开锁、闭锁或者无响应的情况 3. 智能钥匙按键故障。钥匙遥控按键失灵，若出现此故障，按下按键时钥匙上的指示灯不亮	1. 遥控器的任意一按键被连续按下超过 4095 次（如小孩把玩遥控器），但车辆未接收到遥控信号，则遥控器内部的防盗同步数会溢出，导致遥控失效，此情况可通过钥匙重新编程来解决 2. 如果暂时更换一套其他车辆的智能钥匙系统控制器和钥匙后，遥控仍然无响应，则可能是 BCM 出现故障导致遥控失效，此情况则需要检查或者更换 BCM 3. 检查钥匙装配是否正常，钥匙是否受潮
迎宾地脚灯不亮（一边或者两边），按门把手按钮开关（一边或两边）无法打开或关闭车门，其他智能钥匙系统功能正常	1. 车外探测天线故障。若出现此故障，如车辆处于防盗状态，将钥匙靠近该侧车门，钥匙指示灯不闪烁 2. 车外探测天线线束故障。车外天线线束未连接或者接触不良，若出现此故障，如车辆处于防盗状态，将钥匙靠近该侧车门，钥匙指示灯不闪烁 3. 智能钥匙系统控制器故障 4. 门把手按钮开关故障且迎宾地脚灯故障，若这两个故障同时出现，如车辆处于防盗状态，将钥匙靠近该侧车门，钥匙指示灯闪烁 5. 多处线束故障	1. 检查车外探测天线 2. 检查车外探测天线线束 3. 检查智能钥匙系统控制器，也可通过暂时更换其他车辆的智能钥匙系统控制器和钥匙进行故障分析和确认 4. 检查门把手按钮开关和迎宾地脚灯 5. 检查车外探测天线及门把手按钮、迎宾地脚灯等线束

续表

常见故障	原因分析	确认及解决方法
按门把手按钮开关(一边或者两边)无法打开或关闭车门,按启动按钮(钥匙放置在车内局部区域或者全部区域)无法上电或者启动车辆,但遥控、迎宾地脚灯等其他智能钥匙系统功能正常,通过无电模式可启动车辆	1. 智能钥匙系统控制器故障。智能钥匙系统控制器内部开关检测线路及车内探测天线驱动线路异常,若出现此故障,通过遥控闭锁让车辆进入防盗状态,携带钥匙靠近车门,钥匙指示灯(如指示灯完好)应闪烁,但按下启动按钮后,钥匙指示灯不闪烁,仪表提示探测不到钥匙。但通过启动按钮无电模式寻卡可上电或者启动车辆 2. 门把手按钮开关故障(一边或者两边),且车内探测天线故障(某一车内天线或者全部),按启动按钮时,仪表提示探测不到钥匙 3. 多处存在线束故障	1. 更换智能钥匙系统控制器 2. 检查门把手按钮开关和车内探测天线 3. 检查门把手按钮开关线束、车内探测天线线束
按门把手按钮开关(两边)无法打开或关闭车门(全部),遥控不能开锁或闭锁(全部门锁),其他智能钥匙系统功能正常	1. BCM 故障 2. 门锁故障(全部)。此故障情况下,转向灯应有响应,可以闪烁 3. 线束故障。门锁线束未连接或者接触不良,除非所有门锁连接线束都出现故障,否则应有部分门锁有动作	1. 检查和更换门锁 2. 检查和更换 BCM 3. 检查门锁、BCM、门把手按钮开关及智能钥匙系统线束
按门把手按钮开关(一边或者两边)无法打开或关闭车门(一个或者多个),遥控不能开锁或闭锁(一个或者多个门锁),其他智能钥匙系统功能正常	1. 门锁故障(一个或者多个)。此故障情况下,转向灯应有响应 2. BCM 故障(门锁控制器电路或逻辑故障等) 3. 门把手按钮开关故障且智能钥匙的遥控按键故障,除非左右门把手按钮开关都存在故障,否则应有一侧功能完好。此故障模式下,如钥匙指示灯完好,则按遥控开锁或者闭锁按键时,钥匙指示灯不闪烁,但在执行无钥匙进入等其他操作时,钥匙指示灯应闪烁 4. 线束故障。门锁线束未连接或者接触不良,除非所有门锁连接线束都出现故障,否则应有部分门锁有动作	1. 检查和更换门锁 2. 检查和更换 BCM 3. 检查和更换门把手按钮开关和智能钥匙遥控按键 4. 检查门锁、BCM、门把手按钮开关及智能钥匙系统线束
按启动按钮无法上电或启动车辆,无电模式无法上电或启动车辆,其他智能钥匙系统功能正常	1. 启动按钮(开关、读卡器)故障。此故障模式下,按下启动按钮后,仪表不会提示探测不到钥匙,钥匙指示灯不闪烁,车辆无任何响应 2. 转向轴锁故障。此故障模式下,启动按钮绿色指示灯闪烁。转向轴锁解锁力不足也会引起转向轴锁不解锁,此情况下可以转动转向盘来解除管柱对轴锁的扭转力,再按启动按钮便可解锁 3. BCM 故障。BCM 未检测到启动开关按下,此故障模式下仪表不提示探测不到钥匙;按启动按钮时,钥匙指示灯不闪烁 4. 启动按钮端线束故障。启动按钮线束未连接或者接触不良,此故障模式下,按下启动按钮后,仪表不会提示探测不到钥匙,钥匙指示灯不闪烁,车辆无任何响应 5. 密码不匹配。智能钥匙系统的密码和转向轴锁的密码不匹配时,车辆将无法启动。每辆车都有与之对应的转向轴锁、智能钥匙系统控制器和智能钥匙,若与其他车辆更换了三者中的一者或者两者,车辆将无法启动	1. 检查启动按钮开关 2. 尝试松动转向盘看能否解锁,如不能解锁,请先检查线束是否可靠连接、转向轴锁供电及通信是否正常。在不确定是转向轴锁故障的情况下,不建议更换转向轴锁,因为转向轴锁一旦更换和匹配,就不能用于其他车辆 3. 检查 BCM 启动按钮开关检测线路 4. 检查启动按钮开关线束 5. 检查是否将两辆车或者多辆车的钥匙或者智能钥匙系统控制器混用或者装错

续表

常见故障	原因分析	确认及解决方法
迎宾地脚灯不亮（两边），按门把手按钮开关（两边）无法打开或关闭车门（所有车门），按启动按钮无法上电或者启动车辆，其他智能钥匙系统功能正常	1. 智能钥匙（低频）故障。若出现此故障，在进行无钥匙进入和无钥匙启动时，钥匙指示灯不亮；按钥匙上的遥控按键时，正常情况下钥匙指示灯应闪烁（正常情况指的是指示灯完好） 2. 智能钥匙系统控制器故障（天线驱动电路异常）。如控制器存在此故障，则所有钥匙都无法使用 3. 车外探测天线故障且车内探测天线故障。除非左右两侧车外探测天线都存在故障，否则应有一侧功能正常；除非三根车内探测天线都存在故障，否则应有局部区域能够启动	1. 更换智能钥匙 2. 在执行开锁或者上电操作时，检测天线端口的电压是否有较大波动，如果无任何响应和变化，则更换智能钥匙系统控制器 3. 检查和更换各探测天线或者线束
迎宾地脚灯不亮（两边），按门把手按钮开关（两边）无法打开或关闭车门（所有车门），按启动按钮无法上电或者启动车辆，无电模式无法上电或者启动车辆，其他智能钥匙系统功能正常	1. 智能钥匙（低频）故障。若出现此故障，在进行无钥匙进入和无钥匙启动时，钥匙指示灯不亮 2. 智能钥匙系统控制器故障。控制器内部低频天线驱动电路和启动按钮通信线路同时存在故障	1. 更换智能钥匙 2. 更换智能钥匙系统控制器
迎宾地脚灯不亮（两边），按门把手按钮开关（两边）无法打开或关闭车门（所有车门），按启动按钮无法上电或者启动车辆，遥控无响应，其他智能钥匙系统功能正常	1. 智能钥匙电池电量不足，更换电池后故障消除 2. 钥匙高频接收模块故障。若出现高频接收模块故障，在执行无钥匙进入、无钥匙启动等操作时，钥匙指示灯应正常闪烁；若出现此故障，即使更换一套新的或者其他车辆的钥匙和智能钥匙系统控制器后，故障现象未能消除 3. 智能钥匙故障。该智能钥匙内部故障，其他本车的智能钥匙应可以正常使用 4. 智能钥匙系统控制器故障。控制器内部的高频信号接收线路异常，若出现此故障，更换一套新的或者其他车辆的钥匙和智能钥匙系统控制器后，遥控功能及无钥匙进入功能正常，但无法启动车辆和上电 5. 线束故障（高频接收模块线束未连接或者接触不良）	1. 检测纽扣电池电量、更换电池 2. 检查和更换高频接收模块。由于高频接收模块拆卸困难，建议将其他车辆的一套智能钥匙系统控制器和钥匙暂时换到此车辆上测试，如更换后故障仍然存在，则更换高频接收模块 3. 使用本车辆的其他钥匙进行测试，如其他钥匙可正常使用，则初步判定原钥匙存在故障，可申请更换钥匙 4. 检查智能钥匙系统控制器给高频接收模块的供电是否正常，两者之间的通信是否正常 5. 检查高频接收模块线束
智能钥匙系统无任何响应，所有功能都失效（迎宾地脚灯不亮，按门把手按钮开关无法打开或关闭车门，按启动按钮无法上电或者启动车辆，无电模式无法上电或者启动车辆，遥控无响应）	1. 智能钥匙系统控制器故障。智能钥匙系统控制器内部的CAN模块通信故障、电源模块故障、MCU损坏、死机等故障都会造成所有功能失效。将电池负极断开后重新连接可能会暂时消除故障 2. 智能钥匙故障。该智能钥匙内部故障，其他本车的智能钥匙应可以正常使用 3. 蓄电池馈电 4. BCM故障（控制器线路或者逻辑故障等） 5. CAN总线故障。如CAN总线出现通信故障，智能钥匙系统所有功能都将失效。若是CAN总线故障，按门把手按钮时，钥匙上的指示灯应正常闪烁 6. 线束故障（智能钥匙系统控制器线束未连接或者接触不良）	1. 检查和更换智能钥匙系统控制器 2. 使用本车辆的其他钥匙进行测试，如其他钥匙可正常使用，则初步判定该钥匙存在故障，可申请更换钥匙 3. 检测电池电压，给电池充电或者更换蓄电池 4. 检查和更换BCM 5. 检查CAN总线 6. 检查智能钥匙系统控制器线束

续表

常见故障	原因分析	确认及解决方法
智能钥匙误锁在车内	1. 智能钥匙系统故障。智能钥匙系统控制器或者钥匙存在故障或者异常 2. 门灯开关故障。门灯开关若存在故障，在特定操作情况下会导致车门自动落锁 3. 线束故障(如门灯开关线束等) 4. 用户错误操作	1. 检查各项功能，寻找异常原因 2. 检查和更换门灯开关 3. 检查门灯开关线束 4. 禁止按遥控后迅速将钥匙丢入车内并关闭车门，不建议用户离车后将钥匙放在车内，当车辆提示纽扣电池电量不足时，请及时更换电池

二、故障排除

(1) 智能钥匙控制器故障

故障现象：电子智能钥匙和微动开关无法开闭锁，只能通过机械钥匙打开车门；车辆无法上电，组合仪表显示“检测不到钥匙”，无电模式无法启动。

故障原因：

① 智能钥匙故障。

② 高频接收模块及其线路故障。

③ 智能钥匙控制器及其线路故障。

④ 车身控制模块及其线路故障。

检查方法：

① 因电子钥匙均不能开闭锁，不能启动车辆，初步排除钥匙故障。

② 因无电启动模式无法启动车辆，暂排除高频接收模块故障。

③ 用诊断仪读取故障码：BCM 与智能钥匙系统失去通信，车门多路控制模块与智能钥匙控制器失去通信。

④ 根据故障码先检查智能钥匙控制器的 CAN 线电压，CAN 高、CAN 低电压均为 2.5V；断开蓄电池负极线测量智能钥匙控制器终端电阻阻值为 45Ω（正常值为 120Ω 左右）。初步判断智能钥匙控制器故障。

⑤ 更换新的智能钥匙控制器并匹配完成后，故障排除。

(2) 高频接收模块及其线路故障

故障现象：智能钥匙无法正常工作，但是无电模式可以启动车辆。

故障原因：

① 智能钥匙故障。

② 车外探测天线故障。

③ 车内探测天线故障。

④ 高频接收模块故障。

检查方法：

① 携带所有电子智能钥匙靠近车辆左前门微动开关 1m 内时，所有智能钥匙的指示灯都会正常闪烁，说明智能钥匙正常、车外探测天线正常，即低频通信正常。

② 无电模式能启动，初步分析故障原因为高频通信故障。

③ 检测高频接收模块电源和搭铁是否正常，发现高频接收模块无供电，检查线束发现地板线束 KJ09 插头与行李厢线束 QJ02 对接插头处高频模块电源线束端子针脚歪斜，调整

端子后重新连接好接插件，故障排除。

（3）大众 CC 无钥匙进入不起作用，用遥控器开锁和闭锁正常

维修过程：

① 首先用 VAS5052 检查 46-舒适系统，故障码如图 4-26 所示。

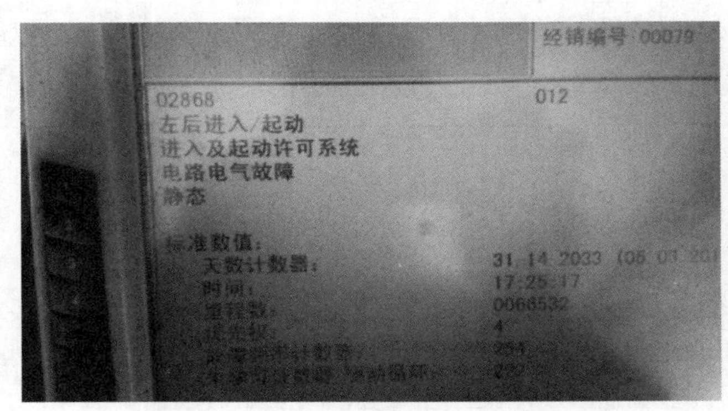

图 4-26 故障码信息

② 根据故障码分析，我们知道此车左后门把手上没有传感器，考虑到电脑可能读取错误，把左前门报成左后门，于是拆装左前门把手，查看插头处有腐蚀，如图 4-27 所示，处理插头删除故障码，故障没有排除。

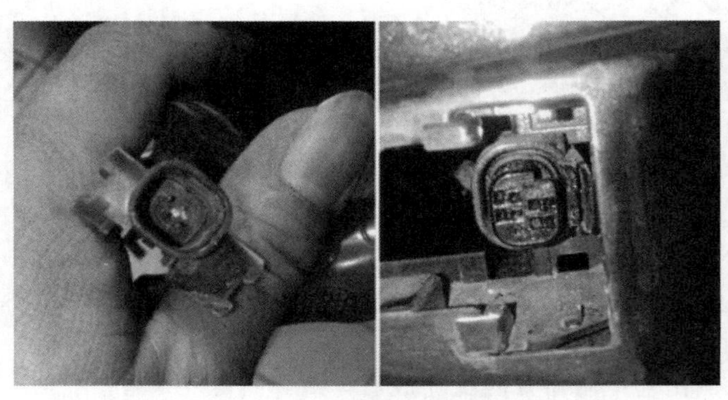

图 4-27 拆装左前门把手

③ 查看相关资料充分了解无钥匙进入系统原理。

a. 车外天线用于在开锁和关锁过程中，探测已授权无线收发器的点火钥匙，如图 4-28

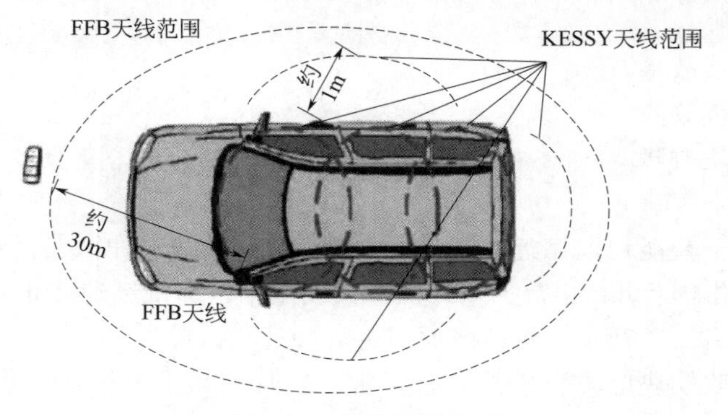

图 4-28 天线探测范围

所示。无线收发器的点火钥匙位置被区分为驾驶员侧、副驾驶员侧和尾门侧。

b. 通过接触车门外把手内侧的传感器，KESSY-控制单元发出开门指令。

c. 舒适系统控制单元向车尾控制单元发出“请开门”的指令。

d. 车尾控制单元向车门控制单元发出开锁指令，车门开启。系统构成如图 4-29 所示。

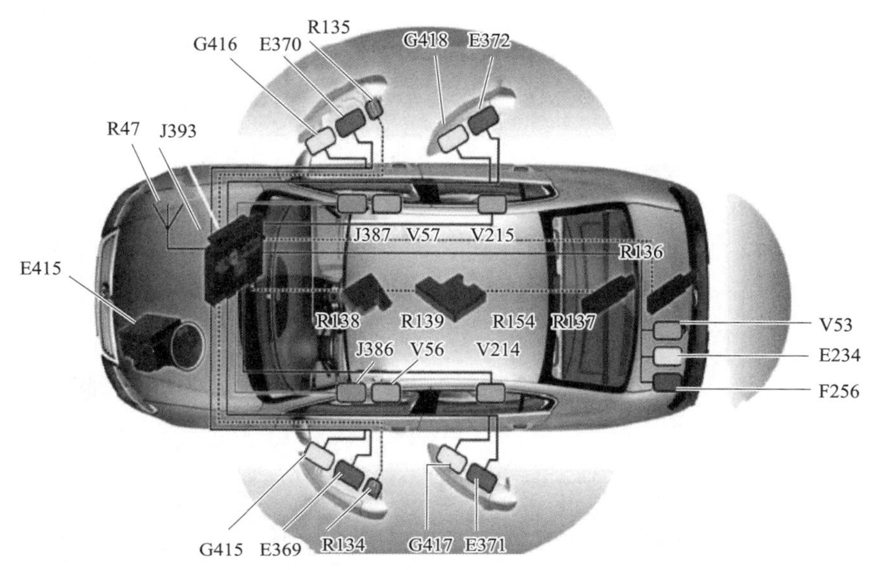

图 4-29　系统构成

④ 用“引导性故障查询”检查故障码，如图 4-30 所示。

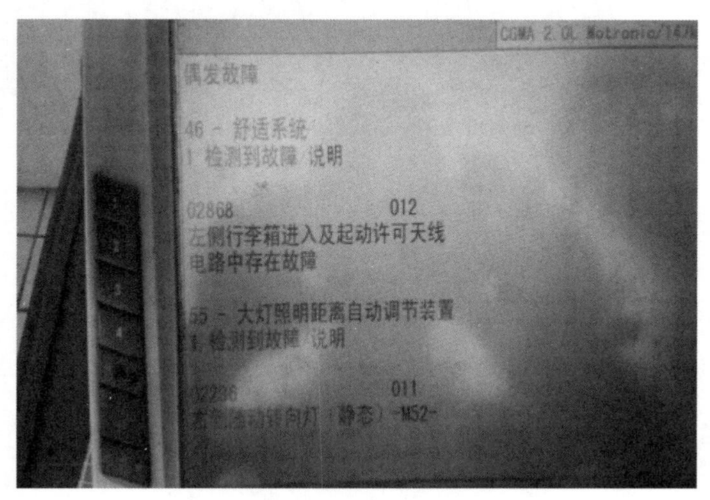

图 4-30　故障码内容

⑤ 根据此故障码检查 R137 行李厢进入及启动许可天线，测量发现 R137 插头线路没有电压信号，正常情况下应该有 5V 左右的基础电压。R137 与 J393 直接连接，测量 R137 到 J393 之间线路，发现有一根线路不导通，因此判断为线路故障导致，故障点见图 4-31。

故障排除：由于右后侧行李厢线路没有固定牢靠，导致行李厢开关时与线束干涉、线路断路。修复行李厢内 R137 线路。

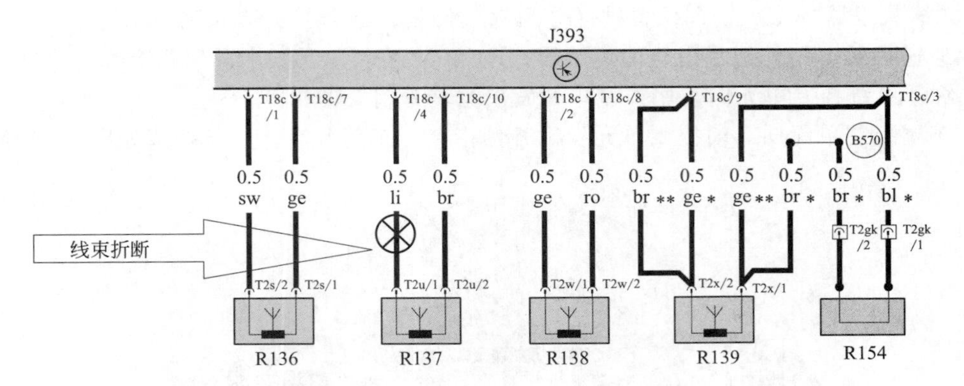

R136　后保险杠内的登车及启动许可天线
R137　行李厢内的登车及启动许可天线
R138　登车及启动许可的车内(前部)天线
R139　登车及启动许可的车内(后部)天线
R154　登车及启动许可的车内(后窗台板附近)天线

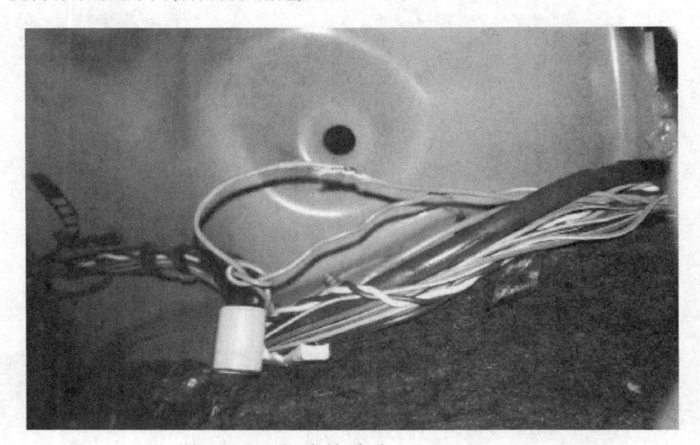

图 4-31　电路故障点

第五章

发动机防盗系统

第一节 系统结构与原理

一、系统组成与功能

发动机防盗系统用于防止车辆被盗。该系统使用收发器钥匙 ECU 总成，该总成存储经认证的点火钥匙的钥匙识别码。如果试图用未经认证车门控制发射器总成来启动发动机，则收发器钥匙 ECU 总成发送信号至 ECM 以禁止燃油输送和点火，使发动机失效。发动机防盗系统组成部件如图 5-1 所示。

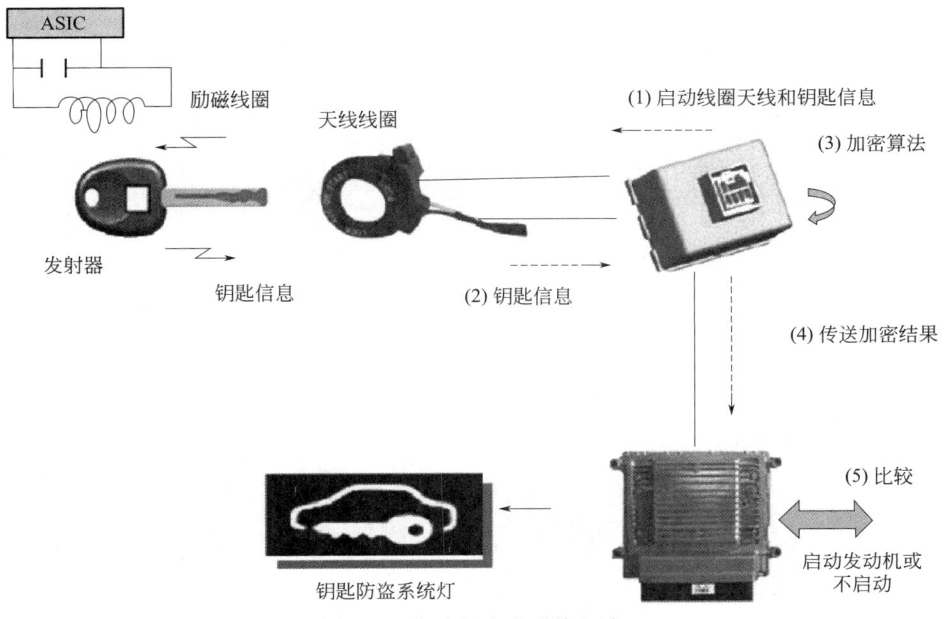

图 5-1 发动机防盗系统组成

主要零部件的功能如表 5-1 所示。

表 5-1 发动机防盗系统部件功能

零部件	概要
收发器钥匙 ECU 总成	将车门控制发射器总成插入点火锁芯时，收发器钥匙 ECU 总成检查从收发器钥匙线圈接收的钥匙识别码与注册的钥匙识别码是否匹配。发动机启动时，收发器钥匙 ECU 总成检查存储在 ECM 和收发器钥匙 ECU 总成中的发动机识别码是否匹配
收发器钥匙线圈	将车门控制发射器总成插入点火锁芯时，收发器钥匙放大器接收来自车门控制发射器总成柄内收发器芯片的钥匙识别码，并将其输出至收发器钥匙 ECU 总成
ECM	ECM 接收来自收发器钥匙 ECU 总成的钥匙识别码认证结果，ECM 也认证 ECU，然后做出是否停止发动机的判断
解锁警告开关总成	解锁警告开关总成检测车门控制发射器总成是否位于点火锁芯，并将结果输出至收发器钥匙 ECU 总成

二、系统工作原理

收发器钥匙 ECU 总成检测到解锁警告开关总成打开时，收发器钥匙 ECU 总成向收发器钥匙线圈施加电流并在天线线圈周围产生磁场。车门控制发射器总成手柄中的收发器芯片通过磁场产生的电动势输出钥匙识别码信号。收发器钥匙线圈接收信号并将其发送至收发器钥匙 ECU 总成。收发器钥匙 ECU 总成检查接收到的来自收发器钥匙线圈的钥匙识别码是否与注册的钥匙识别码匹配。

发动机启动时，ECM 与收发器钥匙 ECU 总成通信并检查车门控制发射器总成认证结果。此外，ECM 还检查存储在收发器钥匙 ECU 总成中的发动机识别码是否与 ECM 中的匹配。如果不匹配，则 ECM 禁止发动机启动。系统原理简图如图 5-2 所示。

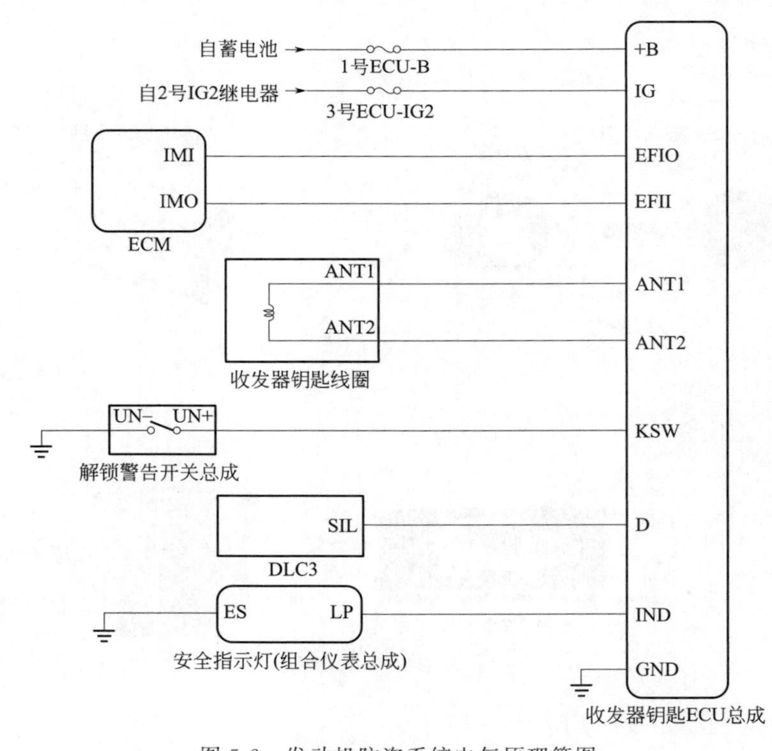

图 5-2 发动机防盗系统电气原理简图

在福特汽车上，被动防盗系统也称之为PATS，通过控制车辆启动防止车辆被盗。只有将已经编程的PATS钥匙放置在点火开关上，才可启动发动机。该系统不能阻止已经运行的车辆。该系统主要由点火开关、接收器线圈、防盗钥匙以及控制单元组成，如图5-3所示。

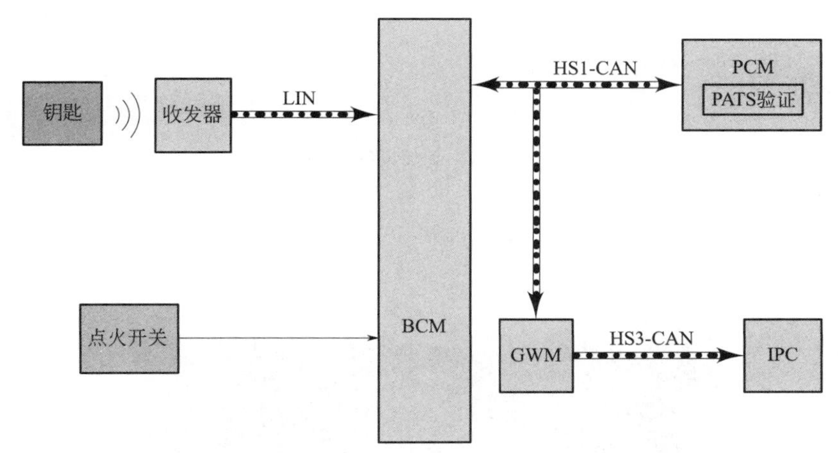

图5-3　PATS原理简图

当点火开关打开后，PCM和BCM工作，BCM通过收发器线圈向钥匙发送交流射频信号。钥匙内的线圈接收此信号，产生交流感应电压，通过内部电路转换成直流电压为电容充电。钥匙防盗器芯片依靠电容电能驱动芯片电路工作，将认证编码转换成交流电压脉冲信号通过天线发送给收发器。收发器将此编码转换成数字信息传送给BCM。BCM产生一个随机数，随同钥匙与BCM最后一次通信所存储的值一起进行编码。这个数据编码通过收发器传送给钥匙。钥匙对这个编码进行解码，还原出随机数，并通过收发器返还给BCM。BCM将接收到的随机数与此前产生的随机数比较，如果二者一致，则钥匙认证通过。

BCM通过网络与PCM通信以进行PATS验证。PATS验证通过后，PCM将结果反馈给BCM，并允许起动机启动和喷油嘴喷油（或点火线圈点火）。BCM接收到PCM的“验证通过”反馈信息后，通过GWM请求IPC执行“防盗验证通过”命令。

PATS验证过程中任何一个环节失败，则发动机均无法启动，并通过仪表提示验证失败信息，以及存储故障码。

图5-4所示为福特撼路者车辆的接收器线圈与钥匙芯片（应答器线圈）。

图5-4　接收器线圈与钥匙芯片（福特撼路者）

第二节 部件拆装与检修

一、部件拆装

以双龙雷斯特车型为例，介绍钥匙防盗系统模块拆装步骤。

① 拆卸蓄电池负极线。

② 拆卸下护板（驾驶席侧）和中央装饰板。

③ 拧下钥匙防盗系统模块的一个固定螺栓，如图 5-5 所示。

图 5-5 拧下固定螺栓

④ 解下箍带（B），拆卸模块连接器（A），如图 5-6 所示。

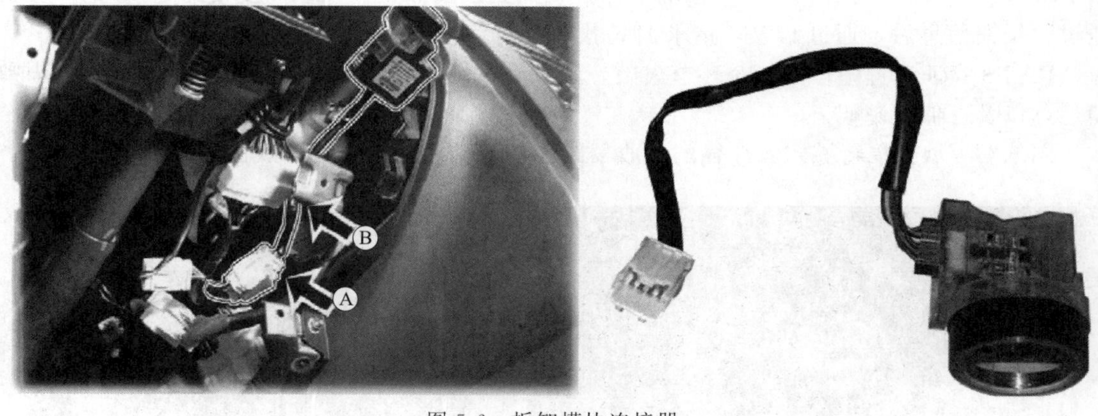

图 5-6 拆卸模块连接器

⑤ 按与拆卸相反的步骤进行安装。

二、电路检测

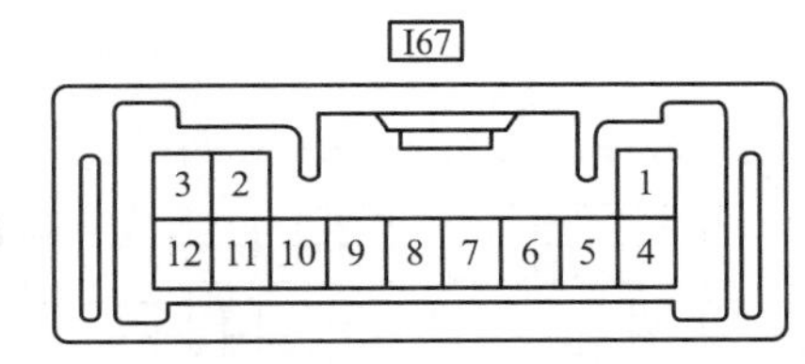

图 5-7　收发器钥匙 ECU 连接器端子分布

检查收发器钥匙 ECU 总成，端子分布如图 5-7 所示，具体步骤如下。

① 断开收发器钥匙 ECU 总成连接器 I67。

② 根据表 5-2 中的值测量电阻和电压。

提示：在连接器断开的情况下，测量线束侧的值。

表 5-2　收发器钥匙 ECU 连接器断开检测值

端子(名称)	I/O	线色	端子定义	检测条件	参考值
I67-4(+B)-I67-12(GND)	输入	L-W-B	蓄电池	始终	11～14V
I67-5(KSW)-I67-12(GND)	输入	G-W-B	解锁警告开关信号	点火锁芯内无车门控制发射器总成	10kΩ 或更大
				点火锁芯内有车门控制发射器总成	小于 1Ω
I67-12(GND)-车身搭铁	—	W-B-车身搭铁	搭铁	始终	小于 1Ω

③ 重新连接收发器钥匙 ECU 总成连接器 I67。

④ 根据表 5-3 中的值测量电压并检查脉冲。

表 5-3　收发器钥匙 ECU 连接器连接检测值

端子(名称)	I/O	线色	端子定义	检测条件	参考值
I67-6(IG)-I67-12(GND)	输入	W-W-B	点火开关信号	点火开关置于 OFF 位置	小于 1V
				点火开关置于 ON 位置	11～14V
I67-8(IND)-I67-12(GND)	输出	L-W-B	安全指示灯信号	车门控制发射器总成未插入点火锁芯，或点火开关切换至 ACC 或 OFF 位置后经过 20s(停机系统设定)	产生脉冲
				点火锁芯内有车门控制发射器总成(停机系统解除)	小于 1V
I67-9(D)-I67-12(GND)	I/O	LG-W-B	DLC3 通信	未通信	小于 1V
				通信期间	产生脉冲
I67-2(ANT1)-I67-12(GND)	I/O	V-W-B	收发器钥匙放大器电源	点火锁芯内无车门控制发射器总成	小于 1V
				将车门控制发射器总成插入点火锁芯后 3s 内	产生脉冲
I67-3(ANT2)-I67-12(GND)	I/O	W-W-B	收发器钥匙放大器通信信号	点火锁芯内无车门控制发射器总成	小于 1V
				将车门控制发射器总成插入点火锁芯后 3s 内	产生脉冲
I67-10(EFII)-I67-12(GND)	输入	B-W-B	ECM 输入信号	点火开关置于 OFF 位置	11～14V
				起动机操作和初始燃烧 3s 内或断开并重新连接蓄电池负极(一)端子电缆后首次将点火开关置于 ON 位置 3s 内	产生脉冲
I67-11(EFIO)-I67-12(GND)	输出	R-W-B	ECM 输出信号	点火开关置于 OFF 位置	小于 1V
				起动机操作和初始燃烧 3s 内或断开并重新连接蓄电池负极(一)端子电缆后首次将点火开关置于 ON 位置 3s 内	产生脉冲

检查 ECM（NR 系列），端子分布如图 5-8 所示。

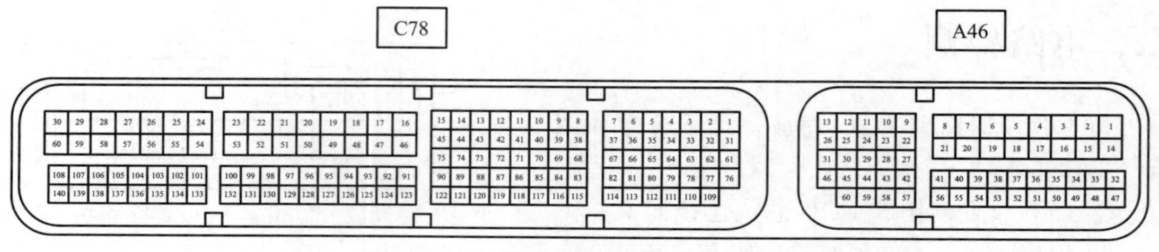

图 5-8　NR 系列发动机 ECM 端子分布

根据表 5-4 中的值测量电压并检查脉冲。

表 5-4　NR 系列发动机 ECM 端子定义与检测值

端子(名称)	I/O	线色	端子定义	条件	参考值
A46-45(IMO)-C78-53(E1)	输出	B-W-B	收发器钥匙ECU总成通信输出	点火开关置于 OFF 位置	11～14V
				起动机操作和初始燃烧 3s 内或断开并重新连接蓄电池负极(一)端子电缆后首次将点火开关置于 ON 位置 3s 内	产生脉冲
A46-28(IMI)-C78-53(E1)	输入	W-W-B	收发器钥匙ECU总成通信输入	点火开关置于 OFF 位置	小于 1V
				起动机操作和初始燃烧 3s 内或断开并重新连接蓄电池负极(一)端子电缆后首次将点火开关置于 ON 位置 3s 内	产生脉冲

检查 ECM（M15A-FKS、M15B-FKS、M15C-FKS），端子分布如图 5-9 所示。

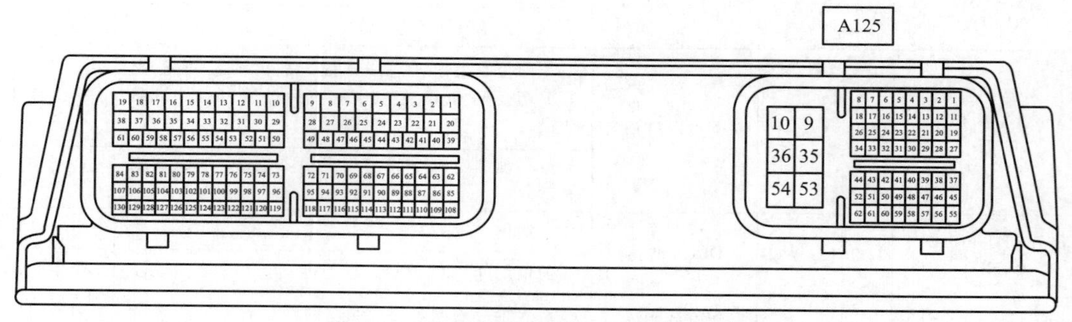

图 5-9　M15 系列发动机 ECM 端子分布

根据表 5-5 中的值测量电压并检查脉冲。

表 5-5　M15 系列发动机 ECM 端子定义与检测值

端子(名称)	I/O	线色	端子定义	条件	参考值
A125-47(IMO)-A125-10(E1)	输出	B-W-B	收发器钥匙ECU总成通信输出	点火开关置于 OFF 位置	11～14V
				起动机操作和初始燃烧 3s 内或断开并重新连接蓄电池负极(一)端子电缆后首次将点火开关置于 ON 位置 3s 内	产生脉冲
A125-61(IMI)-A125-10(E1)	输入	W-W-B	收发器钥匙ECU总成通信输入	点火开关置于 OFF 位置	小于 1V
				起动机操作和初始燃烧 3s 内或断开并重新连接蓄电池负极(一)端子电缆后首次将点火开关置于 ON 位置 3s 内	产生脉冲

第三节

故障诊断与排除

一、故障诊断

发动机防盗系统故障诊断如表 5-6 所示。

表 5-6　发动机防盗系统故障诊断

故障现象	原因分析	排除方法
发动机不能启动	1. 保险丝 SB02 熔断	更换
	2. 一键启动开关损坏	更换
	3. 启动继电器 RLY05 损坏	更换
	4. 防盗线圈损坏	更换
	5. CAN 总线断路或短路	维修损坏线路
	6. 制动灯开关损坏【CVT】	更换
	7. 离合开关损坏【MT】	更换
	8. 电子转向锁损坏【MT】	更换
	9. 空挡开关损坏【MT】	更换
	10. PEPS ECU 损坏	更换
	11. ECM 损坏	更换
	12. 线束或接插件断路或短路	维修或更换
遥控钥匙遥控功能失效	1. 遥控钥匙电量不足	更换遥控钥匙电池
	2. 遥控钥匙损坏	更换遥控钥匙
	3. 存在电磁干扰问题	检查车辆相关电磁干扰情况
	4. 遥控钥匙数据出错或没有匹配	重新匹配遥控钥匙
	5. 蓄电池电压过低	蓄电池充电或更换
	6. PEPS ECU 电源、搭铁故障	检修 PEPS 模块电源、搭铁情况
	7. PEPS ECU 损坏	更换 PEPS ECU

二、故障排除

一辆一汽大众高尔夫 A7 1.4T 装备无钥匙进入及启动系统，无钥匙锁止和解锁车辆功能正常，按下一键启动开关后车辆无法启动，转向盘无法解锁，仪表上只有转向盘灯报警，如图 5-10 所示。

维修过程：

① 根据故障现象初步判断 15 号电没有接通，诊断仪无法连接车辆电控系统进行检测。

图 5-10 转向盘灯报警

② 更换另一把钥匙也同样无法启动。

③ 执行应急启动功能，将钥匙置于线圈前（见图 5-11）再按启动开关也无法启动。

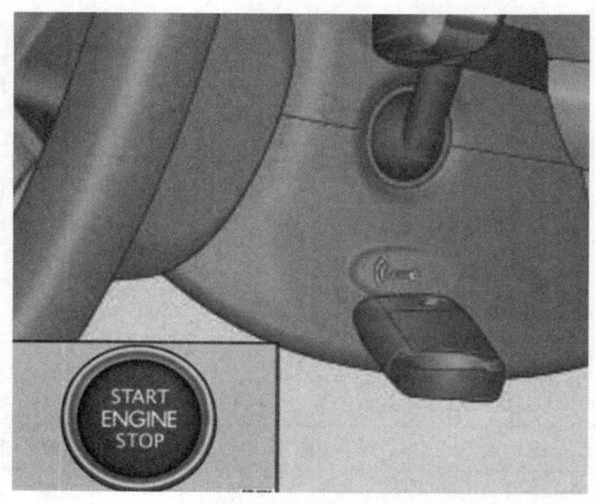

图 5-11 应急启动操作示意图

④ 根据故障现象以及上面的检查后分析，可能故障原因为防盗系统造成转向盘无法解锁及无法接通 15 号电。分析防盗锁止系统工作原理，需首先了解 KESSY 系统主要部件（见图 5-12）。

⑤ 接着分析防盗锁止系统的解锁运行步骤（见图 5-13）。

a. 按下启动开关 E378、J764 处理信号。

b. J764 唤醒 CAN，并询问防盗控制单元 15 号电是否可启动。

c. 防盗控制单元向 KESSY 控制单元 J965 发出请求，请求允许启动和访问，查询车辆中是否有经过授权的钥匙。

d. 车内的无钥匙进入系统天线用 125kHz 频率对已与车辆匹配的钥匙发送唤醒信号。

e. 经授权的钥匙识别其模式，并用 433MHz 的频率将其应答器数据发送至车载电源控制单元 J519。

f. J519 将数据传送至防盗锁止系统控制单元 J362。

g. J362 根据匹配的钥匙数据检查应答器数据。

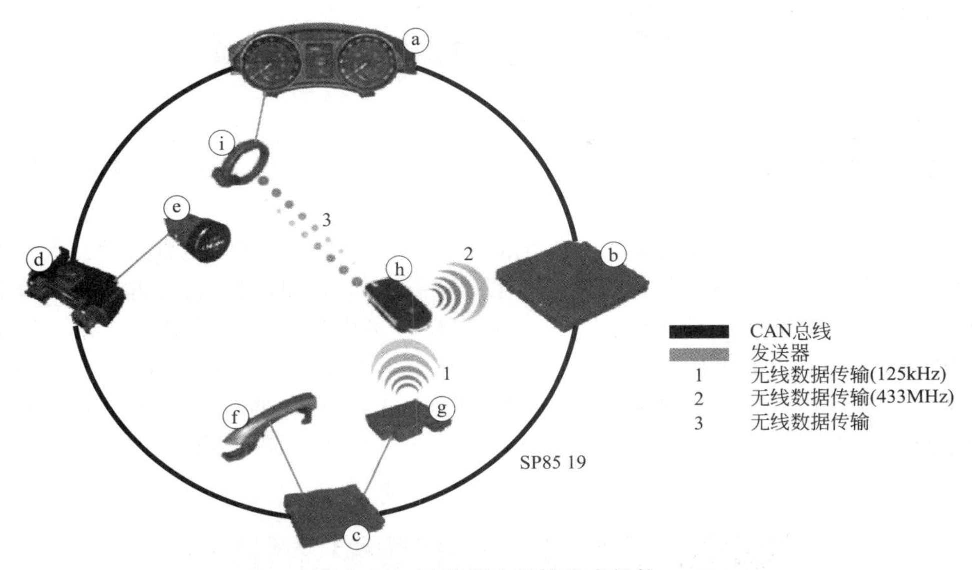

图 5-12　防盗锁止系统组成部件

a—仪表板；b—车载电源控制单元 BCM；c—KESSY 系统控制单元；d—电动转向柱锁 ESCL；e—启动按钮；f—前门把手中的电容式传感器；g—天线；h—钥匙；i—读数线圈

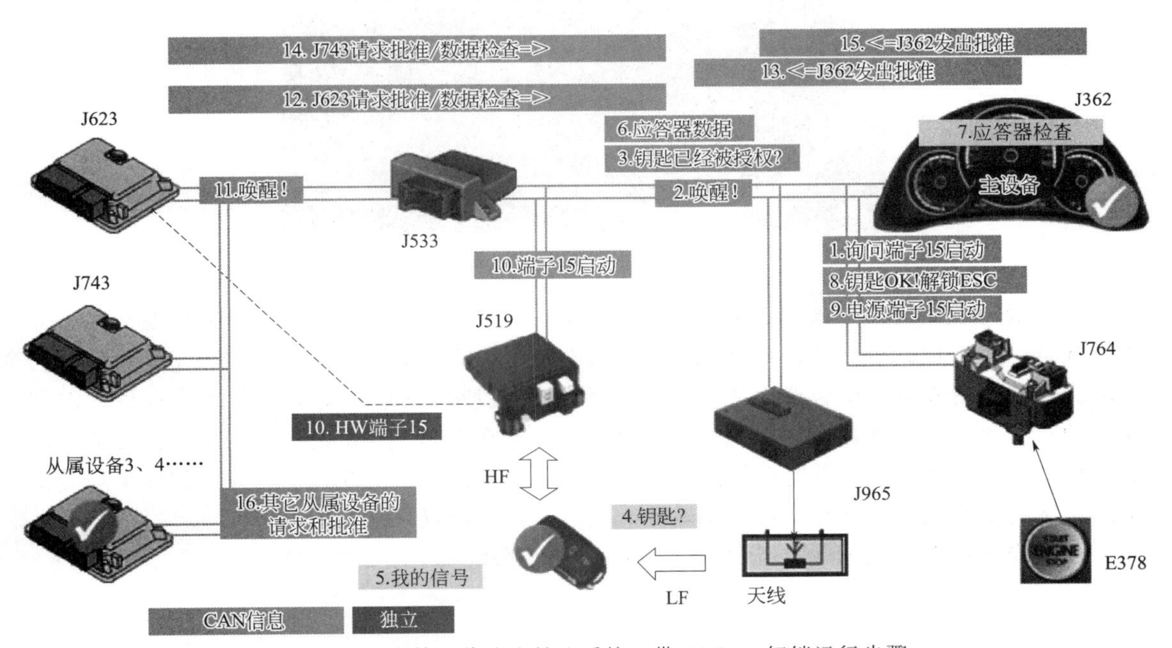

图 5-13　大众第五代防盗锁止系统（带 ESCL）解锁运行步骤

h. 如果识别到正确的应答器数据，CAN 信息（钥匙 OK/解锁 ESCL）被发送至 J764。

i. J764 解锁转向盘并将 CAN 信息（电源端子 15 可以启动）发送至 J519。

j. J519 启动接通 15 号电并使 CAN 总线传递信号（端子 15 启动）。

k. 其余 CAN 总线被唤醒。

l. 在经过启动批准以及防盗锁止系统数据验证之后，发动机控制单元 J623 向防盗锁止控制单元发出询问。

m. 如果数据匹配成功，防盗锁止控制单元 J362 向发动机控制单元发出启动许可。

n. 机电装置 J743 控制单元将其许可请求和防盗锁止系统数据验证请求发送至防盗锁止控制单元。

o. 如果数据匹配成功，防盗锁止控制单元向 J743 发出启动许可信号。

p. 其他防盗锁止系统从属设备陆续发送其请求，并接收到来自防盗锁止控制单元的许可。

⑥ 通过对 KESSY 系统和防盗锁止系统的工作原理分析后，首先检查启动开关，用万用表检测结果正常，并且在按下此开关后仪表上才会有转向盘灯报警，说明开关以及开关信号的传递没有故障，说明防盗锁止运行步骤 a 和步骤 b 可以进行，问题出在步骤 c 至步骤 i，也就是防盗锁止控制单元发出识别钥匙和检验钥匙是否授权的这一系列过程。为了验证这个分析结果，将钥匙内的电池拆掉观察仪表上的现象，正常车辆的仪表在这种情况下会提示“未识别到无线遥控钥匙”，如图 5-14 所示，而此车仪表上无此提示，说明故障分析是正确的。

图 5-14　仪表盘显示内容

⑦ 在防盗运行步骤 c 至步骤 i 之间涉及的部件有 J764、J362、J965、J519 以及天线，分别对怀疑的各个控制单元进行断电观察，当仪表断电检查后装复时故障消失，车辆可以顺利启动。再次进行检查，组合仪表的插脚、30 号电和接地都正常，无法再现故障现象。识别钥匙的指令是由防盗锁止控制单元（与组合仪表集成在一起）发出的，对钥匙的防盗数据检查分析以及电子转向锁是否能解锁的指令均由此系统发出，可能此控制单元的程序出现类似电脑系统死机的现象，导致出现本车故障，断电后程序重置故障消失。

故障排除：组合仪表（防盗锁止控制单元）内部故障，更换组合仪表。

第六章

防盗报警系统

第一节

系统结构与原理

一、系统组成与功能

以福特撼路者车型为例，周边防盗系统由以下元件组成，分别是：车身控制模块 BCM，遥控器及钥匙，接收器天线，PATS 系统与点火开关，侵入传感器，中控锁系统。系统组成与原理如图 6-1 所示。

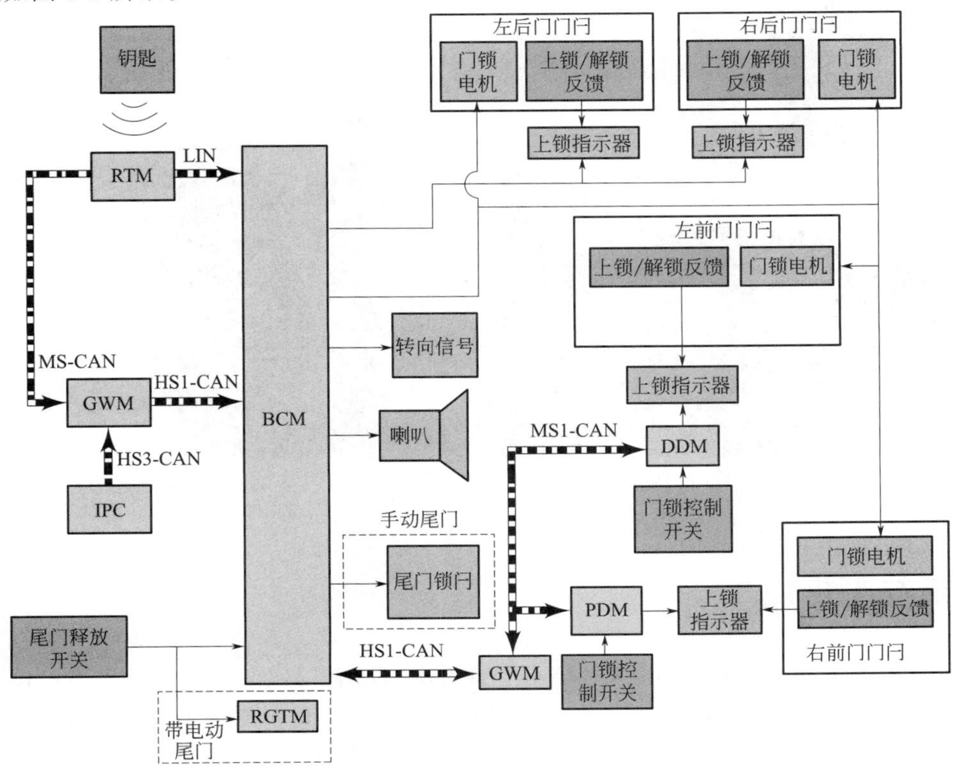

图 6-1　汽车防盗报警系统组成与原理框图

图 6-2 所示为侵入传感器，在周边防盗报警系统启动时，监控车内情况。

图 6-2　侵入传感器

图 6-3 所示为车身控制模块 BCM。BCM 安装在仪表台内，该模块为周边防盗报警系统的控制模块。遥控接收器天线接收遥控器钥匙发射的开锁或关锁的无线信号。

车辆关闭车门（包括尾门与发动机罩），按动遥控钥匙的闭锁按钮，周边报警系统会在 20s 后进入启动状态。在周边报警系统启动状态下，系统将停止门锁控制开关（图 6-4）与尾门释放开关的工作，即从车辆内部无法使用电子开关打开车门。在门锁控制开关的闭锁按钮上有一个琥珀色的 LED 指示灯，该灯在车门上锁时亮起，解锁时熄灭。

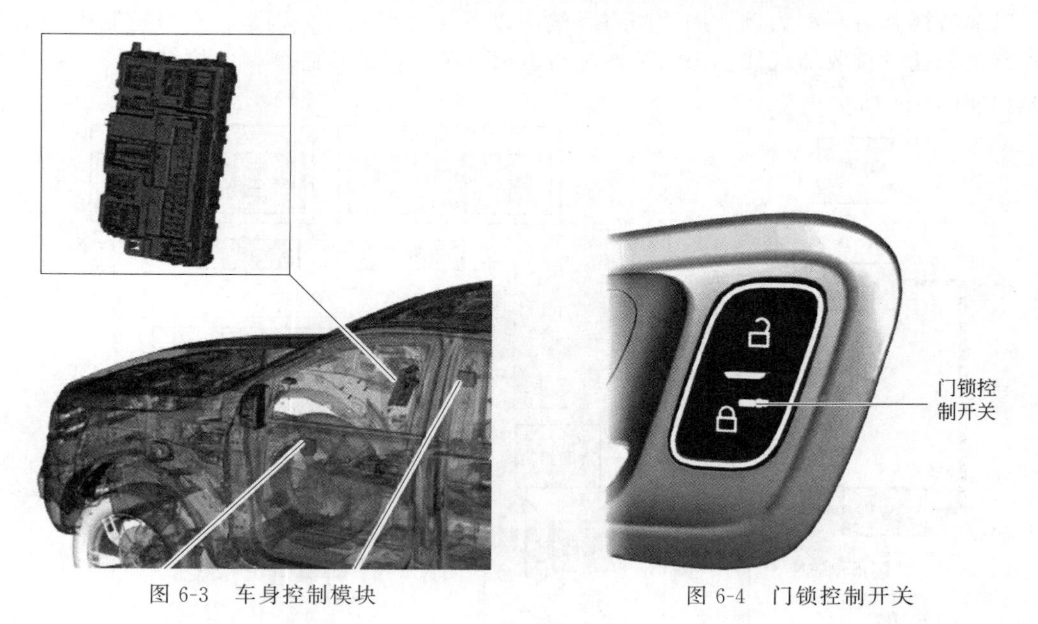

图 6-3　车身控制模块

图 6-4　门锁控制开关

二、系统工作原理

在周边报警系统启动的条件下，BCM 会监测汽车所有门锁的位置状态，通过侵入传感器监测车辆内部情况。如图 6-5 所示，当 BCM 监测到车门被非法打开，或车内空气流动异常时，BCM 将触发周边报警系统，此时防盗器扬声器被拉响，并持续 30s，危险警告灯与所有车内礼貌灯同时闪烁，并持续 5min。

图 6-5　报警系统触发

当周边报警系统被触发时，如图 6-6 所示，按动合法的遥控器钥匙的开锁按钮，或使用合法的 PATS 钥匙打开点火开关，周边报警系统将被解除。

当车辆锁闭，在 20s 内系统未进入周边报警系统启动状态时，在车内按动门锁控制开关或释放尾门，系统将自动解除。

图 6-6　解除报警

第二节 部件拆装与检修

一、部件拆装

以林肯飞行家为例，防盗报警器的安装位置如图 6-7 所示。

侵入传感器具有整体倾斜传感器，并受 BCM 监控。当周边报警系统处于布防状态时，侵入传感器监控车内是否有人员移动以及车辆是否发生倾斜。如果检测到车内有人员移动或车辆发生倾斜、翘起，将向 BCM 发送信号。当侵入传感器被替换时，必须使用诊断扫描工具执行 LIN 的 BCM 新模块初始化流程。

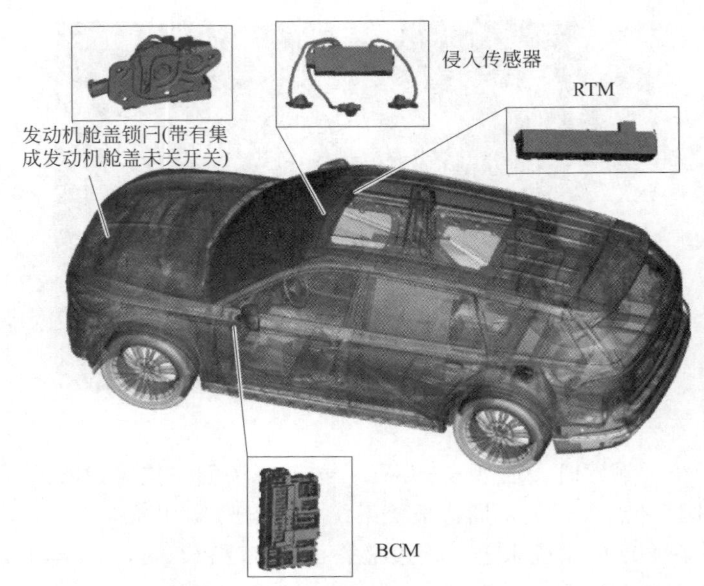

图 6-7　防盗报警系统部件安装位置

侵入传感器可按以下步骤进行拆卸。

① 卸下顶置控制台。

② 卸下侵入传感器，如图 6-8 所示。

a. 松开 LH 车外传感器上的锁片。

b. 松开中央传感器上的锁片。

c. 松开 RH 车外传感器上的锁片。

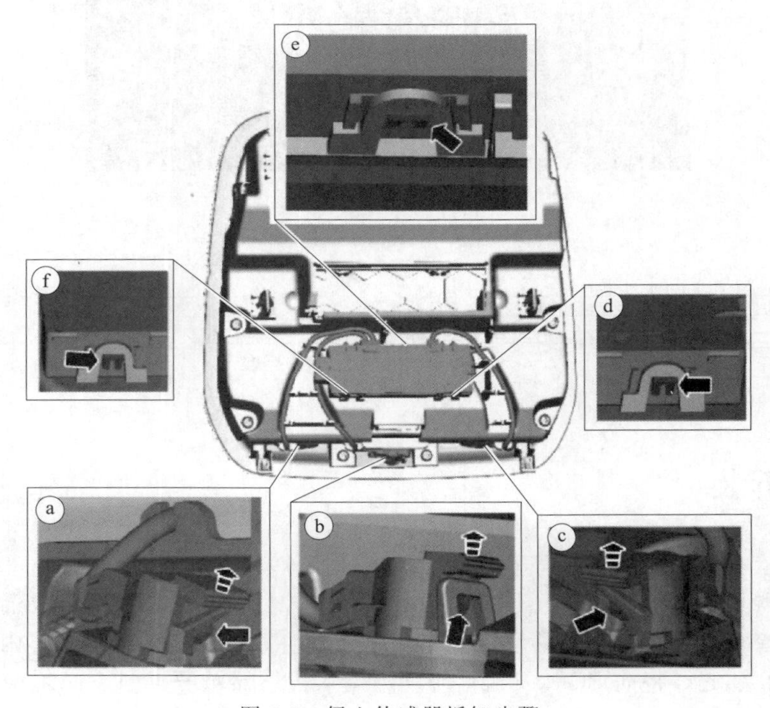

图 6-8　侵入传感器拆卸步骤

d. 松开侵入传感器 RH 前外锁片。

e. 松开侵入传感器后锁片。

f. 松开侵入传感器 LH 前锁片。

③ 要进行安装，请反向执行拆卸程序。

④ 如需安装新部件，需使用诊断扫描工具，执行 LIN 新模块初始化程序。执行 BCM 自我测试，清除故障诊断代码（DTC），然后检索 BCM 中的故障诊断代码（DTC），以确认所有的故障诊断代码（DTC）都已清除。

二、电路检测

检查主车身 ECU（多路网络车身 ECU）和驾驶员侧接线盒总成，端子分布如图 6-9 所示，步骤如下。

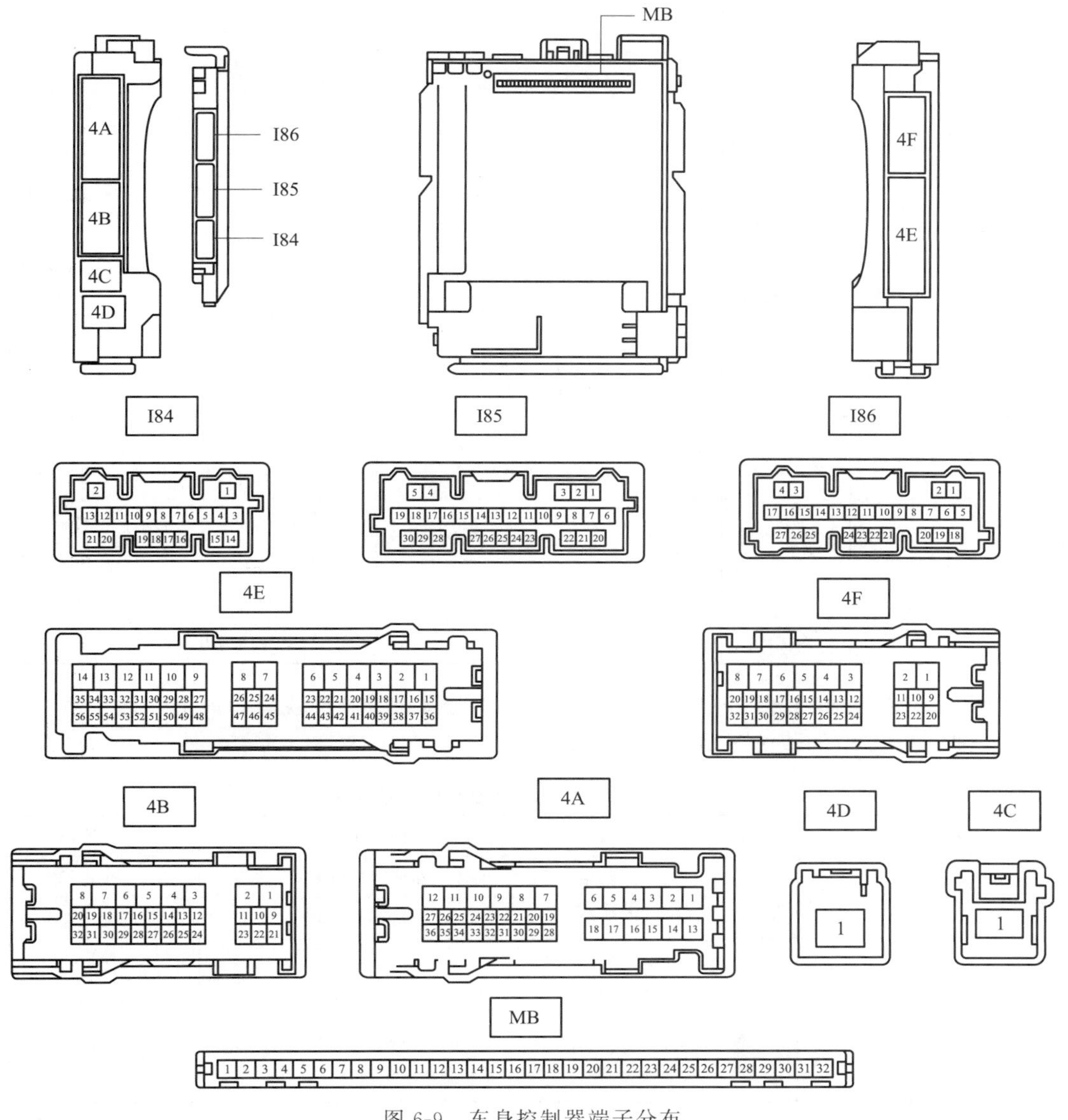

图 6-9　车身控制器端子分布

① 从驾驶员侧接线盒总成上拆下主车身 ECU（多路网络车身 ECU）。

② 根据表 6-1 中的值测量电阻。

表 6-1　测量接地端电阻

端子(名称)	线色	I/O	端子定义	条件	参考值
I86-19(GND2)-车身搭铁	W-B-车身搭铁	—	搭铁	始终	小于 1Ω

③ 重新连接驾驶员侧接线盒总成连接器。

④ 根据表 6-2 中的值测量电阻和电压。

表 6-2　车身 ECU 连接器连接测量值 1

端子(名称)	线色	I/O	端子定义	检测条件	参考值
MB-31(BECU)-车身搭铁	—	输入	蓄电池电源	始终	11～14V
MB-32(IG)-车身搭铁	—	输入	点火电源(IG 信号)	发动机开关 OFF	小于 1V
				发动机开关 ON(IG)	11～14V
MB-30(ACC)-车身搭铁	—	输入	点火电源(ACC 信号)	发动机开关 OFF	小于 1V
				发动机开关 ON(ACC)	11～14V
MB-11(GND1)-车身搭铁	—	—	搭铁	始终	小于 1Ω
I85-1(FLCY)-车身搭铁	BR-车身搭铁	输入	前门门控灯开关总成(左侧)输入	左前车门关闭	10kΩ 或更大
				左前车门打开	小于 1Ω
I85-6(FRCY)-车身搭铁	SB-车身搭铁	输入	前门门控灯开关总成(右侧)输入	右前车门关闭	10kΩ 或更大
				右前车门打开	小于 1Ω
MB-13(LCTY)-车身搭铁	—	输入	后门门控灯开关总成(左侧)输入	左后车门关闭	10kΩ 或更大
				左后车门打开	小于 1Ω
MB-2(RCTY)-车身搭铁	—	输入	后门门控灯开关总成(右侧)输入	右后车门关闭	10kΩ 或更大
				右后车门打开	小于 1Ω
I85-30(HCTY)-车身搭铁	R-车身搭铁	输入	发动机罩门控灯开关输入	发动机罩打开	10kΩ 或更大
				发动机罩关闭	小于 1Ω
MB-4(LGCY)-车身搭铁	—	输入	行李厢门控灯开关输入	行李厢门关闭	10kΩ 或更大
				行李厢门打开	小于 1Ω

⑤ 将主车身 ECU（多路网络车身 ECU）安装到驾驶员侧接线盒总成上。

⑥ 根据表 6-3 中的值测量电压并检查脉冲。

表 6-3　车身 ECU 连接器连接测量值 2

端子(名称)	线色	I/O	端子定义	检测条件	参考值
4F-13(LSFL)-车身搭铁	SB-车身搭铁	输入	左前车门解锁检测开关输入	左前车门解锁	小于 1V
				左前车门锁止	11～14V
4F-12(LSFR)-车身搭铁	BR-车身搭铁	输入	右前车门解锁检测开关输入	右前车门解锁	小于 1V
				右前车门锁止	11～14V
I84-18(L2)-车身搭铁	G-车身搭铁	输入	驾驶员车门钥匙联动锁止输入	驾驶员车门锁芯转至锁止位置	小于 1V
				驾驶员车门锁芯关闭	11～14V

续表

端子(名称)	线色	I/O	端子定义	检测条件	参考值
I84-17(UL3)-车身搭铁	V-车身搭铁	输入	驾驶员车门钥匙联动解锁输入	驾驶员车门锁芯转至解锁位置	小于1V
				驾驶员车门锁芯关闭	11～14V
4F-14(LSR)-车身搭铁	GR-车身搭铁	输入	左后/右后车门解锁检测开关输入	左后或右后车门解锁	小于1V
				左后和右后车门锁止	11～14V
4B-26(SH)-车身搭铁	Y-车身搭铁	输出	报警扬声器总成驱动	报警扬声器总成鸣响(防盗系统处于报警鸣响状态)	产生脉冲(低于1V←→11～14V)
4B-27(HORN)-车身搭铁	L-车身搭铁	输出	车辆扬声器驱动	车辆扬声器鸣响(防盗系统处于报警鸣响状态)	产生脉冲(低于1V←→11～14V)

第三节 故障诊断与排除

一、故障诊断

以林肯飞行家为例，当车辆防盗报警系统发生故障时，可用诊断器读取相关故障码并据故障内容提示进行排除，如表6-4所示。

表6-4　防盗报警系统故障码

模块	故障码	故障内容
BCM	B109F:01	侵入传感器模块:一般电失效
BCM	B109F:02	侵入传感器模块:一般信号失效
BCM	B109F:08	侵入传感器模块:总线信号/信息失效
BCM	B109F:49	侵入传感器模块:内部电子失效
BCM	B109F:55	侵入传感器模块:未设置
BCM	B109F:97	侵入传感器模块:组件或系统操作被阻塞或堵塞
BCM	B109F:9A	侵入传感器模块:组件或系统操作条件
BCM	B1305:01	引擎盖开关:一般电失效
BCM	B1305:11	引擎盖开关:电路与搭铁短路
BCM	B1305:15	引擎盖开关:电路与电瓶短路或开路

二、故障排除

大众宝来汽车防盗扬声器偶尔在无任何外界影响的情况下报警，同时两侧转向灯闪烁，确认无人为因素影响。

维修过程：

① 首先使用VAS5052检测，无故障码存储。

② 检查线路时发现蓄电池电缆松动，拧紧后再次检测，故障依旧。

③ 分析并检查新宝来（2009 年后车型）主动防盗系统的部件：车身控制模块 J519，发动机舱盖接触开关 F266，驾驶员侧车门触点开关 F2，副驾驶员侧车门触点开关 F3，左后车门触点开关 F10，右后车门触点开关 F11，中央门锁 SAFE 功能指示灯 K133，防盗报警装置信号扬声器 H8。未发现故障。

④ 怀疑车身控制模块内部软件故障，替换其他车辆的车身控制模块后试车，车辆放置一夜后观察，故障现象消失，客户取车。

⑤ 两天后，车辆故障再现。利用 VAS5052 检测，依然没有故障码，说明车身控制模块没有问题，将其换回故障车。

⑥ 结合上述工作，分析认为可能是防盗装置的传感器工作不正常使防盗系统报警。读取车身控制模块的数据块：数据块 20 组到 23 组的第 1 区显示防盗报警触发原因。

第 19 组数据块（见图 6-10）为防盗报警触发时车辆的状态。

1 区：最后一次报警触发。

2 区：倒数第二次报警触发。

3 区：倒数第三次报警触发。

4 区：倒数第四次报警触发。

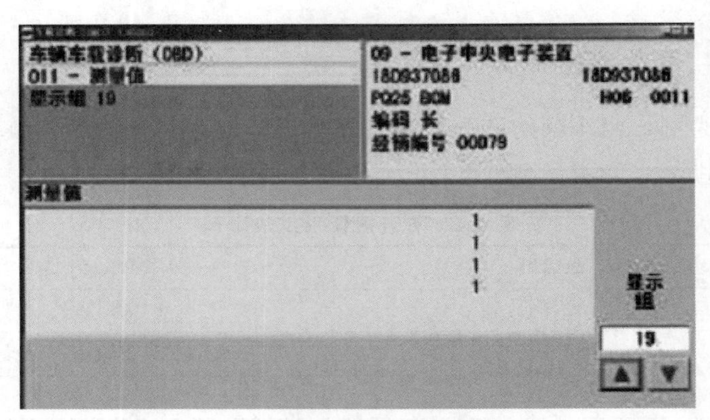

图 6-10　第 19 组数据块

显示值范围：0 或 1～6。0 表示未报警，1～6 表示报警原因。

第 4 区显示值说明：

0—无报警

1—在关闭汽车和关闭折叠式车顶（如果存在）时报警

2—在打开车窗和关闭折叠式车顶（如果存在）时报警

3—在风扇运行和关闭折叠式车顶（如果存在）时报警

4—在关闭车窗和关闭折叠式车顶（如果存在）时报警

5—在打开车窗和关闭折叠式车顶（如果存在）时报警

6—在风扇运行和关闭折叠式车顶（如果存在）时报警

第 20 组数据块见图 6-11。

1 区：最后一次防盗报警触发原因。

2 区：最后一次防盗报警触发里程。

3 区：最后一次防盗报警触发的时间。

4 区：最后一次防盗报警触发的日期。

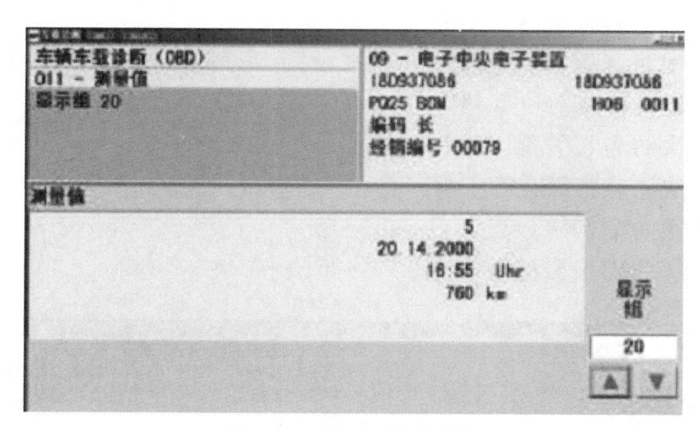

图 6-11 第 20 组数据块

第 1 区显示值说明：

0—左前门 FA

1—右前门 BF

2—左后门 HL

3—右后门 HR

4—后行李厢盖

5—发动机舱盖

7—挂车

9—非法钥匙打开点火开关报警（KL15）

10—IRU

11—NGS

12—特殊情况

19—电重置

21—左前门延迟报警

255—无报警

第 21 组数据块见图 6-12。

1 区：倒数第二次防盗报警原因。

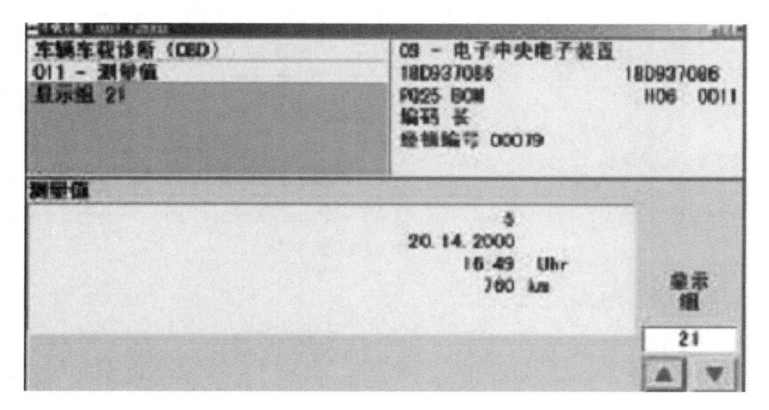

图 6-12 第 21 组数据块

2 区：倒数第二次防盗报警时间。

3 区：倒数第二次防盗报警触发日期。

4 区：倒数第二次防盗报警触发里程。

第 22 组数据块见图 6-13。

1 区：倒数第三次防盗报警触发原因。

2 区：倒数第三次防盗报警触发日期。

3 区：倒数第三次防盗报警触发时间。

4 区：倒数第三次防盗报警触发里程。

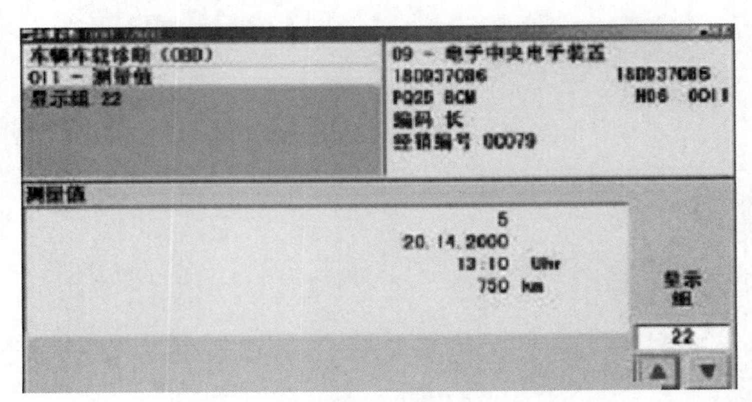

图 6-13　第 22 组数据块

第 23 组数据块见图 6-14。

1 区：倒数第四次防盗报警触发原因。

2 区：倒数第四次防盗报警触发日期。

3 区：倒数第四次防盗报警触发时间。

4 区：倒数第四次防盗报警触发里程。

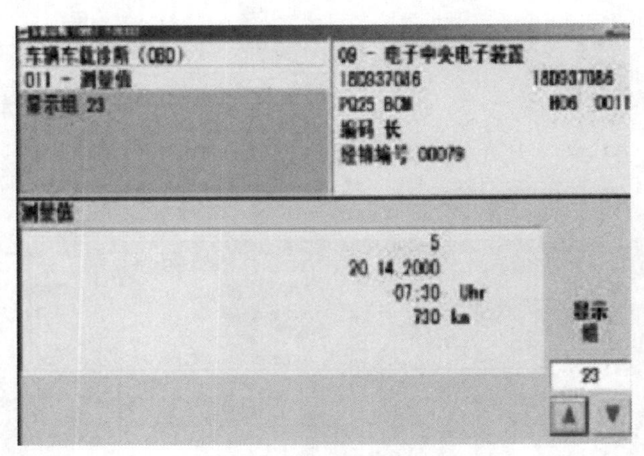

图 6-14　第 23 组数据块

根据以上数据块信息，可知：

① 19 组数据中读出报警发生在汽车门和车窗关闭状态。

② 20 组数据显示最后一次防盗触发状态为机舱盖，并且能显示这次报警日期、报警时间和报警里程。

③ 21 组数据中读出倒数第二次防盗触发状态为机舱盖，并且能显示这次报警日期、报警时间和报警里程。

④ 22 组数据中读出倒数第三次防盗触发状态为机舱盖，并且能显示这次报警日期、报警时间和报警里程。

⑤ 23 组数据中读出倒数第四次防盗触发状态为机舱盖，并且能显示这次报警日期、报警时间和报警里程。

可初步判定故障点在发动机舱盖开关上，经过测量开关正常，重新调整机舱盖锁舌位置故障消除。

经验小结：使用遥控器锁车，当仪表指示灯熄灭后，将四门两盖中任意一个输入信号触发均会发出声光报警。宝来经典（2007～2008 年车型）在锁车后就进入防盗状态，开始监控门锁开关，此时非法打开车门就会触发报警。新宝来与宝来经典不同点：锁车后须等待一分钟左右，车辆才进入防盗状态，并开始对所有输入信号进行防盗监控。

第七章

遥控钥匙匹配

第一节 欧美品牌汽车

一、大众车系

以一汽大众 BFM 遥控钥匙的匹配为例，步骤如下。

① 连接车辆进入诊断系统，右键选择“控制单元自诊断”，进入“基本设置”，如图 7-1 所示。

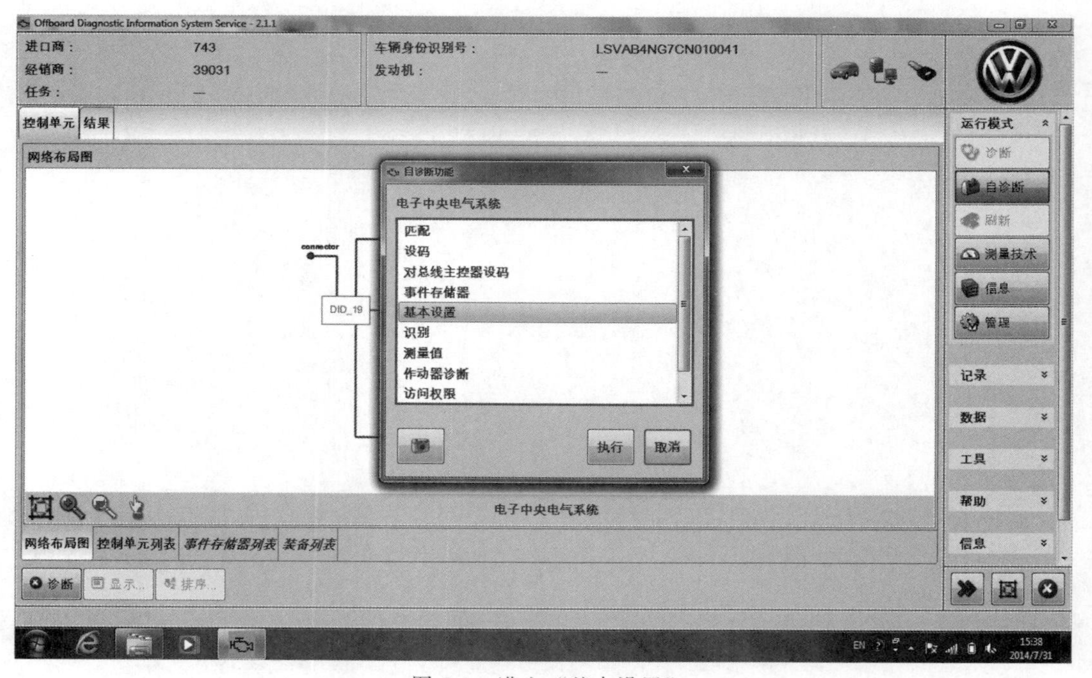

图 7-1 进入“基本设置”

② 选择“学习带无线电遥控器的汽车钥匙”，如图 7-2 所示。

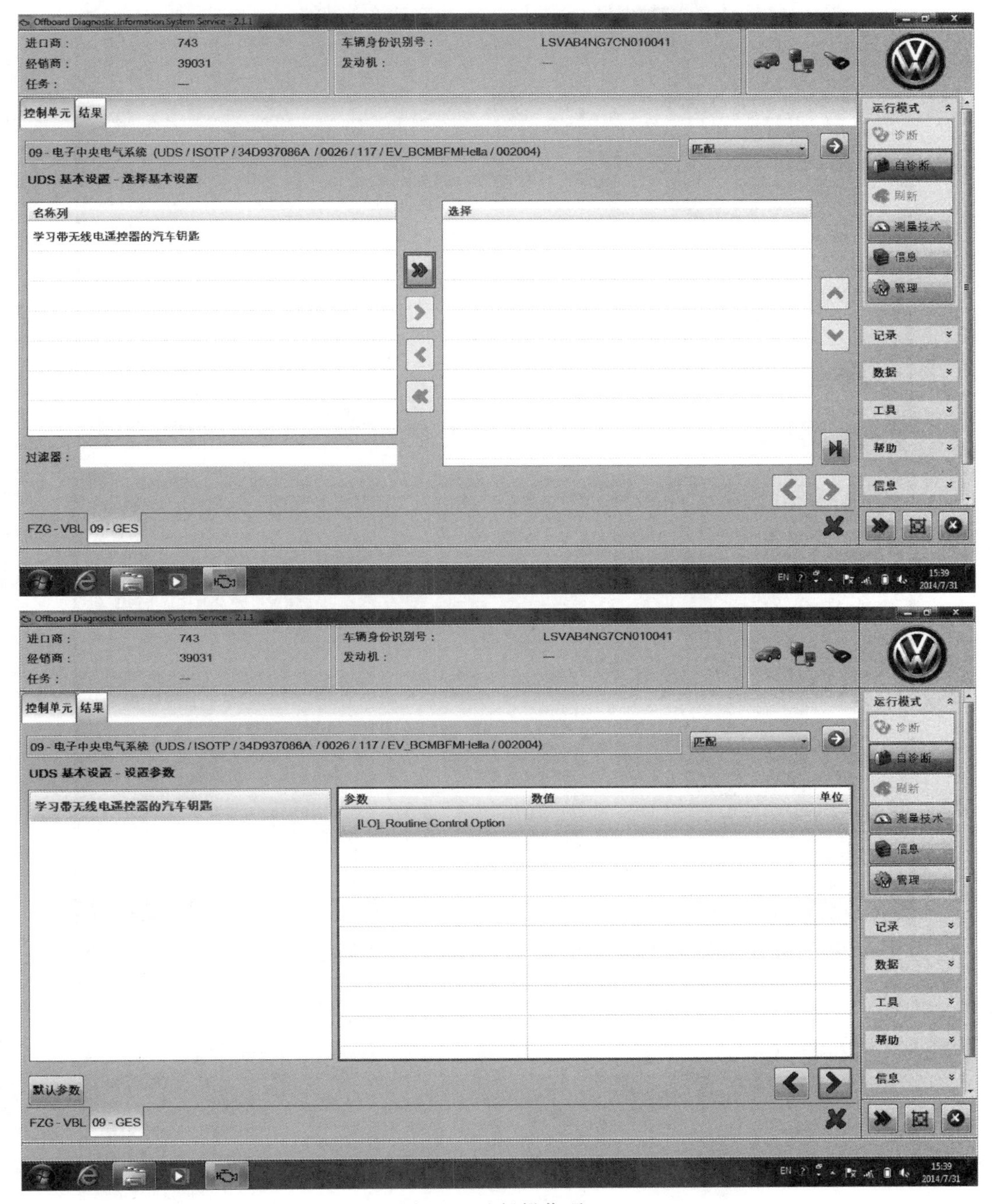

图 7-2　选择操作项 1

③ 选择数值“［VO］_ key learning 1”，如图 7-3 所示。

④ 点击“开始”，如图 7-4 所示，按遥控钥匙的任意按键，如果闪光灯闪烁，证明遥控钥匙匹配成功。

接着，介绍一下使用 ODIS 诊断系统进行在线匹配钥匙的方法，步骤如下。

① 进入 ODIS 诊断软件，点击“开始诊断”按钮，如图 7-5 所示。

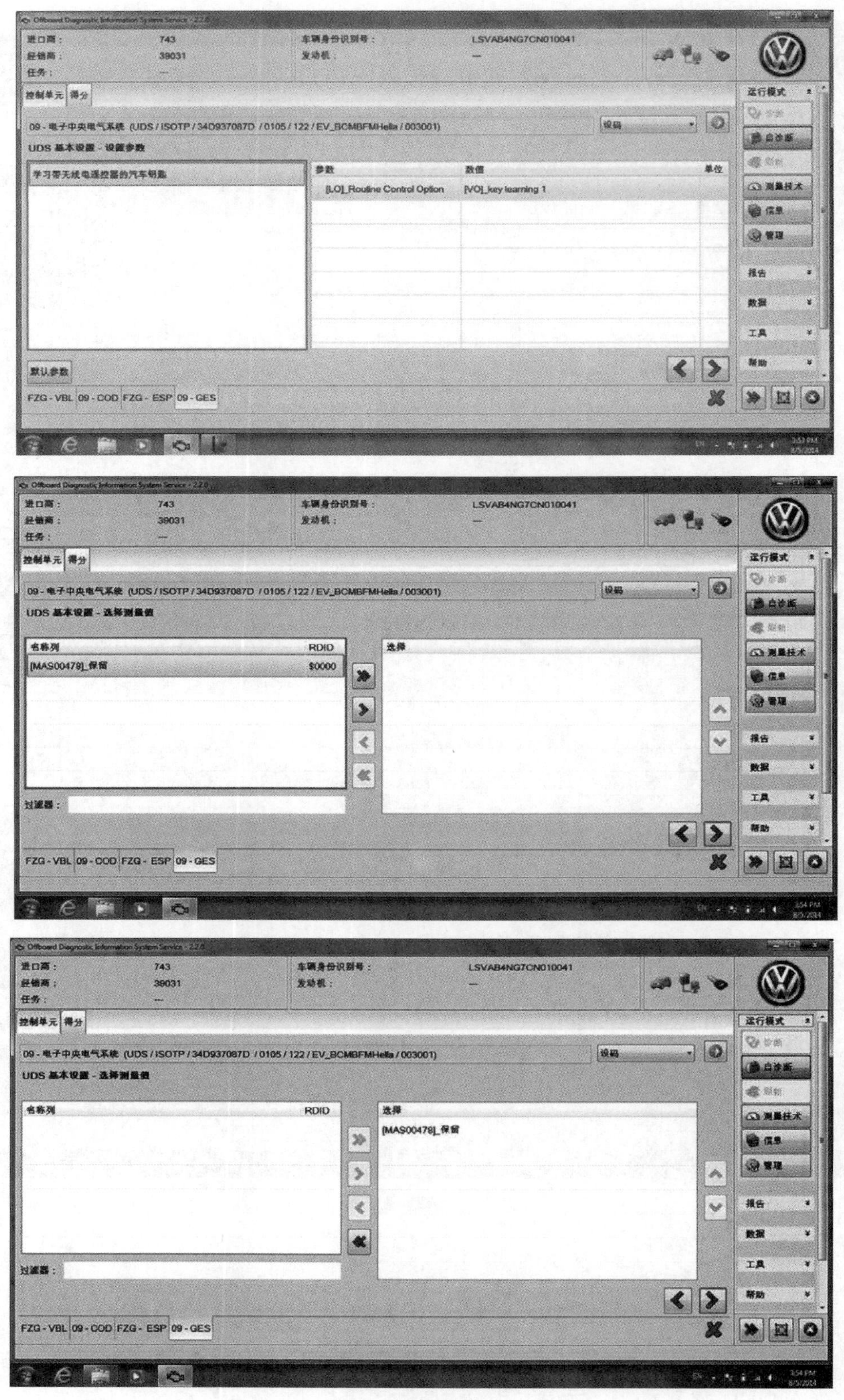

进口商：
743
经销商：
39031
任务：
车辆身份识别号：
LSVAB4NG7CN010041
发动机：
控制单元
得分
09 - 电子中央电气系统 (UDS / ISOTP / 34D937087D / 0105 / 122 / EV_BCMBFMHella / 003001)
设码
UDS 基本设置 - 设置参数
学习带无线电遥控器的汽车钥匙
参数
数值
单位
[LO]_Routine Control Option
[VO]_key learning 1
默认参数
FZG - VBL
09 - COD
FZG - ESP
09 - GES
运行模式
诊断
自诊断
刷新
测量技术
信息
管理
报告
数据
工具
帮助
UDS 基本设置 - 选择测量值
名称列
RDID
[MAS00478]_保留
$0000
选择
过滤器：

图 7-3　选择操作项 2

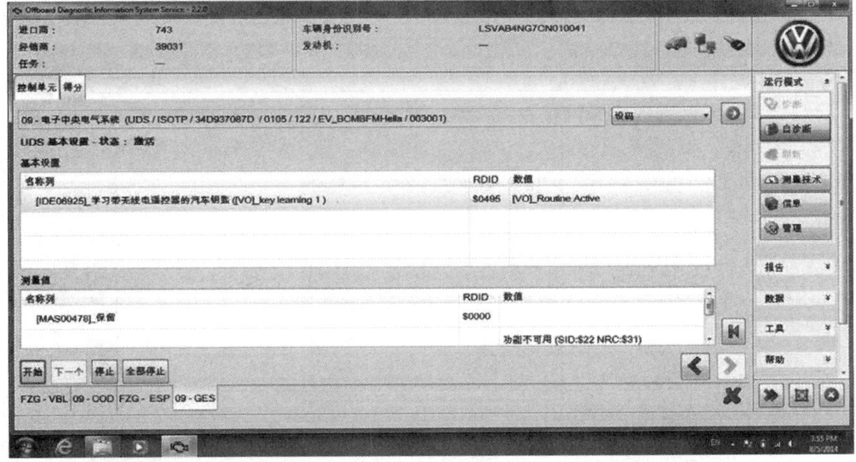

图 7-4　点击“开始”进行匹配

图 7-5　点击“开始诊断”

② 点击“确定”按钮，如图 7-6 所示。

③ 输入车辆信息，如图 7-7 所示。

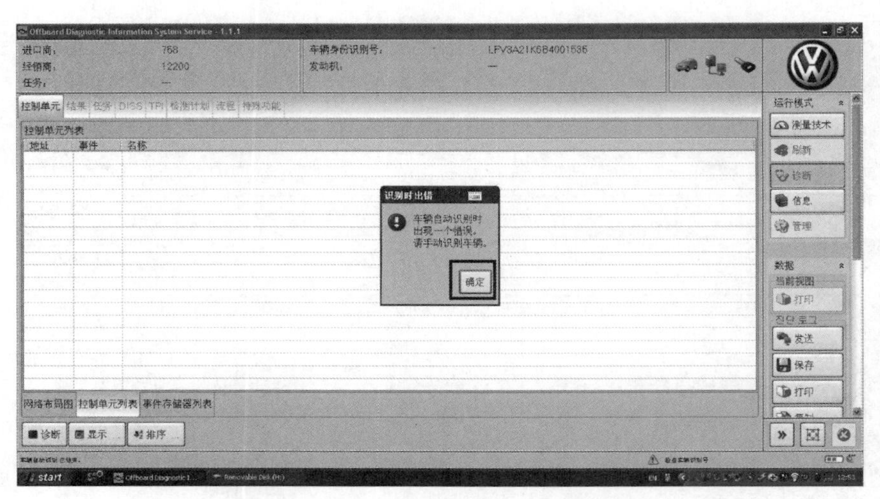

图 7-6　点击“确定”

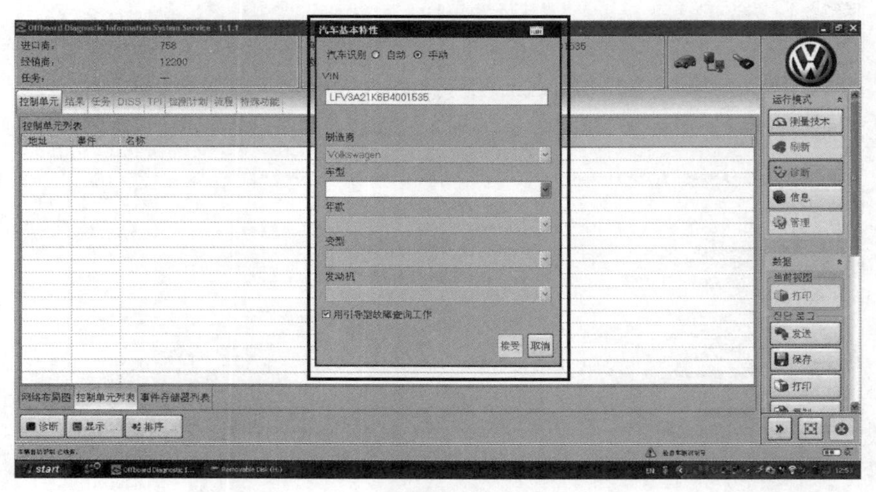

图 7-7　输入车辆信息

④ 点击“取消”，如图 7-8 所示。

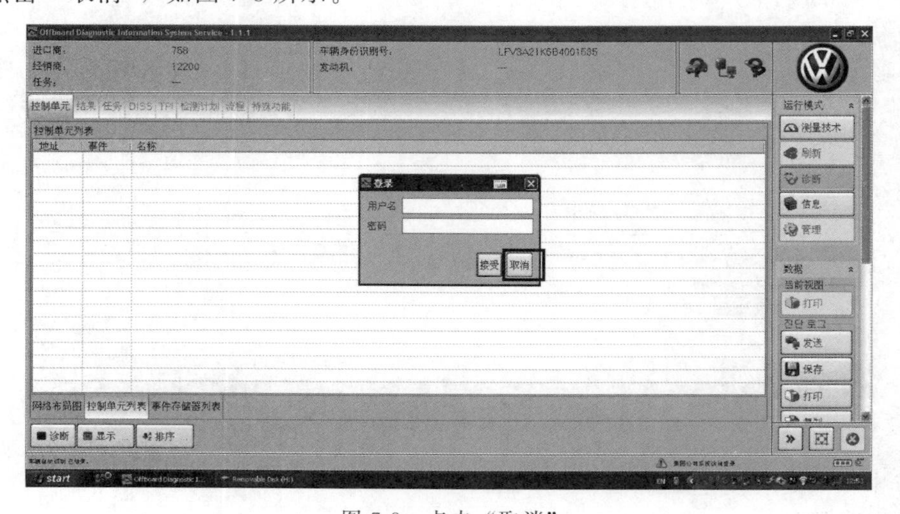

图 7-8　点击“取消”

⑤ 点击“无任务”，如图 7-9 所示。

图 7-9 选择“无任务”

⑥ 点击“网络布局图”，如图 7-10 所示。

图 7-10 点击“网络布局图”

⑦ 点击“确定”，如图 7-11 所示。

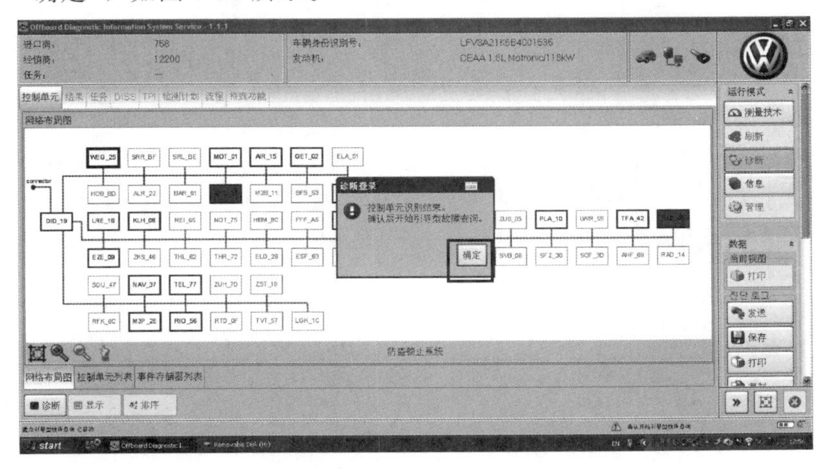

图 7-11 点击“确定”

⑧ 查询中如弹出选择变型对话框，则按实车装置选择，如图 7-12 所示，点击“设置变型”。

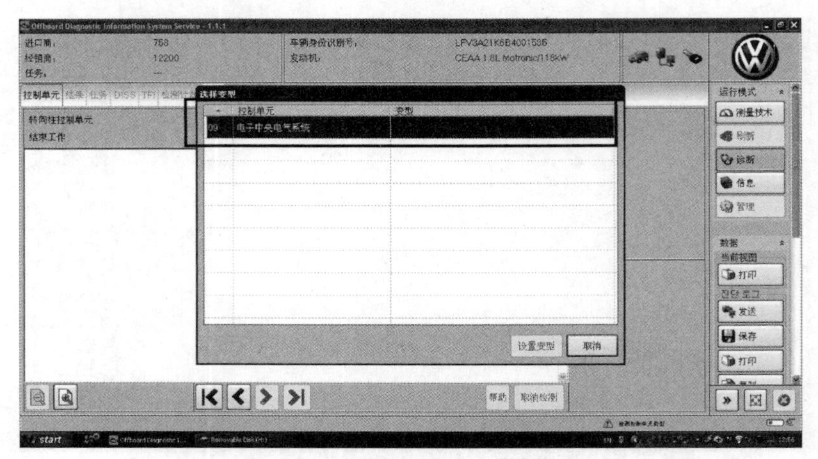

图 7-12　按实车装置选择变型

⑨ 选择“控制单元”，如图 7-13 所示。

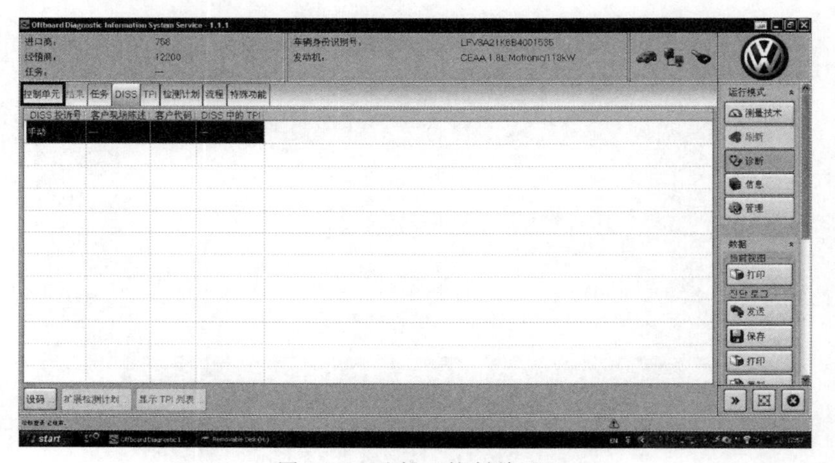

图 7-13　选择“控制单元”

⑩ 右键选择“WEG _ 25”，然后在菜单中选择“引导功能”，如图 7-14 所示。

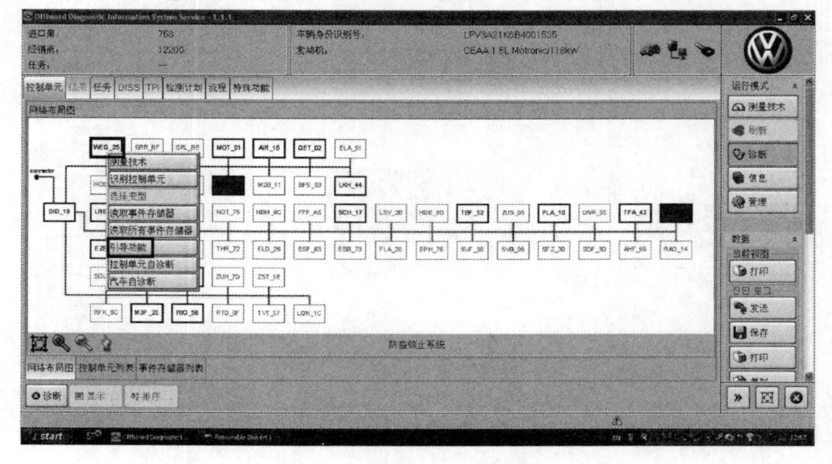

图 7-14　选择“引导功能”

⑪ 选择“匹配钥匙”，如图 7-15 所示。

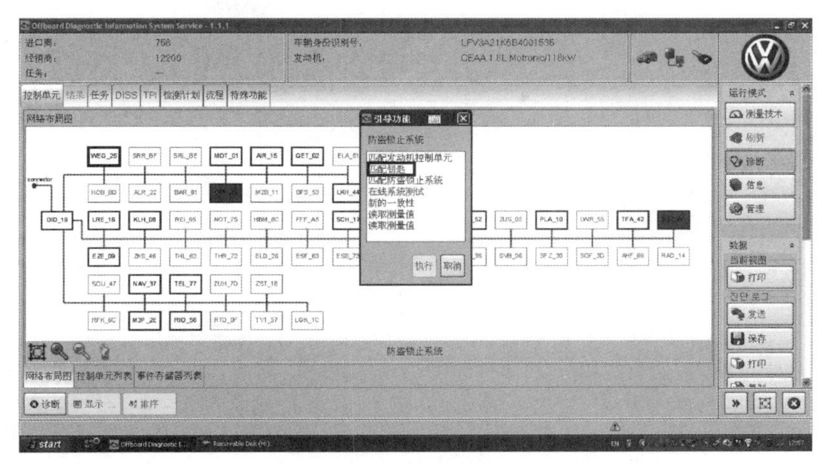

图 7-15　选择“匹配钥匙”

⑫ 选择“完成/继续”，如图 7-16 所示。

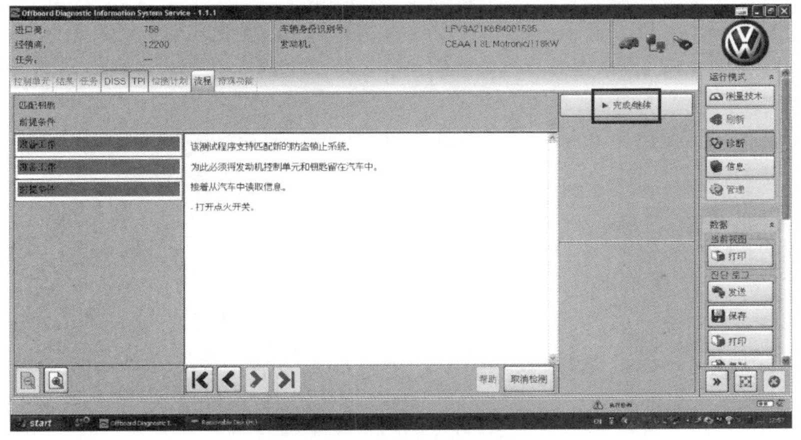

图 7-16　选择“完成/继续”

⑬ 输入用户数据，如图 7-17 所示。

图 7-17　输入用户数据

⑭ 继续输入用户数据，如图 7-18 所示。

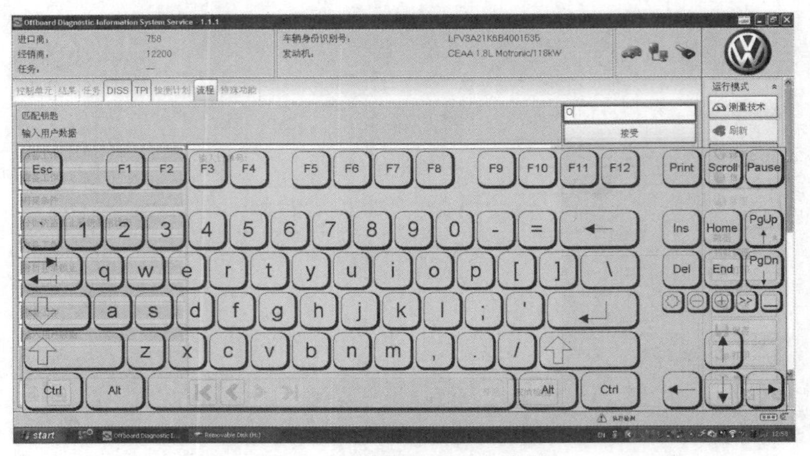

图 7-18　继续输入用户数据

⑮ 输入 GEKO 用户名/密码，如图 7-19 所示。

图 7-19　输入用户名与密码

⑯ 出现如图 7-20 所示画面说明在线连接成功。

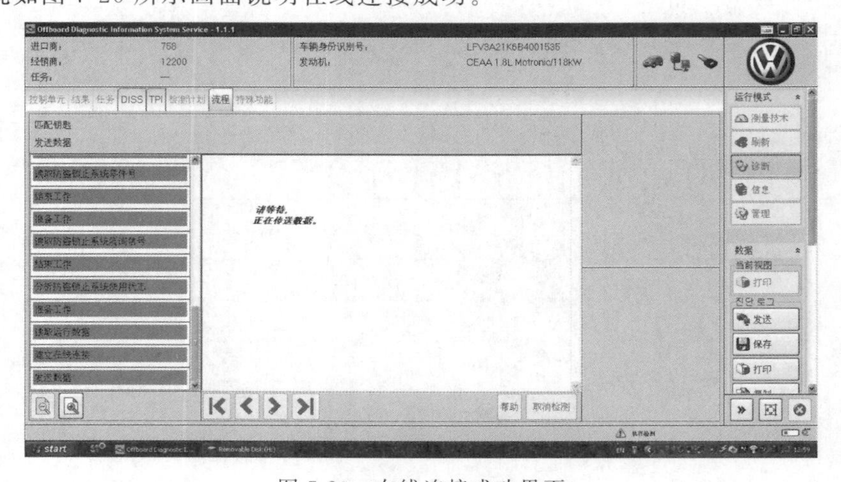

图 7-20　在线连接成功界面

⑰ 点击“完成/继续”，如图7-21所示。

图7-21　选择“完成/继续”

⑱ 按照提示选择钥匙数量后点击“OK”，如图7-22所示。

图7-22　选择钥匙数量

⑲ 如图7-23所示点击“完成/继续”。

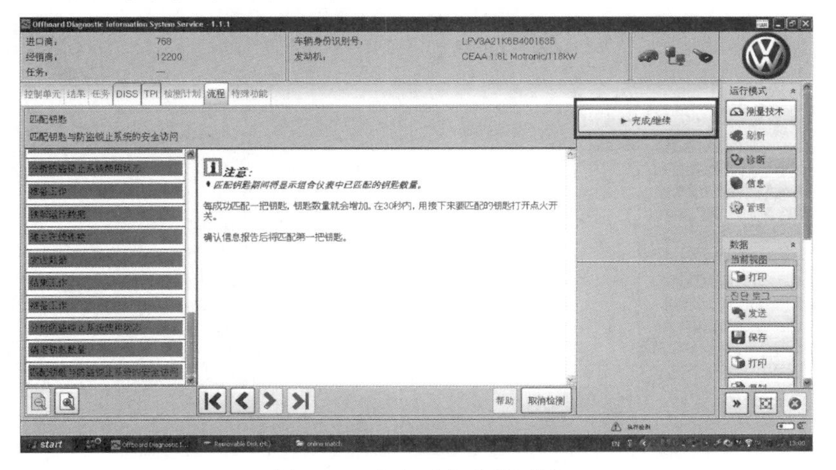

图7-23　点击“完成/继续”

⑳ 再次点击“完成/继续”，如图 7-24 所示。

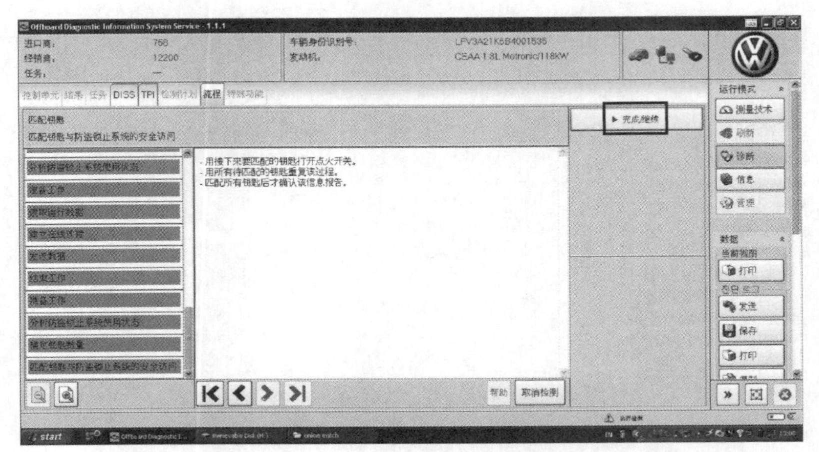

图 7-24　再次点击“完成/继续”

㉑ 进入“请等待”界面，如图 7-25 所示。

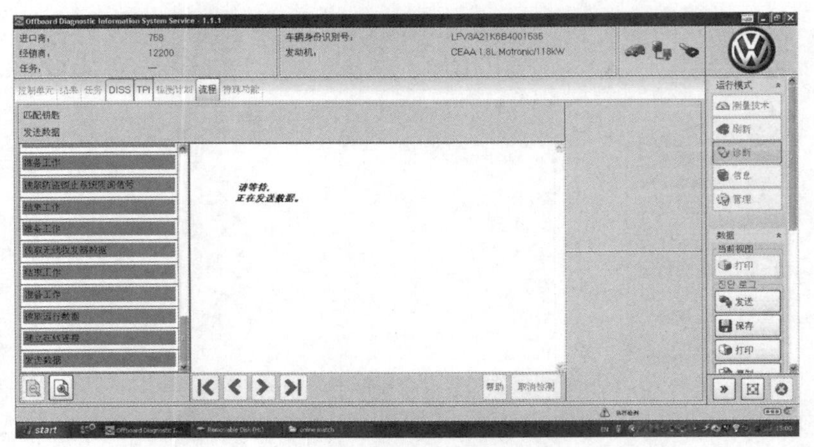

图 7-25　“请等待”界面

㉒ 点击“完成/继续”，匹配结束，如图 7-26 所示。

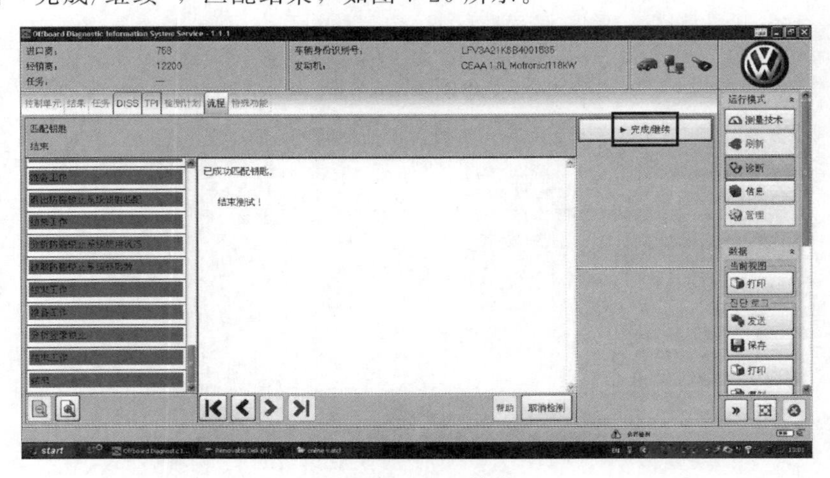

图 7-26　匹配结束

接下来，介绍一下一汽大众迈腾钥匙遥控玻璃升降匹配方法，操作步骤如下：

① 插入钥匙，打开钥匙门（点火开关）。

② 操作多功能转向盘右侧组合仪表菜单控制机构，如图 7-27 所示。

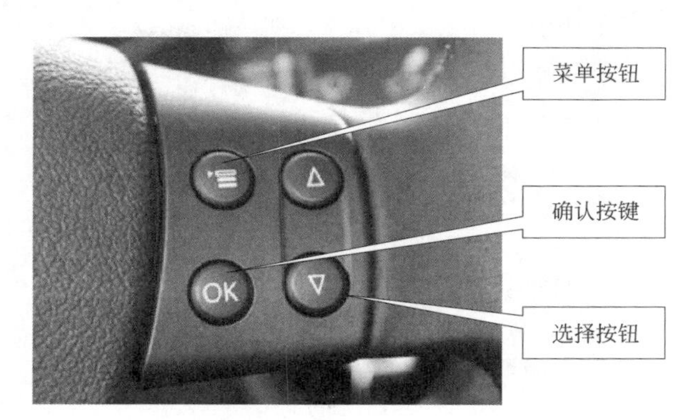

图 7-27　多功能转向盘操作按钮

③ 按菜单按钮进入设置，如图 7-28 所示。

④ 按选择按钮进入舒适系统，按确认按钮选择舒适模式，如图 7-29 所示。

⑤ 舒适模式有 3 种模式，如图 7-30 所示。

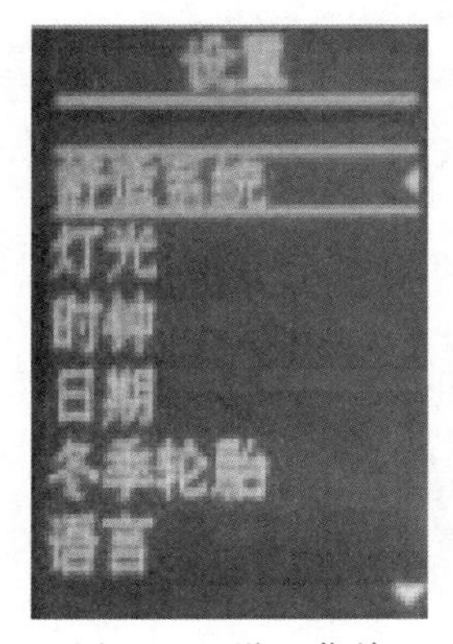

图 7-28　设置菜单

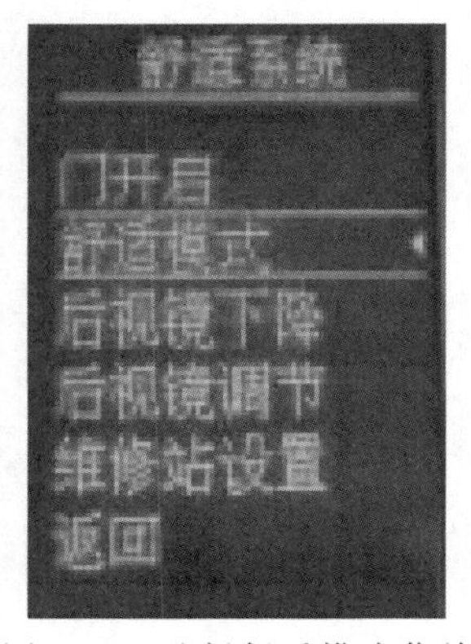

图 7-29　选择舒适模式菜单

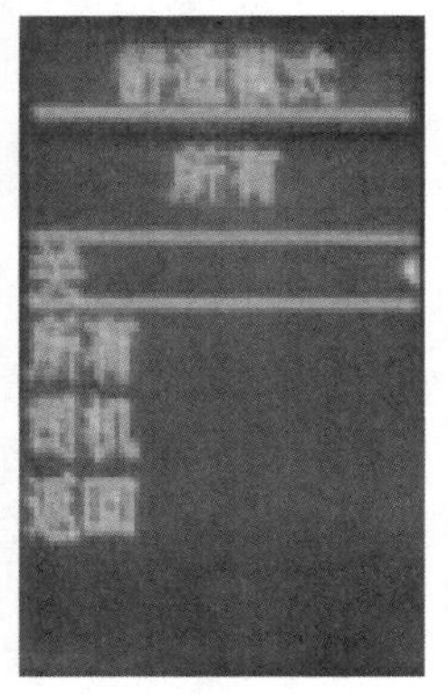

图 7-30　三种舒适模式

⑥ 三种模式的说明：选“关”模式，插入钥匙门的钥匙将不能遥控四门玻璃升降；选“所有”模式，插入钥匙门的钥匙能遥控四门玻璃升降；选“司机”模式，插入钥匙门的钥匙控制驾驶员玻璃升降。

注意事项：用户的两把车钥匙可以根据自己需要选择三种模式里的任意一种模式。

二、宝马车系

目前宝马的遥控钥匙主要分为普通钥匙、刀锋钥匙与液晶钥匙三种，这三种钥匙在进行匹配和应急启动时的操作方式有些区别。

普通钥匙在学习或应急启动车辆时应垂直于转向柱，刀锋钥匙应贴在转向柱上，液晶钥匙则应将大头贴在转向柱上钥匙标记的位置，如图 7-31 所示。

新款宝马很多采用 FEM 或 BDC 模块，要匹配钥匙必须对 FEM 或 BDC 进行编程操作，

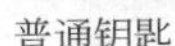
普通钥匙

刀锋钥匙

液晶钥匙

图 7-31　不同钥匙的对位方法

总的操作步骤如下：

① 读钥匙信息，读取钥匙数据信息，并提示该车防盗系统是否需要进行预处理。

② 生成经销商钥匙，将一把新钥匙编程为经销商钥匙。

③ 启用钥匙，把被禁用的钥匙设定重新启用。

④ 禁用钥匙，把可用（或已丢失的钥匙）设定为不可用。

⑤ 删除钥匙，把不需要的钥匙（或已丢失的钥匙）删除，如图 7-32 所示。

宝马
V0.99.18

钥匙学习　12.22V

钥匙编号	钥匙ID	钥匙ID状态
Key1	AF6B1236	已用
Key2	FFFFFFFF	空闲
Key3	78835D36	已用
Key4	FFFFFFFF	空闲
Key5	FFFFFFFF	空闲
Key6	FFFFFFFF	空闲
Key7	FFFFFFFF	空闲

读秘钥　写钥匙　擦除钥匙　关闭

图 7-32　钥匙读写与删除界面

具体操作步骤如下：

（1）读钥匙信息

使用其他功能前，必须先执行“读钥匙信息”。

（2）预处理 FEM/BDC 系统

① 备份编码：在车上或测试平台上连接 FEM/BDC 系统后，通过 OBD 备份原始编码文件，如图 7-33 所示。

② 读取 EEPROM 备份，生成服务模式 EEPROM。

③ 将读出来的 EEPROM 数据复制到主机 customfile 目录内。

④ 进入该系统读取原始 EEPROM 并生成服务模式 EEPROM，将服务器模式 EEPROM 数据导出，用编程器写入芯片 95218/95256，如图 7-34、图 7-35 所示。

⑤ 恢复 FEM/BDC 系统，供电并连接好 OBD。

⑥ 给 FEM/BDC 系统供电并连接好 OBD。

⑦ 拆开 FEM/BDC 模块外壳，将之前读取的原始 EEPROM 数据写入 95218/95256 芯片。

图 7-33　备份编码文件

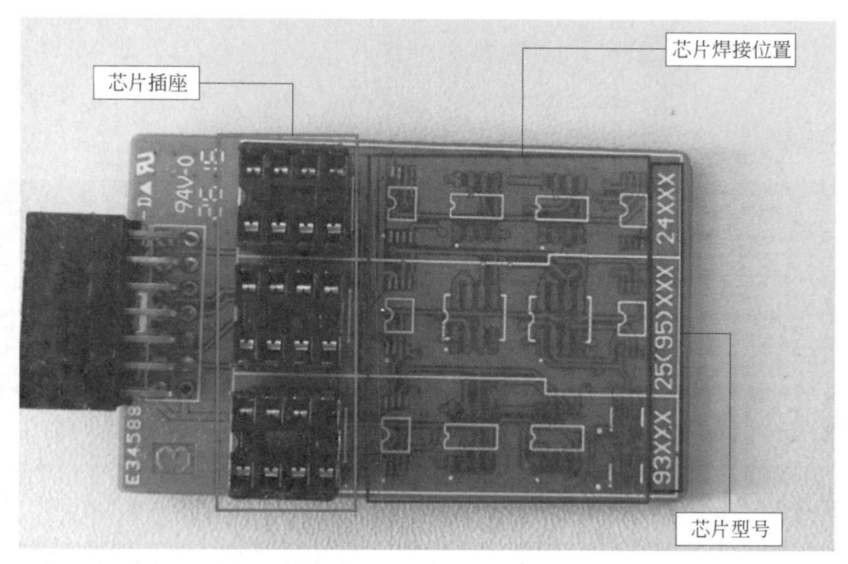

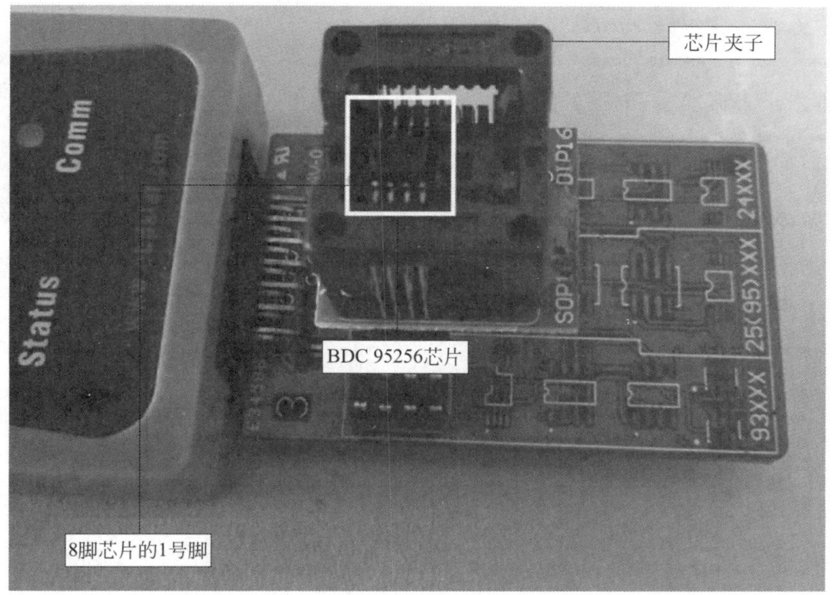

图 7-34　存储芯片编程器

图 7-35　修改 EEPROM 数据

⑧ 恢复 FEM/BDC 系统，供电并连接好 OBD。

⑨ 如图 7-36 所示进入“编码数据恢复”，加载之前备份的编码文件，通过 OBD Ⅱ 恢复原始编码信息，预处理完成。

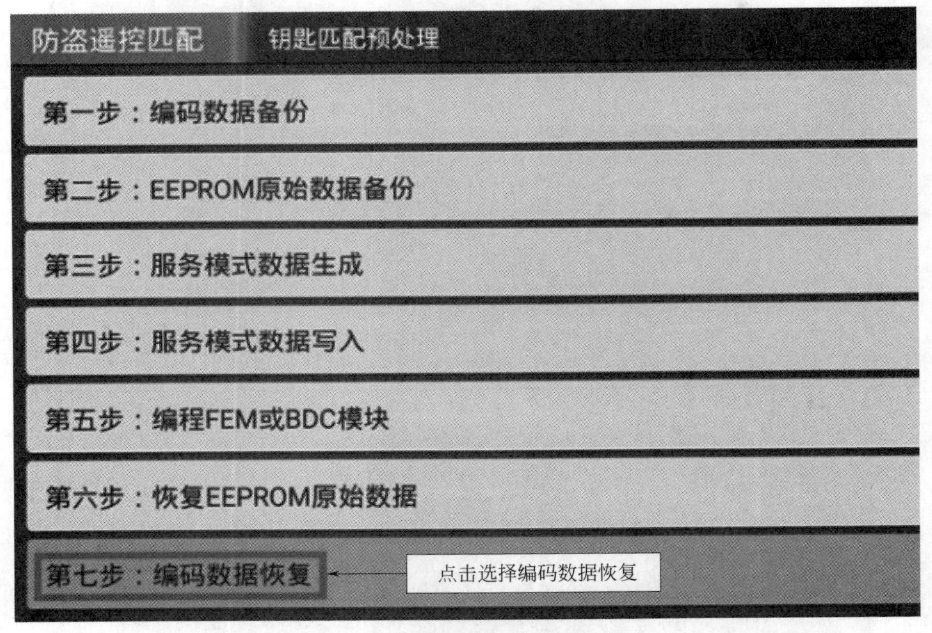

图 7-36　恢复编码数据选项

（3）生成经销商钥匙

① 系统读取数据，选择要生成的钥匙位置，如图 7-37 所示。

② 选择用一把可着车的钥匙协助生成经销商钥匙（全丢可选择输入 32 位 ISN 码来生成经销商钥匙）。

③ 将着车钥匙放到汽车感应圈外，然后点击“确定”进行匹配，如图 7-38 所示。

④ 检测原车钥匙，读取防盗数据。

⑤ 钥匙学习完成。

防盗遥控匹配　请选择钥匙写入位置

名称	值
钥匙 00 ID: F0990F35（钥匙1）	已占用/启用
钥匙 01 ID: C059CA33（钥匙2）	已占用/启用
钥匙 02 ID: FFFFFFFF（点击选择钥匙02位置）	未占用/启用
钥匙 03 ID: FFFFFFFF	未占用/启用
钥匙 04 ID: FFFFFFFF	未占用/启用
钥匙 05 ID: FFFFFFFF	未占用/启用
钥匙 06 ID: FFFFFFFF	未占用/启用
钥匙 07 ID: FFFFFFFF	未占用/启用
钥匙 08 ID: FFFFFFFF	未占用/启用
钥匙 09 ID: FFFFFFFF	未占用/启用

图 7-37　添加新钥匙操作

图 7-38　匹配提示

（4）禁用钥匙

① 系统读取数据，选择要禁用的钥匙 ID 位置。

② 将一把可着车钥匙放到汽车感应圈内。

③ 系统尝试连接 CAS 系统，禁用当前位置钥匙，禁用钥匙执行完成。

三、奔驰车系

奔驰遥控钥匙 NEC 芯片型号有好几种，芯片位置如图 7-39 所示。

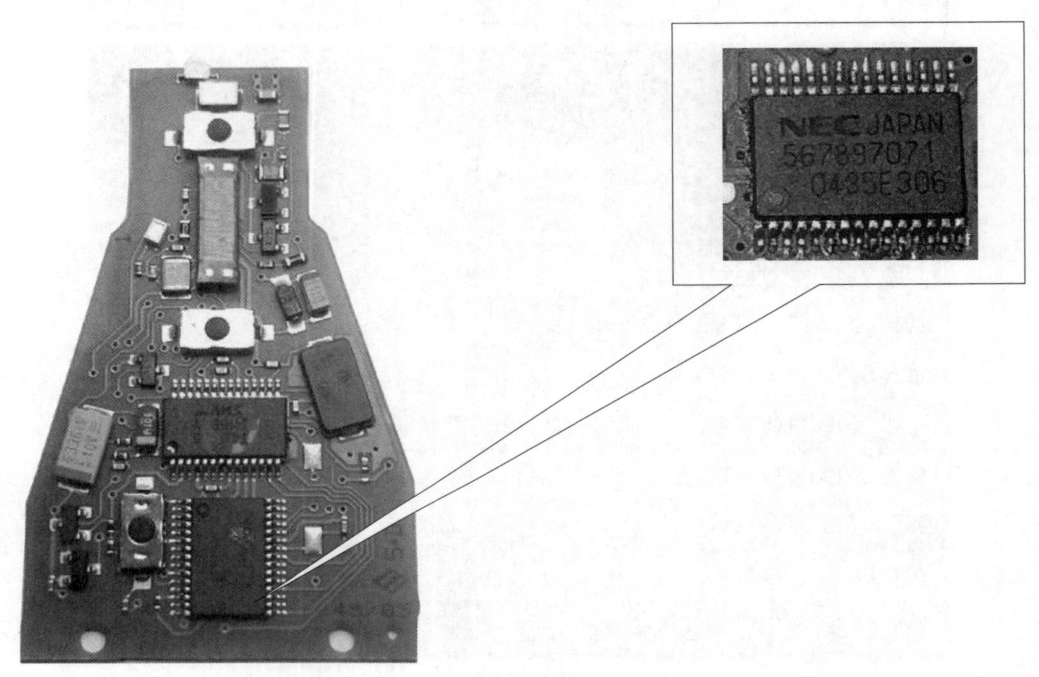

图 7-39　NEC 芯片位置

00011845、00040229 这两种型号 NEC 用在新款亮边遥控器上，用 NEC 编程器写资料匹配钥匙时，请注意只有二至三次机会，当重复多次写入资料时只能启动车辆，遥控器没有无线频率 315MHz 或 434MHz 功能，只能近距离用钥匙对准司机门把手的红外接收器，通过红外线实现开门和锁门。

567897041、567897061、567897064、567897081，这几种型号的 NEC 用在普通遥控器上，功能同上。

567897071 这种型号的 NEC 芯片用在普通遥控器上，只有一次使用机会，在出厂的时候就已匹配使用。当我们用目前的 NEC 编程器写资料匹配钥匙时只能启动车辆，遥控器没有无线频率 315MHz 或 434MHz 功能，所以不建议购买 567897071 这种型号的使用 NEC 芯片的遥控钥匙。

四、别克车系

本部分以别克 2008 年款起昂科雷防盗系统编程为例进行讲解。

1. 10min 的防盗模块重新读入

该 10min 重新读入程序将会重新读入提前解除密码以及发动机控制模块（ECM）与防盗模块（TDM）之间的挑战码/响应数据。

① 将故障诊断仪连接到车辆上。

② 保持发动机关闭，并接通点火开关。

③ 确保车上所有用电装置都已关闭。

④ 使用故障诊断仪，在“Service Programming System（维修编程系统）”下以“Pass-thru”的方式选择“Request Info.（请求信息）”，并按故障诊断仪屏幕上的指示进行操作。

⑤ 从车辆上断开故障诊断仪，并将故障诊断仪连接至带有最新维修编程系统（SPS）软件的 Techline 终端上。

⑥ 在 Techline 终端上，选择“Service Programming System（维修编程系统）”，并按 Techline 终端屏幕上的说明进行操作。根据被更换或编程的部件，确保选择正确的编程选项。若想了解该程序，请进入 V. T. D. 车辆防盗读入菜单，选择车辆防盗读入 ECM 或 PK3 替换选项。

⑦ 从 Techline 终端上断开故障诊断仪，并重新连接故障诊断仪至车辆上。

⑧ 保持发动机关闭，用车辆主钥匙接通点火开关。

⑨ 使用故障诊断仪，在“Service Programming System（维修编程系统）”下选择“Program ECU（电子控制单元编程）”。

⑩ 此时，在 10min 重新读入程序的执行期间故障诊断仪必须保持连接。

注意事项：故障诊断仪最初会显示 12min。最初的 2min 用于让故障诊断仪初始化相应的控制模块，剩下的 10min 是重新读入计时器。在重新读入程序执行期间，有些车辆上的安全指示灯可能会亮。

⑪ 观察故障诊断仪，在大约 10min 后，故障诊断仪会显示“Programming Successful, Turn OFF Ignition（编程成功，关闭点火开关）”。现在车辆准备好重新读入钥匙信息和/或点火开关下一次从“OFF（关闭）”切换到“CRANK（启动）”时的密码。

⑫ 关闭点火开关并等候 2s。

⑬ 使用车辆主钥匙，将点火开关转到“RUN（运行）”位置，持续 15s，然后启动车辆。TDM 与 ECM 现在已重新读入了提前解除密码和挑战码/响应数据。

⑭ 使用故障诊断仪，清除所有故障诊断码（DTC）。

2. 更换钥匙编程

钥匙样式如图 7-40 所示。

（1）10min 车辆钥匙重新读入

注意事项：该程序将仅重新读入车辆钥匙，不会读入防盗模块提前解除密码或挑战码/响应数据。

在更换或给 TDM 或 ECM 重新编程时，不要将该程序用作 10min 重新读入的替代方案，否则将导致无法读入提前解除密码和/或挑战码/响应数据。

图 7-40　昂科雷分体式遥控钥匙

当希望更换所有车辆钥匙或对其重新编程时，应使用该10min读入程序。该程序将从TDM中清除所有先前已读入的车辆钥匙。一旦10min读入程序完成，任何剩下的车辆钥匙可以用添加钥匙程序进行编程，以确保其继续有效。

更换钥匙步骤如下：

① 将故障诊断仪连接到车辆上。

② 保持发动机关闭，并接通点火开关。

③ 确保车上所有用电装置都已关闭。

④ 使用故障诊断仪，使用“Pass-thru”的方式在“Service Programming System（维修编程系统）”下选择“Request Info.（请求信息）”，并按故障诊断仪屏幕上的指示进行操作。

⑤ 从车辆上断开故障诊断仪，并将故障诊断仪连接至带有最新维修编程系统（SPS）软件的Techline终端上。

⑥ 在Techline终端上，选择“Service Programming System（维修编程系统）”，并按Techline终端屏幕上的说明进行操作。根据被更换或编程的部件，确保选择正确的编程选项。若想了解该程序，请进入V. T. D. 车辆防盗读入菜单，选择车辆防盗读入，以查看读取替换钥匙选项。

⑦ 从Techline终端上断开故障诊断仪，并重新连接故障诊断仪至车辆上。

⑧ 保持发动机关闭，用车辆主钥匙接通点火开关。

⑨ 使用故障诊断仪，在“Service Programming System（维修编程系统）”下选择“Program ECU（电子控制单元编程）”。

⑩ 此时，在10min重新读入程序的执行期间故障诊断仪必须保持连接。

注意事项：故障诊断仪最初会显示12min。最初2min用于让故障诊断仪初始化相应的控制模块。剩下的10min是重新读入计时器。在10min重新读入程序执行期间，有些车辆上的安全指示灯可能会亮。

⑪ 观察故障诊断仪，在大约10min后，故障诊断仪会显示“Programming Successful, Turn OFF Ignition（编程成功，关闭点火开关）”。现在车辆准备好重新读入钥匙信息和/或点火开关下一次从“OFF（关闭）”切换到“CRANK（启动）”时的密码。

⑫ 关闭点火开关并等候2s。

⑬ 用总钥匙把点火开关调至“RUN（运行）”位置，持续15s，然后启动车辆。TDM现在已读入钥匙无线电频率收发器信息。

⑭ 使用故障诊断仪，清除所有故障诊断码（DTC）。

（2）30min车辆钥匙重新读入

注意事项：该程序仅重新读入车辆钥匙，不会读入防盗模块提前解除密码或挑战码/响应数据。在更换或给TDM或ECM重新编程时，不要将该程序用作10min重新读入的替代方案，否则将导致无法读入提前解除密码和/或挑战码/响应数据。当希望更换所有车辆钥匙或对其重新编程时，应使用该30min读入程序。该程序将从TDM中清除所有先前已读入的车辆钥匙。一旦30min读入程序完成，任何剩下的车辆钥匙可以使用添加钥匙程序进行编程，以确保其继续有效。

① 保持发动机关闭，用未读入的车辆主钥匙接通点火开关。

② 观察安全指示灯，约10min后指示灯将会熄灭。

③ 关闭点火开关并等候5s。

④ 在总共 3 个循环或 30min 内，多重复步骤①～③两次。

注意事项：在将点火开关从“OFF（关闭）”拧到“CRANK（启动）”位置时，TDM 会读入钥匙无线电频率收发器信息。尝试启动车辆前，必须关闭点火开关。

⑤ 用车辆主钥匙启动车辆。车辆现已读入钥匙无线电频率收发器信息。

⑥ 如果需要读入更多钥匙，请参阅“添加钥匙”。

⑦ 使用故障诊断仪，清除所有故障诊断码（DTC）。

遥控钥匙样式如图 7-40 所示。

五、福特车系

以长安福特 2013 年款起新蒙迪欧为例，遥控钥匙编程步骤如下。

注意事项：如可使用两个或以上编程的钥匙，则此程序可起作用。只有当客户已启用备用钥匙编程后，此程序运行。在钥匙编程过程中，会同时对钥匙的 RKE 发射器和 PATS 部分进行编程。

① 在点火锁芯中插入第一把已编程的 PATS 钥匙并转动点火锁芯到运行（在运行位置保持钥匙约 3s）。

② 旋转第一把钥匙到关闭位置，并从点火锁芯拔出钥匙。

③ 旋转钥匙至关闭位置的 10s 内，将第二把编程 PATS 钥匙插入点火锁芯，旋转钥匙到 RUN（保持钥匙处于运行位置约 3s）。

④ 旋转第二把钥匙到关闭位置，并从点火锁芯拔出钥匙。

⑤ 旋转第二把钥匙至关闭位置的 10s 内，在点火锁芯内插入新、未编程的 PATS 钥匙，并把点火锁芯转到运行位置（将钥匙保持在运行位置约 6s）。

注意：最多可将 8 把钥匙编程存入汽车。

重复步骤①～⑤，给附加钥匙编程。

第二节 日韩品牌汽车

一、丰田车系

以一汽丰田第 12 代皇冠车型为例，该车智能钥匙匹配步骤如下。

① 如果智能卡全部丢失的话，去 4S 店需要同时更换智能钥匙 ECU 控制盒才可以匹配，当然也可以拆下智能控制 ECU 控制盒写初始化数据，然后要用 X100 进行同步匹配。

② 智能钥匙 ECU 在行李厢右侧，拆下智能钥匙 ECU（智能钥匙 ECU 零件编号为：89990-30061　232500-0361），取出线路板，将 S2943 芯片取下，然后用 93C76（93C86 也可以）替换芯片写入初始化数据，然后焊接回去，芯片如图 7-41 所示。

③ 初始化数据写入智能钥匙 ECU 后，按相反顺序装回车辆，插入钥匙，按压一键启动按钮，打开点火开关 ON（直至启动按钮上的黄色指示灯亮起），如图 7-42 所示。

图 7-41 第 12 代皇冠智能钥匙 ECU 板存储芯片 S2943

图 7-42 新皇冠一键启动按钮

④ 操作钥匙匹配仪，进入丰田车系—第 12 代皇冠智能卡—智能卡同步选项。

⑤ 智能卡钥匙放在车内，不要移动，按压钥匙匹配仪确认键，同步开始，仪表板左下方防盗灯（SECURITY）会由熄灭状态变为常亮状态，亮起约 10～20s 后自动熄灭，匹配完成。防盗灯位置见图 7-43。

图 7-43 新皇冠防盗灯（SECURITY）位置

⑥ 智能卡匹配完成后，需要匹配遥控器，进入“智能卡增加”功能，按仪器提示操作进行。

注意：第 12 代皇冠智能卡有主副卡之分，主卡才具备智能功能，副卡是没有智能启动功能的，只具备遥控和启动功能。主卡卡身和按钮中间区域全部是黑色，副卡卡身是黑色，中间区域是灰色。如果匹配两把主智能钥匙的话，匹配其中一把时，需要把另外一把钥匙置于车位至少 1m 外的地方，否则会造成干扰、不能匹配。

说明：第 12 代皇冠智能控制可以用一个开关控制开启和关闭，开关在转向盘下护板下面，KEY 即为智能切断开关，旁边的 SET 开关为胎压复位开关，如图 7-44 所示。

图 7-44 新皇冠智能启动系统切断开关

二、本田车系

本田 2008 年前在中国生产销售的车型没有设置防盗密码。之后出产的车型开始有防盗密码。对不带发动机防盗功能的车型，如果钥匙和遥控丢失，可以手工匹配遥控器，步骤如下：

① 拿出所有的遥控钥匙。

② 最多可以设定三把遥控钥匙。
③ 点火开关 ON。
④ 重复下列步骤 3 次：
a. 在 4s 内按锁止或开锁按钮；
b. 在 4s 内点火开关 OFF；
c. 在 4s 内点火开关 ON；
d. 在 4s 内按锁止或开锁按钮。
⑤ 系统将立即锁止或打开车辆。
⑥ 在 4s 内按锁止或开锁键。
⑦ 在 10s 内完成以下步骤：
a. 按第 1 个遥控钥匙的锁止或开锁按键，系统将立即锁止或打开车辆；
b. 按第 2 个遥控钥匙的锁止或开锁按键，系统将立即锁止或打开车辆；
c. 按第 3 个遥控钥匙的锁止或开锁按键，系统将立即锁止或打开车辆。
⑧ 点火开关 OFF。
⑨ 拔出点火钥匙。
⑩ 使用所有已编程钥匙，验证匹配是否成功。

上述遥控匹配方法适用于现行中国内地销售的非智能钥匙车型，例如思域、CRV、奥德赛、飞度等车型的遥控器。

对带发动机防盗的车型，需要匹配防盗系统部分才能启动发动机，该步骤需要匹配仪器的辅助才能完成。

三、日产车系

以东风日产轩逸车型为例，遥控器数量最多能匹配五把，当匹配第六把时第一把就会失效。遥控器样式如图 7-45 所示。手动匹配方法：
① 关闭全部车门。
② 用副驾驶车门上的旋钮锁上车门。
③ 在 10s 内将钥匙插入和拔出电门锁 6 次（插入和拔出算一次）。
④ 全部车门会自动开锁。

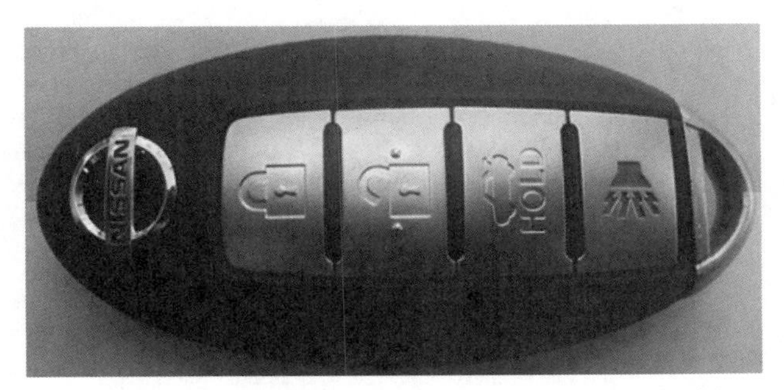

图 7-45　日产轩逸遥控器样式（天籁、骐达与之一样）

⑤ 在 3s 内打开电门锁到 ACC 挡，同时重复做第②步。
⑥ 按一次遥控器的任意键，门锁就会动作。

⑦ 此时打开驾驶位的车门，这一把钥匙就算配好了。

⑧ 需要配下一把钥匙就再关上全部车门，用副驾驶位车门上的旋钮将车门锁上。

⑨ 按第二把钥匙的任意键，门锁也会动作。

⑩ 打开驾驶位的车门，设定就成功了。

如需要配多把遥控器就重复步骤⑧～⑩。

使用日产专用诊断仪，对东风日产天籁防盗钥匙进行匹配的步骤如下：

① BCM 识别码的读取。

a. 拆下 BCM 电脑，读取其中的五位识别码（P/N：＊＊＊＊＊）。

b. 也可以利用 CONSULT-Ⅱ检测仪进行读取（PIN READ）。

② 防盗密码的获得。将 VIN 码和五位识别码传给日产 4S 店，以获得四位数的防盗密码。

③ 注册全新 NATS 系统的方法（方向柱锁止状态）。当遇到更换全车钥匙、BCM 或使用旧的其他车的 ECM 时，需要进行如下匹配：

a. 在 OFF KEY 下进入 NATS 系统菜单。

备注：可点按检测仪显示屏上的“Continue”进入。如果无法进一步显示信息，则应对检测仪进行充电以后再做。

b. 选择“Steering Lock Release”，解除方向柱锁（需要输入密码，成功后只能打开点火钥匙，但无法启动发动机）。

c. 打开点火钥匙，退出 CONSULT-Ⅱ系统再重新进入，进行 NATS 系统的初始化“C/U Initiallization（需要输入密码）”。

d. 进行钥匙注册。点火钥匙初始化后关掉钥匙（Off Key），然后再打开点火钥匙，防盗指示灯闪烁 5 次后表明该钥匙注册成功；如果还有第二把钥匙，关掉钥匙并拔出后插入第二把钥匙，打开点火钥匙，防盗指示灯闪烁 5 次后表明该钥匙注册成功。要退出钥匙注册程序，可启动发动机或打开车门。

e. 注册智能钥匙：进入 CONSULT-Ⅱ“NATS I-KEY”项目，选择“REGIST I-KEY”。

注意：在进行智能钥匙注册过程中，必须将点火钥匙插入锁芯中。智能钥匙如图 7-46 所示。

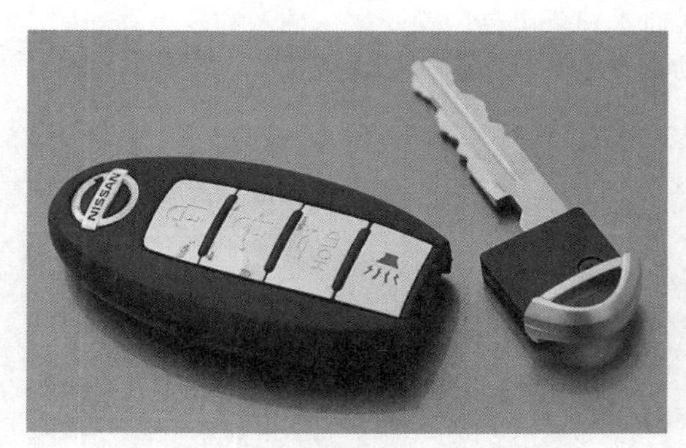

图 7-46　天籁遥控钥匙

f. 注册方向柱锁。选择“REGIST STRG LOCK ID”。

注意：在方向柱锁注册过程中，必须将已注册的智能钥匙放在驾驶室内，在点按注册开始“START”后，关掉点火钥匙，然后再慢慢地按下点火锁块（IGNITION KNOB），直到显示注册成功。

四、现代车系

在维修站更换不良的 PCM（ECM）或车主附加了钥匙时，必须执行钥匙注册程序。

注册程序开始时，PCM（ECM）请求诊断仪输入车辆特定数据（PIN 代码，6 位数字）。在“初始”状态下，PCM（ECM）储存车辆特定代码，并启动钥匙注册程序。在“记忆”状态下，PCM（ECM）比较诊断仪输入的车辆特定代码和储存的代码。如果数据正确，就能开始钥匙注册。

如果向 PCM（ECM）输入错误车辆规格代码三次，PCM（ECM）将会在 1h 内拒绝接受钥匙注册要求。即使拆下蓄电池或执行任何其他操作，也不会减少时间。一旦重新连接蓄电池，计时器将重新计时 1h。

点火开关置 ON 且通过附加诊断仪命令，可执行钥匙注册。PCM（ECM）在 EEPROM 和发射器中存储相关数据。然后 PCM（ECM）运行验证，确定注册过程是否有效。向诊断仪发送信息确认编程成功。

如果 PCM（ECM）识别为待注册的钥匙已经注册过，系统将会执行认证程序，并更新 EEPROM 数据。发射器内容没有变化。

如果在同一注册程序中用已经注册过的钥匙重复注册，会由 PCM（ECM）识别并拒绝接受此钥匙，并把此信息发送给诊断仪。

PCM（ECM）拒绝注册无效的钥匙，系统会把此信息发送给检测仪。钥匙无效可能是因为发射器故障或其他原因，如注册程序失败等。如果 PCM（ECM）检测到发射器和 PCM（ECM）的验证不同，则认为钥匙无效。

最多能注册 4 把钥匙。

如果在钥匙防盗系统工作期间发生故障，PCM（ECM）状态保持不变，并记录特定故障代码。

在钥匙注册过程中，如果 PCM（ECM）状态和钥匙状态不符，注册程序将会停止，PCM（ECM）记录特定故障代码。注册第一把钥匙时，同时注册 SMARTRA。钥匙注册流程如图 7-47 所示。

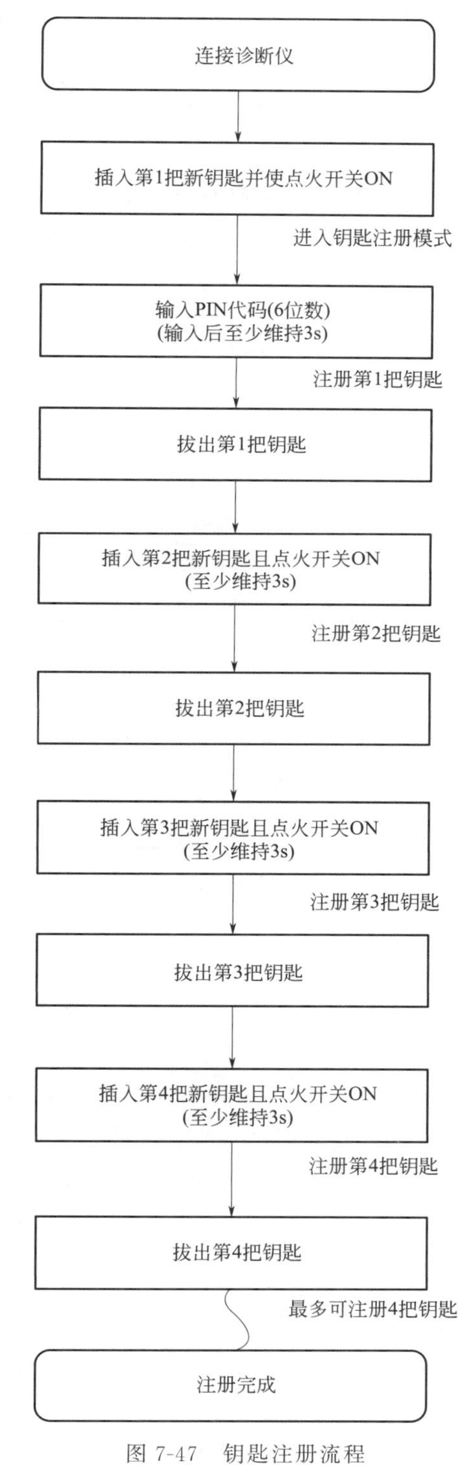

图 7-47　钥匙注册流程

第三节

国产品牌汽车

一、比亚迪汽车

1. 进行钥匙再匹配标准说明

汽车防盗系统部件在维修更换后，有的需要进行钥匙再匹配，有的不需要，具体标准见表 7-1。

表 7-1　智能钥匙匹配标准

零部件名称	特性描述
智能钥匙系统控制器	需匹配
电子智能钥匙	需匹配
卡式智能钥匙	需匹配
转向轴锁	需匹配
车外探测天线总成 通用件	不需要匹配
车内探测天线 通用件	不需要匹配
钥匙高频接收模块 通用件	不需要匹配
启动按钮 通用件	不需要匹配

不同情况下的智能钥匙匹配方法见表 7-2，表中数字表示不同情况，后面会一一对应进行讲解。

表 7-2　智能钥匙匹配方法

<table>
<tr><th colspan="2">售后维修情况</th><th>部分智能钥匙丢失或损坏</th><th>全部智能钥匙丢失或者损坏</th><th>智能钥匙系统控制器损坏</th><th>转向轴锁损坏</th></tr>
<tr><td colspan="2">一般情况</td><td>①</td><td>②</td><td>③</td><td>④</td></tr>
<tr><td rowspan="4">两种情况同时发生</td><td>部分智能钥匙丢失或损坏</td><td>—</td><td>—</td><td>⑤</td><td>⑥</td></tr>
<tr><td>全部智能钥匙丢失或者损坏</td><td>—</td><td>—</td><td>⑦</td><td>⑧</td></tr>
<tr><td>智能钥匙系统控制器损坏</td><td>⑤</td><td>⑦</td><td>—</td><td>⑨</td></tr>
<tr><td>转向轴锁损坏</td><td>⑥</td><td>⑧</td><td>⑨</td><td>—</td></tr>
</table>

① 部分智能钥匙丢失或损坏：如果车主的一把或者几把智能钥匙丢失或者损坏，但未全部丢失或者损坏，车主需尽快与 4S 店联系。4S 店确认其车主身份后，先订购新的空白智能钥匙，然后将该车主的车辆上装配的智能钥匙系统控制器的序列号以及车架号（**注：**智能钥匙系统控制器的序列号，须由诊断仪读取）提交到销售服务系统，申请激活码。由 4S 店将新配制的智能钥匙通过诊断仪进行一次“钥匙编程”操作，即将车主现有完好的旧智能钥匙都通过读卡器进行重新识别，识别后车主现有完好的旧智能钥匙可继续使用，同时新智能钥匙需要通过读卡器来激活。激活后新智能钥匙将替换丢失或损坏的旧智能钥匙，被替换的旧智能钥匙将失效。

② 全部智能钥匙丢失或者损坏：如果车主全部的智能钥匙都丢失或者损坏，车主将无

法使用车辆。这种情况下车主只能按①中的方法重新配置全部的智能钥匙，车主在新智能钥匙到达之前不能使用车辆。另外在诊断仪进行“钥匙编程”操作时需要输入维修代码。4S店可通过提交质检信息报告向公司技术部门申请，获取维修代码。

③ 智能钥匙系统控制器损坏：如更换智能钥匙系统控制器，4S店可直接更换一个空白的智能钥匙系统控制器，原有钥匙仍然可以继续使用。空白的智能钥匙系统控制器需要激活和匹配，激活和匹配时需要4S店提供空白智能钥匙系统控制器的序列号以及车架号，并向公司申请维修代码，将维修代码通过诊断仪输入到控制器内。

注意： 1个控制器只能编程（匹配）1次。

④ 转向轴锁损坏：如果转向轴锁损坏，车主可联系4S店直接更换一个新的转向轴锁，更换完毕后需要使用诊断仪对新的转向轴锁编程。

注意： 1个转向轴锁只能进行1次编程（匹配）。

⑤ 部分智能钥匙丢失或损坏，并且智能钥匙系统控制器损坏：按情况③的方法处理，更换新的智能钥匙系统控制器和智能钥匙。

⑥ 部分智能钥匙丢失或者损坏、并且转向轴锁损坏：按情况①和情况④的方法处理。

⑦ 全部智能钥匙丢失或者损坏，并且智能钥匙系统控制器损坏：4S店提供车架号与空白控制器的序列号给车厂配制新钥匙，先按情况③处理，再按情况②处理。先更换控制器，再更换转向轴锁。

⑧ 全部智能钥匙丢失或者损坏，并且转向轴锁损坏：按情况②进行钥匙配制后，再按情况④进行轴锁更换。

⑨ 智能钥匙系统控制器损坏，并且转向轴锁损坏：更换受损部件。

其他情况：如钥匙全部丢失或损坏，必须先配制钥匙；在车主有可用的合法钥匙情况下，如控制器损坏，必须先更换控制器；如果控制器、转向轴锁以及其他零部件同时损坏，必须先更换控制器再更换其他零部件，其他零部件的更换顺序无限制。

2. 匹配NFC钥匙的方法

以汉EV车型为例介绍比亚迪匹配NFC钥匙的方法。

① 手机匹配。使用云服务APP，操作如图7-48所示；完成后刷卡有效即为成功。

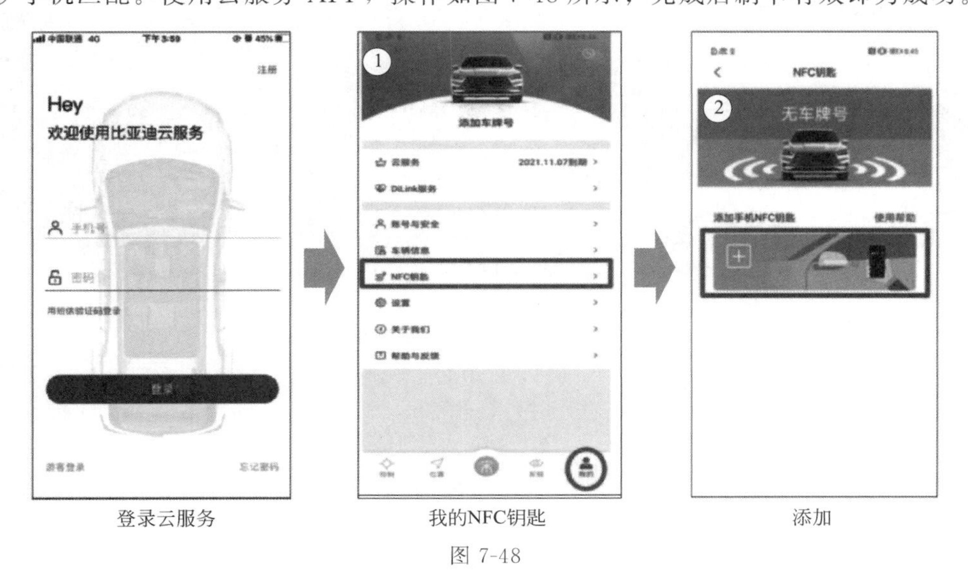

登录云服务　　我的NFC钥匙　　添加

图7-48

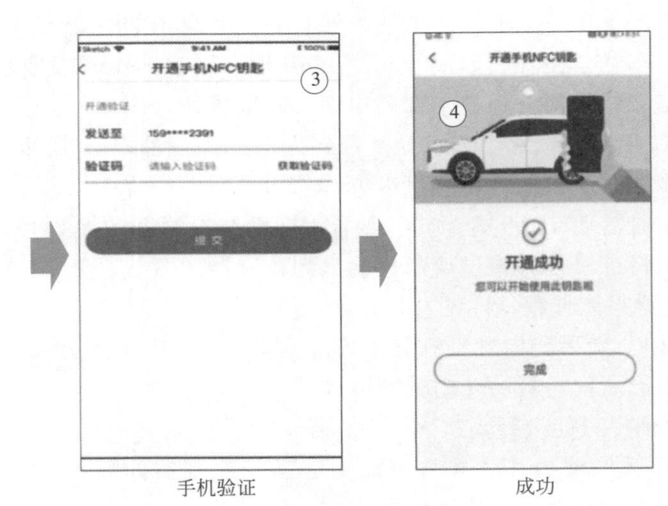

图 7-48 手机匹配流程

② 诊断仪匹配（用于匹配 NFC 模块及 NFC 卡片）。使用诊断仪匹配时需要使用 VDS2000 及以上进行匹配。

a. 诊断仪连接网络（必须），如图 7-49 所示。

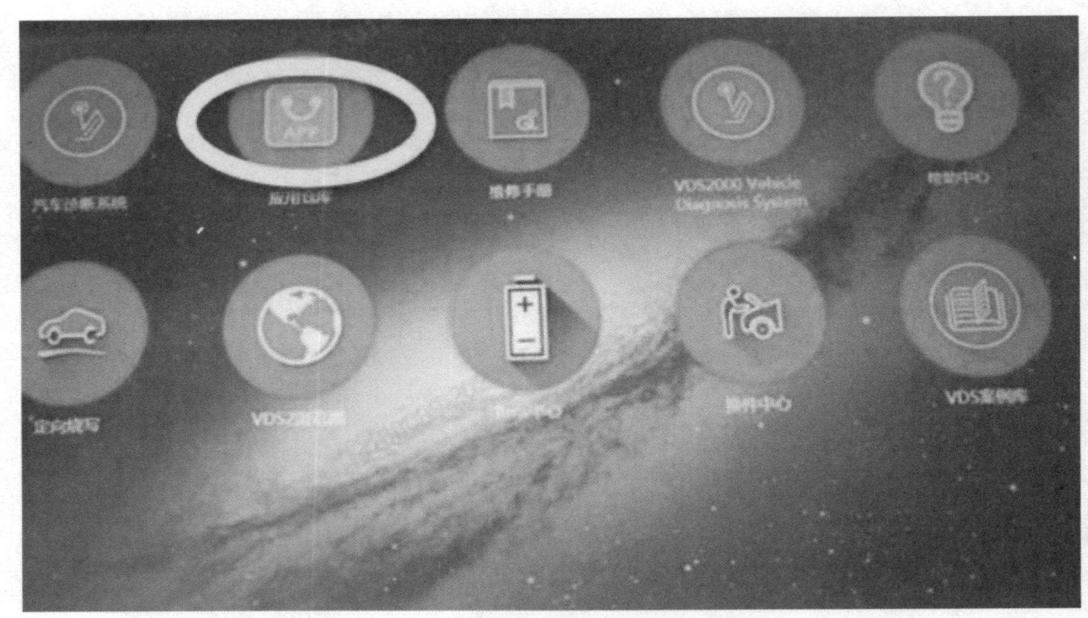

图 7-49 诊断仪连接网络

b. 在“应用商店”下载“换件中心”，如图 7-50 所示。

c. 点击“换件中心”，选择“卡片钥匙与 NFC 换件”，有“配卡”和“换件”两种功能，如图 7-51 所示。“配卡”是匹配新的 NFC 卡片，“换件”是匹配新的 NFC 模块。每辆车可匹配 4 张卡。

d. 选择“配卡（整车）”，进入配卡的显示界面，开始配卡。将卡片靠近左外后视镜的 NFC 感应区域，确认卡片靠近位置后点击确认，流程如图 7-52 所示。

图 7-50 下载“换件中心”

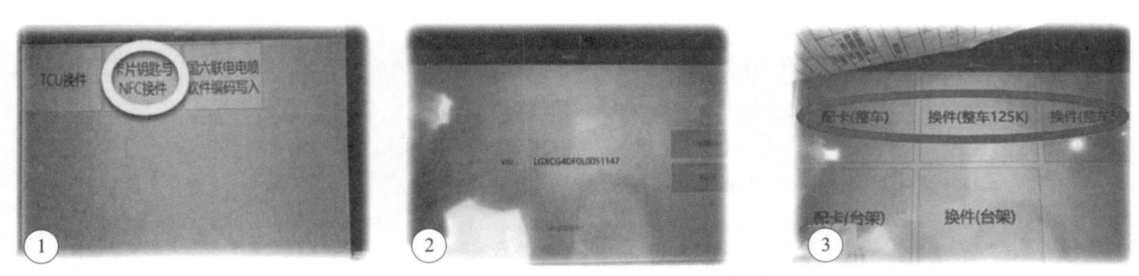

图 7-51 按需要选择“配卡”或“换件”

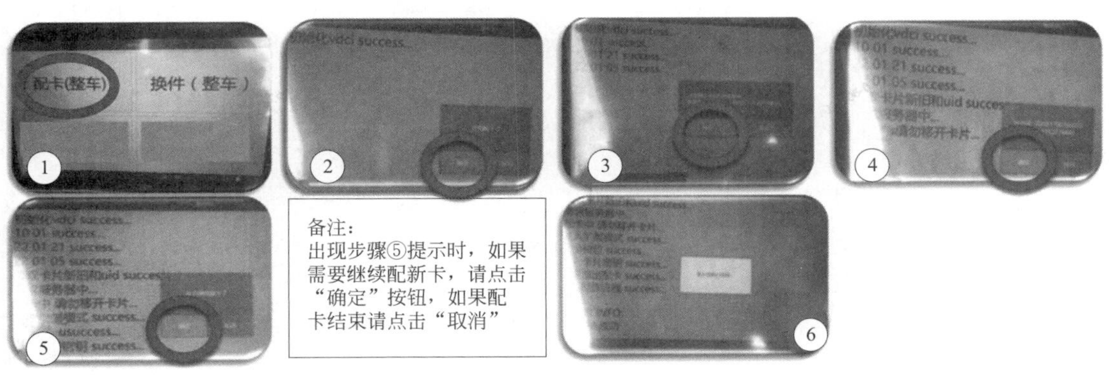

图 7-52 匹配 NFC 卡片流程

e. 选择“换件（整车）”，根据车型选择对应的模块网络，如图 7-53 所示。

NFC 模块编程成功后，需要更换新的卡片钥匙，并进行配卡。之前原车的旧卡片钥匙无法使用，同时手机 NFC 需要删除后重新添加。

图 7-53　匹配 NFC 模块

3. 钥匙匹配作业注意事项

以使用 ED400 诊断仪为例，进行钥匙匹配作业指导及注意事项如下：

① 进行空白钥匙编程，首先要读取 IK 控制器序列号、车架号和空白钥匙 ID 号。在钥匙 IK 服务器中申请 16 位激活码，进入防盗编程界面选择钥匙编程后，将空白钥匙靠近启动按钮，诊断仪提示“空白钥匙”，输入 16 位激活码。激活码输入后，需要将该空白钥匙再次靠近启动按钮进行编程。请注意当钥匙再次靠近启动按钮编程学习时，钥匙一定要在启动按钮上多停留几秒（一般在 3～5s 左右，因每把钥匙的感应时间不一样），此时不要随意偏离启动按钮或有任何移动及抖动，一定要看到诊断仪由显示“正在编程中”转换到“已编程成功请插入下一把要编程的钥匙”才可以拿开，以免钥匙在编程学习时信号中断，导致该钥匙学习失败变成“非本车钥匙”或“无效钥匙”。诊断仪提示“钥匙编程成功，本车旧钥匙失效”，说明第一把钥匙匹配完成，其余空白钥匙以同样方式匹配。

② 更换新 IK 控制器（空白未被编程过的新售后件），同样需要读取车架号、旧的 IK 控制器序列号及新的 IK 控制器序列号。在 IK 服务器中申请 15 位维修代码，进入防盗编程界面选择 IK 控制器编程，按诊断仪提示请输入 15 位维修代码，维修代码输入后，诊断仪又会要求插入本车有效钥匙（本车旧钥匙或空白钥匙），之后控制器将编程完成。之后再选择进行“钥匙编程”，控制器更换完成。

③ 本车钥匙编程。本车正在使用中的钥匙称“原车旧钥匙”，被屏蔽过的原车钥匙称“新钥匙”。

a. 如果匹配的钥匙全是本车旧钥匙，则钥匙直接靠近启动按钮就可以学习匹配钥匙。

b. 如果匹配的钥匙全是新钥匙：第一把新钥匙靠近启动按钮，诊断仪会提示“新钥匙，请输入维修代码”，输入完 15 位维修代码后再把钥匙靠近启动按钮，则开始学习钥匙，学习完成后使其成为本车旧钥匙，之后其他新钥匙同样靠近启动按钮就可以开始学习，不再需要输入维修代码。

④ 如果匹配的钥匙有一把空白钥匙，一把本车旧钥匙：如先匹配空白钥匙，步骤同第①条例，如果先匹配本车旧钥匙，直接靠近启动按键即开始钥匙编程，直至学习编程成功。两把钥匙不区分前后。

⑤ 要匹配的钥匙一把为本车旧钥匙，一把为新钥匙：先编程本车旧钥匙，再编程新钥匙，两者都是靠近启动按钮就开始编程；反之如果是先编程新钥匙，再编程本车旧钥匙，则钥匙靠近诊断仪就会提示“新钥匙，请输入维修代码”，维修代码输入后再靠近启动按钮，则开始编程钥匙；本车旧钥匙靠近启动按钮就直接开始编程。

⑥ 匹配的钥匙一把为空白钥匙，一把为新钥匙：先学习空白钥匙，再学习新钥匙。空白钥匙要求输入激活码，然后空白钥匙学习成功变成本车旧钥匙；再学习新钥匙，靠近启动按钮直接就开始学习。如果先学习新钥匙，再学习空白钥匙，新钥匙靠近启动按钮后诊断仪

会提醒“新钥匙，请输入维修代码”，输入后再靠近启动按钮，则开始学习钥匙，而之后的空白钥匙还需要输入激活码，靠近启动按钮才可以学习。

首先在车辆上用诊断仪读取要匹配空白钥匙的 ID 号，如图 7-54 所示。

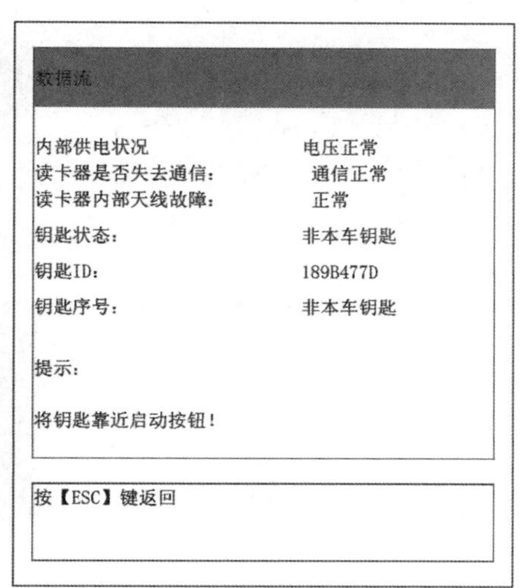

图 7-54　读取空白钥匙的 ID 号

4. 钥匙匹配流程

接下来介绍智能钥匙匹配流程。

将需要匹配的空白钥匙 ID 号及车辆的车架号、控制器序列号反馈给厂家以申请激活码或维修代码。请注意在读取 ID 号及提供 ID 号给厂家时一定要确认每位 ID 字符，以免出现激活码无法申请或申请错误的情况。收到钥匙激活码和维修代码之后，可按以下流程进行匹配：

① 进入诊断仪主界面，功能选择“车型诊断”，如图 7-55 所示。

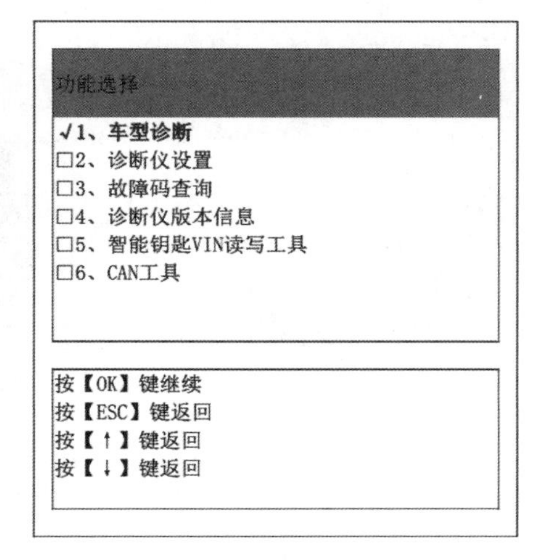

图 7-55　选择“车型诊断”

② 车型选择。根据需要匹配钥匙车辆的车型进行选择。以“S6”为例，如图 7-56 所示。

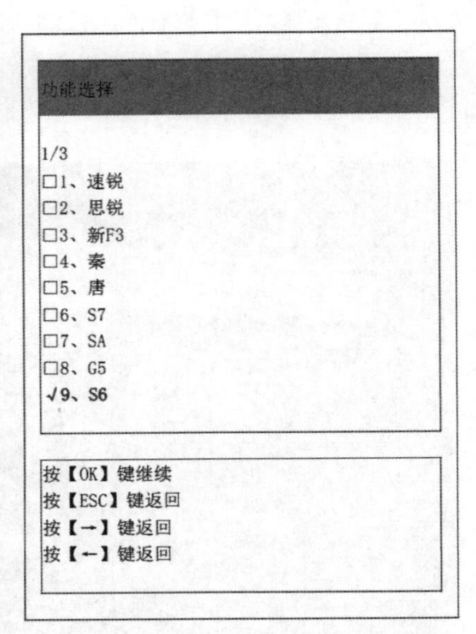

图 7-56　选择车型

③ 选择 S6 车型后，请按“→”进行翻页，翻入第 2 页后选择“防盗编程”，如图 7-57 所示。

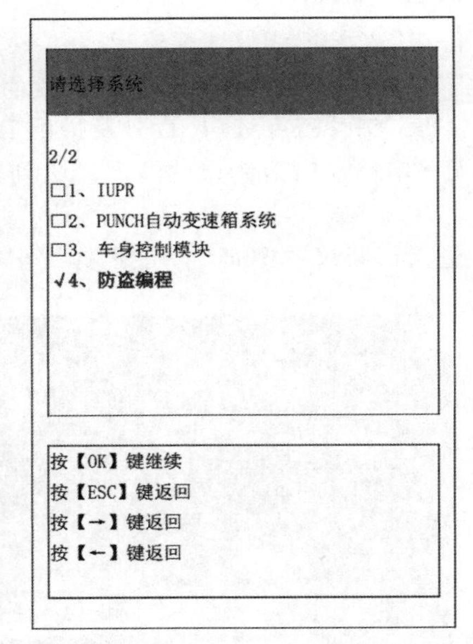

图 7-57　选择“防盗编程”

④ 选择“钥匙编程”，如图 7-58 所示。

⑤ 将需要匹配的钥匙靠近启动按钮，仪器提示如图 7-59 所示。

⑥ 若车辆存在可以使用的本车旧钥匙，先将本车旧钥匙靠近启动按钮，进行编程。诊断仪提示“本车旧钥匙，编程成功”，再进行第 2 把钥匙编程，如图 7-60 所示。

⑦ 如第 2 把是空白钥匙，贴近启动按钮时，诊断仪将提示输入正确的 16 位激活码，如图 7-61 所示。

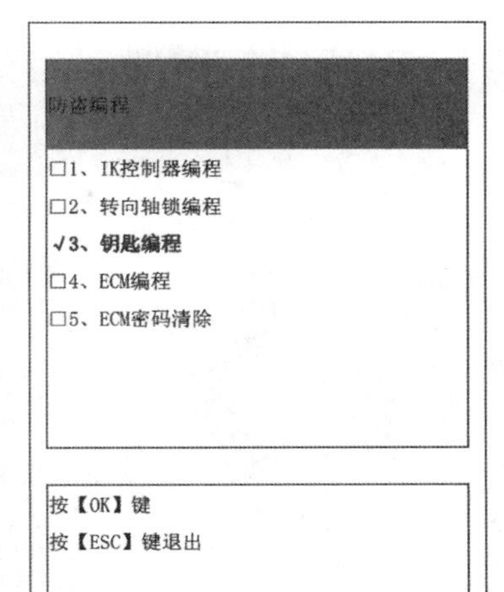

图 7-58　选择“钥匙编程”

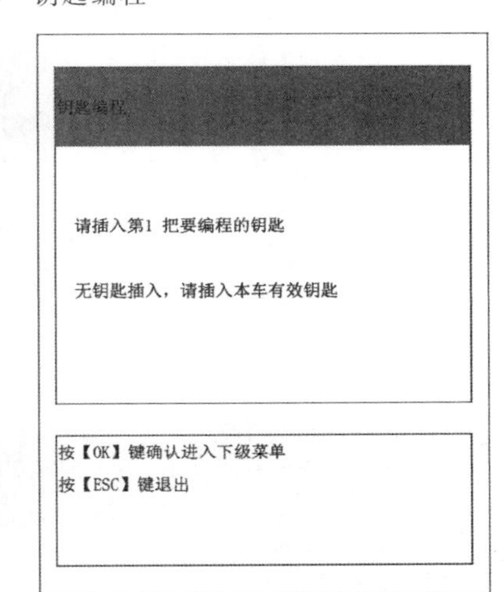

图 7-59　将钥匙靠近启动按钮

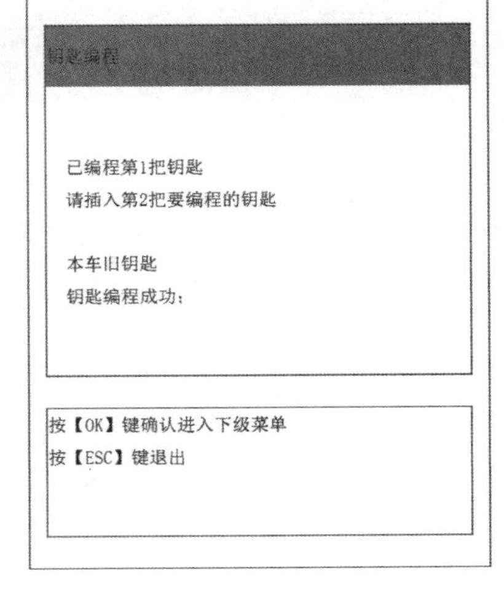

图 7-60　进行旧钥匙编程

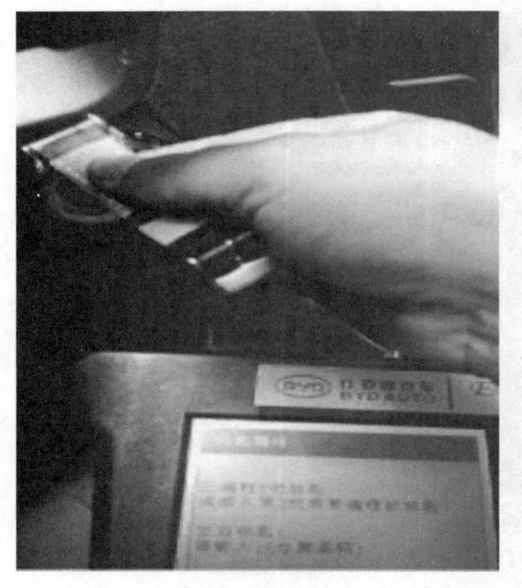

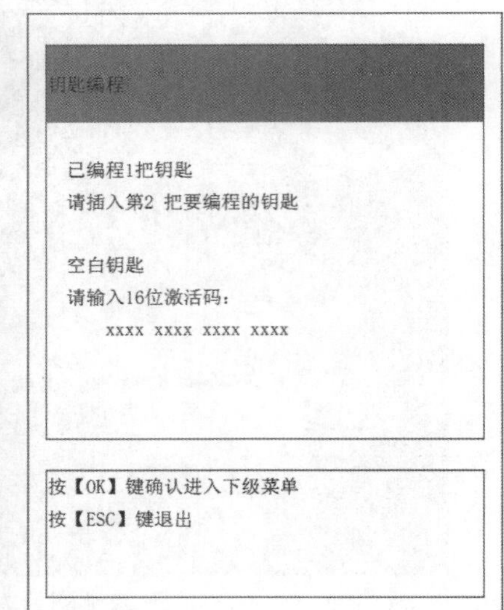

图 7-61　按提示输入激活码

⑧ 根据提示输入完 16 位激活码并按“OK”键后，诊断仪将会提示“请插入本车有效钥匙”，也就是将第 2 把钥匙再次贴近启动按钮，诊断仪会提示“钥匙编程中”，如图 7-62 所示，这时一定要注意钥匙最好在启动按钮上多停留几秒（一般在 3～5s 左右），一定要看到诊断仪提示“该钥匙编程成功，请插入下一把钥匙”才可以移开。同时还要注意此时钥匙一定不要偏离启动按钮或有任何移动及抖动，以免钥匙在编程学习时信号中断导致该钥匙学习失败，变成“非本车钥匙”或“无效钥匙”。

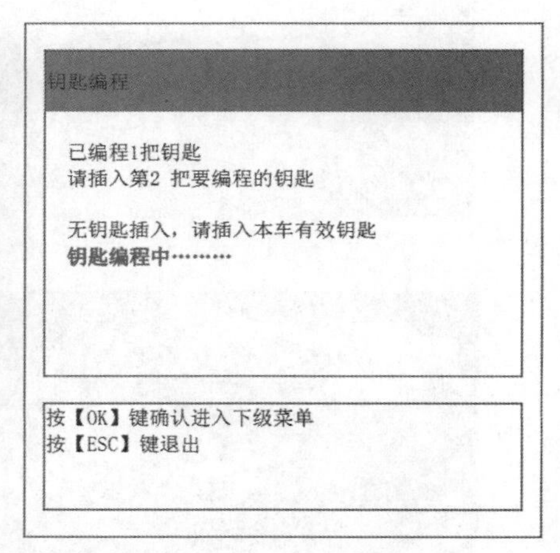

图 7-62　提示插入第 2 把钥匙

⑨ 在输入完成激活码按“OK”键后再将正在编程的第 2 把钥匙贴近启动按钮，一定要看到诊断仪提示“钥匙编程成功”后才可以把编程钥匙移开启动按钮。以同样方法进行第 3 把、第 4 把钥匙编程，如图 7-63 所示。注意，一个控制器最多只能同时编程四把钥匙。

⑩ 当车辆所有本车旧钥匙都已损坏或丢失，但有前期被屏蔽的新钥匙，在进行钥匙编程时，需要输入维修代码。将第 1 把新钥匙贴近启动按钮，并输入正确的 15 位维修代码，如图 7-64 所示。

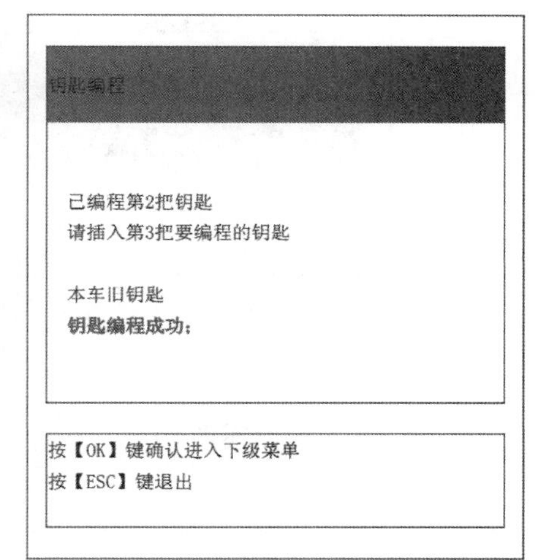

图 7-63　提示插入第 3 把钥匙

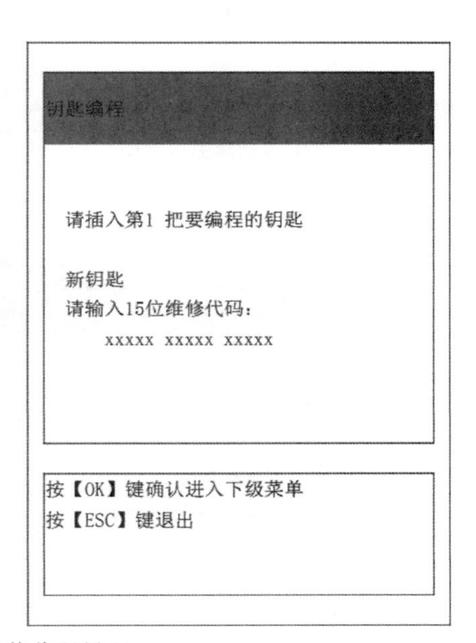

图 7-64　输入维修代码界面

⑪ 输入完成 15 位维修代码并按“OK”键后再把第 1 把钥匙贴近启动按钮，诊断仪将提示第 1 把钥匙编程成功，第 2 把新钥匙直接靠近启动按钮就可以编程学习，如图 7-65 所示。

⑫ 当车辆的所有本车旧钥匙都已损坏或丢失，用空白钥匙进行钥匙编程时需要输入激活码：将第 1 把空白钥匙贴近启动按钮，并输入正确的 16 位激活码，如图 7-66 所示。具体方法参考前面的流程。

⑬ 如图 7-67 所示，完成第 1 把和第 2 把空白钥匙的匹配后，根据诊断仪的提示，依次将其余钥匙贴近启动按钮进行编程即可。

注意：在进行钥匙编程时，请将车辆所有可以使用的智能钥匙进行编程，否则没有编程的钥匙将被屏蔽，无法使用。本车被屏蔽的钥匙重新进行匹配后即可使用。对本车已屏蔽的钥匙进行编程时，请先对车辆正在使用的钥匙进行编程，否则将需要输入维修代码。

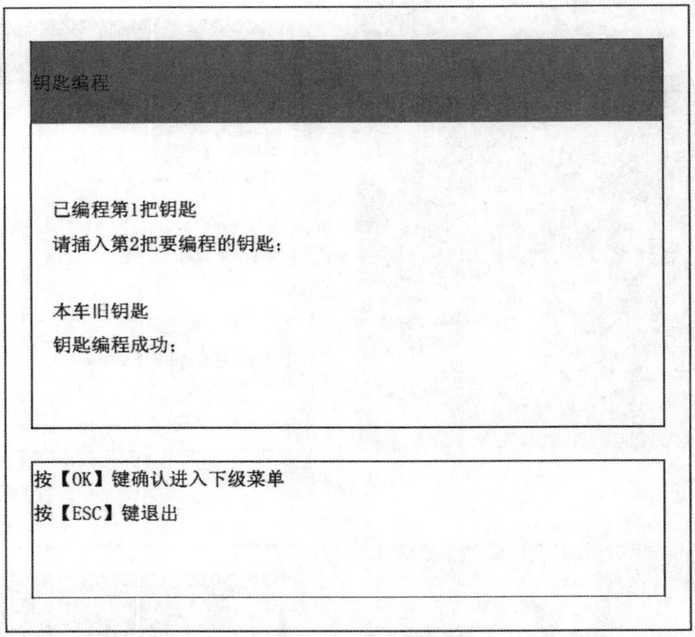

钥匙编程
已编程第1把钥匙
请插入第2把要编程的钥匙：
本车旧钥匙
钥匙编程成功：
按【OK】键确认进入下级菜单
按【ESC】键退出

图 7-65　第 1 把钥匙编程成功

钥匙编程
请插入第 1 把要编程的钥匙
空白钥匙
请输入16位激活码：
xxxx xxxx xxxx xxxx
按【OK】键确认进入下级菜单
按【ESC】键退出

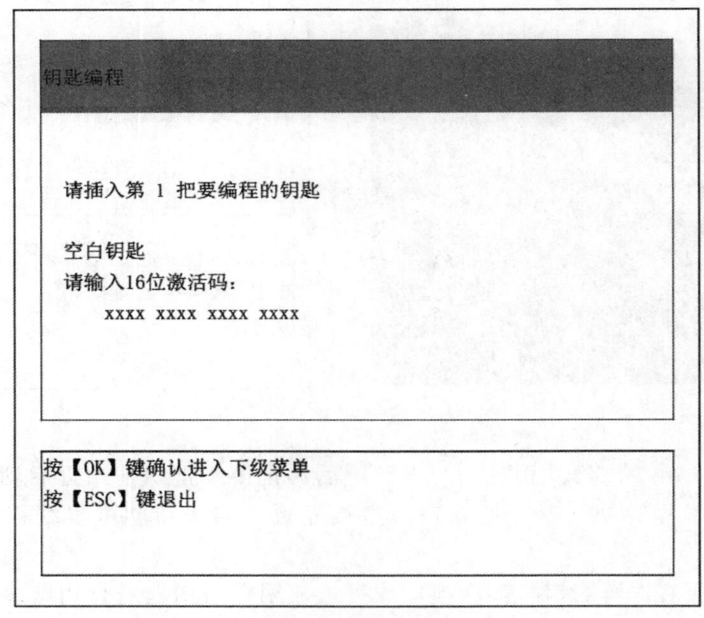

图 7-66　编程空白钥匙

二、长城汽车

长城公司风骏车型（CC10210PA03，起始 VIN 码：LGWCA2196AC004371）新增了厦门同致厂家的中央门锁控制器和门锁遥控器总成，如图 7-68、图 7-69 所示。门锁遥控器借

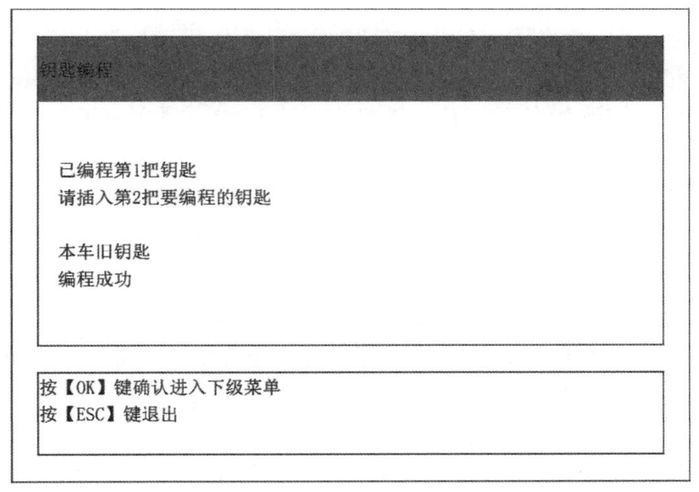

图 7-67　编程完成空白钥匙

用长城嘉誉门锁遥控器 3787400-V08。新增的厦门同致厂家中央门锁控制器与之前广州雄兵厂家的中央门锁控制器不通用，且门锁遥控器匹配方法不同。

图 7-68　中央门锁控制器

图 7-69　门锁遥控器

变更前的广州雄兵中央门锁控制器匹配遥控器方法如下：

① 打开左前车门，车钥匙插入点火锁连续快速由 OFF 转到 ON 挡五次，最后停在 ON 上，此时转向灯闪一次，表示进入学习状态。

② 在 10s 内按下遥控器任意键，转向灯闪两次，表示遥控器已登记成功。重复操作，最多可登记两个遥控器。

③ 如果 10s 内无任何遥控器按下，系统自动退出学习状态。在已登记满两个遥控器的情况下，再登记新的遥控器，最先登记的遥控器将被自动清除。

变更后的厦门同致中央门锁控制器匹配遥控器方法如下：

① 在正常情况下，打开左前车门，将车钥匙插入锁头，在 5s 内将车钥匙开关由 OFF 转 ON 挡五次，第五次停在 ON 上，转向灯闪一次（500ms）。

② 延时 5s 后，转向灯闪一次（提示），在 5s 内将车钥匙开关由 OFF 转 ON 挡三次，第三次停在 ON 上，转向灯闪一次，进入学习状态。

③ 在 10s 内按动遥控器任意键，转向灯闪两次，第一把遥控器学习成功；再按动第二把遥控器任意键，车灯闪两次，第二把遥控器学习成功；依此类推，最多可以学习四把遥

控器。

④ 在学习成功后，退出学习状态。如在 10s 内未按任何遥控器按键，10s 后系统退出学习状态，原遥控器状态不变；如在 10s 内将车钥匙关闭（ON—OFF）或左前车门关闭，系统退出学习状态，原遥控器状态不变。如果只有一个遥控器学习成功或只学习一个遥控器，则只有一个遥控器可以使用。

三、长安汽车

长安奔奔点火干扰致发动机不能启动的防盗系统匹配如下。

首先拆下了位于仪表台右侧的发动机电脑和仪表下方的防盗电脑，目的是用读取数据的方法来确定问题的所在。此车发动机电脑型号为 3600010-13，为德尔福 MT20UED 型，防盗数据存储在 MC9S12 CPU 中。防盗盒型号 3600030-C01，JIK-001，防盗密码数据存储在 95040 芯片中，钥匙芯片为 4D-60，防盗感应线圈的阻值约 8Ω。防盗电脑图片如图 7-70 所示。

图 7-70 防盗电脑

拆开防盗盒读取 95040 数据，看密码位和 17 位编码是否存在，如果不在了，则需要拆发动机电脑读密码。这辆车匹配成功后的 95040 的芯片数据如图 7-71 所示。

```
0x000: FFFF 0007 FFFF FFFF FFFF FFFF FFFF FFFF   ................
0x010: FFFF FFFF FFFF FFFF FFFF FFFF FFFF FFFF   ................
0x020: FFFF FFFF FFFF FFFF 4C53 3541 3343 4252   ........LS5A3CBR
0x030: 3637 4135 3236 3734 3231 3131 3131 3131   67A5267421111111  ——→ 17位底盘号
0x040: 3131 3130 3630 3433 3130 3630 3333 3100   1110604310603331.
0x050: 0000 0000 0000 A51F 0501 0000 0102 0304   ................
0x060: 0500 0171 ED00 8B97 95F5 9E95 8B97 008B   ...q............
0x070: 9700 8B97 0002 0F80 8600 0000 0000 0000   ................  ——→ 防盗密码位置
0x080: F300 0000 0000 0000 FFFF 3037 3038 3133   ..........070813
0x090: 3230 3036 3039 3330 3234 3235 5BB5 9479   200609302425[..y
0x0A0: FAE7 48C5 9589 FFFF FFFF FFFF FFFF FFFF   ..H.............
0x0B0: FFFF FFFF FFFF FFFF FFFF FFFF FFFF FFFF   ................
0x0C0: FFFF FFFF FFFF FFFF FFFF FFFF FFFF FFFF   ................
0x0D0: FF05 9D02 FFFF FFFF FFFF FFFF FFFF FFFF   ................
0x0E0: FFFF FFFF FFFF FFFF FFFF FFFF FFFF FFFF   ................
0x0F0: FFFF FFFF FFFF FFFF FFFF FFFF FFFF FFFF   ................
0x100: FFFF FFFF FFFF FFFF FFFF FFFF FFFF FFFF   ................
0x110: FFFF FFFF FFFF FFFF FFFF FFFF FFFF FFFF   ................
0x120: FFFF FFFF FFFF FFFF FFFF FFFF FFFF FFFF   ................
0x130: FFFF FFFF FFFF FFFF FFFF FFFF FFFF FFFF   ................
0x140: FFFF FFFF FFFF FFFF FFFF FFFF FFFF FFFF   ................
```

图 7-71 防盗密码位置

图 7-71 数据红色框中的“71ED”就是该车的防盗密码，绿色框中的就是 17 位底盘号，密码和底盘号都在数据中正常显示。故障车辆数据如图 7-72 所示。

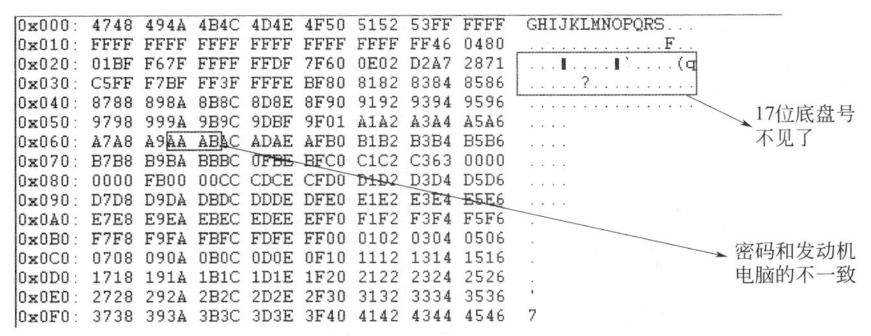

图 7-72 故障车辆防盗密码数据

从图 7-72 可以看出数据已经损坏了，密码位置的“AAAB”和从发动机电脑 CPU 中读出的密码不一样，17 位底盘号也不见了。由于防盗盒的数据已经损坏，而坏掉的数据又间接影响了发动机电脑 CPU 的数据，所以在这种情况下，靠单独更换新防盗盒来解决问题是不能够成功的。由于防盗盒的数据已经损坏，密码位置显示的数据就不一定是正确的防盗密码，所以从发动机电脑读取密码是很有必要的。发动机电脑的 CPU 型号为 MC9S12KG256，免拆接线如图 7-73 所示。

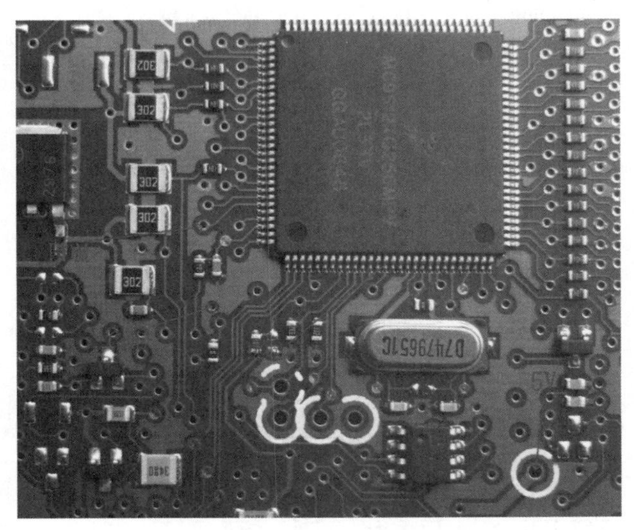

图 7-73 发动机电脑免拆接线位置

读取发动机电脑的密码位置如图 7-74 所示。

从发动机电脑中获得防盗密码后就可以进行匹配了。先在防盗盒的 95040 芯片中写入一组全新防盗盒的数据，这样相当于获得一个全新的防盗盒。全新防盗盒数据如图 7-75 所示。

新数据的密码为 5AA5，虽然 5AA5 是密码位，但是在实际操作过程中根本用不到。数据写好后把发动机电脑和防盗电脑都装车，打开点火开关，就可以开始匹配了。

连接 431，进入防盗系统，先清除故障码，然后选择复位发动机 ECU，提示输入密码，这时把先前读的发动机密码 71ED 输入，等待大约 5s，显示复位成功。如果不做复位，是很难把防盗系统匹配成功的。复位只能进行一次，复位成功后再输入密码复位就

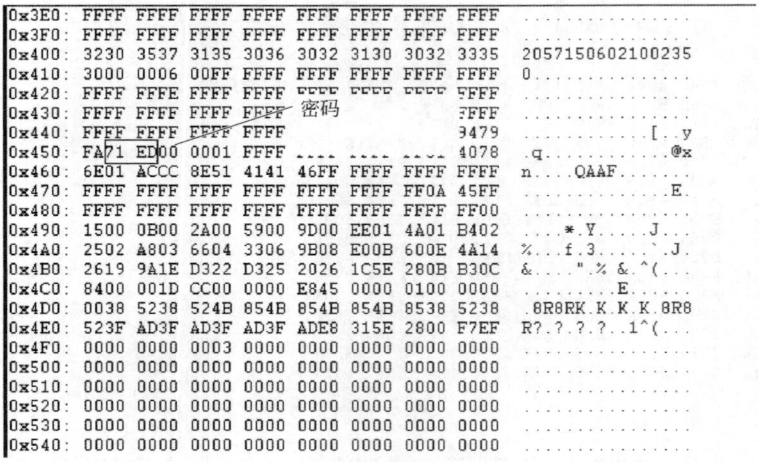

```
0x3E0: FFFF FFFF FFFF FFFF FFFF FFFF FFFF FFFF  ................
0x3F0: FFFF FFFF FFFF FFFF FFFF FFFF FFFF FFFF  ................
0x400: 3230 3537 3135 3036 3032 3130 3032 3335  2057150602100235
0x410: 3000 0006 00FF FFFF FFFF FFFF FFFF FFFF  0...............
0x420: FFFF FFFE FFFF FFFF [illegible] [illegible] [illegible] FFFF  ................
0x430: FFFF FFFF FFFF FFFF [illegible] [illegible] [illegible] FFFF  ................
0x440: FFFF FFFF FFFF FFFF [illegible] [illegible] [illegible] 9479  ............[..y
0x450: FA71 ED00 0001 FFFF [illegible] [illegible] [illegible] 4078  .q............@x
0x460: 6E01 ACCC 8E51 4141 46FF FFFF FFFF FFFF  n....QAAF.......
0x470: FFFF FFFF FFFF FFFF FFFF FFFF FF0A 45FF  ..............E.
0x480: FFFF FFFF FFFF FFFF FFFF FFFF FFFF FF00  ................
0x490: 1500 0B00 2A00 5900 9D00 EE01 4A01 B402  ....*.Y.....J...
0x4A0: 2502 A803 6604 3306 9B08 E00B 600E 4A14  %...f.3.....`.J.
0x4B0: 2619 9A1E D322 D325 2026 1C5E 280B B30C  &....".% &.^(...
0x4C0: 8400 001D CC00 0000 E845 0000 0100 0000  .........E......
0x4D0: 0038 5238 524B 854B 854B 854B 8538 5238  .8R8RK.K.K.K.8R8
0x4E0: 523F AD3F AD3F AD3F ADE8 315E 2800 F7EF  R?.?.?.?..1^(...
0x4F0: 0000 0000 0003 0000 0000 0000 0000 0000  ................
0x500: 0000 0000 0000 0000 0000 0000 0000 0000  ................
0x510: 0000 0000 0000 0000 0000 0000 0000 0000  ................
0x520: 0000 0000 0000 0000 0000 0000 0000 0000  ................
0x530: 0000 0000 0000 0000 0000 0000 0000 0000  ................
0x540: 0000 0000 0000 0000 0000 0000 0000 0000  ................
```


图 7-74 读取发动机电脑防盗密码位置

```
0x000: FFFF FFFF FFFF FFFF FFFF FFFF FFFF FFFF  ................
0x010: FFFF FFFF FFFF FFFF FFFF FFFF FFFF FFFF  ................
0x020: FFFF FFFF FFFF FFFF 6368 6F6E 6751 696E  ........chongQin
0x030: 6720 4A69 4368 656E 6731 3131 3131 3131  g JiCheng1111111
0x040: 3131 3130 3630 3433 3130 3630 3333 3100  111060431060331.
0x050: 0000 0000 0000 0012 0411 0000 AAAA AAAA  ................
0x060: AA00 015A A500 0000 0000 0000 0000 0000  ...Z............
0x070: 0000 0000 0000 0F00 0000 0000 0001 0000  ................
0x080: 0013 0000 0000 0000 FFFF 3038 3035 3133  ..........080513
0x090: 3038 3035 3133 3130 3033 3531 8063 E976  080513100351.c.v
0x0A0: FF9E B1AF DEA9 FFFF FFFF FFFF FFFF FFFF  ................
0x0B0: FFFF FFFF FFFF FFFF FFFF FFFF FFFF FFFF  ................
0x0C0: FFFF FFFF FFFF FFFF FFFF FFFF FFFF FFFF  ................
0x0D0: FFFF FFFF FFFF FFFF FFFF FFFF FFFF FFFF  ................
0x0E0: FFFF FFFF FFFF FFFF FFFF FFFF FFFF FFFF  ................
0x0F0: FFFF FFFF FFFF FFFF FFFF FFFF FFFF FFFF  ................
0x100: FFFF FFFF FFFF FFFF FFFF FFFF FFFF FFFF  ................
0x110: FFFF FFFF FFFF FFFF FFFF FFFF FFFF FFFF  ................
0x120: FFFF FFFF FFFF FFFF FFFF FFFF FFFF FFFF  ................
0x130: FFFF FFFF FFFF FFFF FFFF FFFF FFFF FFFF  ................
0x140: FFFF FFFF FFFF FFFF FFFF FFFF FFFF FFFF  ................
0x150: FFFF FFFF FFFF FFFF FFFF FFFF FFFF FFFF  ................
0x160: FFFF FFFF FFFF FFFF FFFF FFFF FFFF FFFF  ................
0x170: FFFF FFFF FFFF FFFF FFFF FFFF FFFF FFFF  ................
0x180: FFFF FFFF FFFF FFFF FFFF FFFF FFFF FFFF  ................
0x190: FFFF FFFF FFFF FFFF FFFF FFFF FFFF FFFF  ................
0x1A0: FFFF FFFF FFFF FFFF FFFF FFFF FFFF FFFF  ................
0x1B0: FFFF FFFF FFFF FFFF FFFF FFFF FFFF FFFF  ................
0x1C0: FFFF FFFF FFFF FFFF FFFF FFFF FFFF FFFF  ................
0x1D0: FFFF FFFF FFFF FFFF FFFF FFFF FFFF FFFF  ................
0x1E0: FFFF FFFF FFFF FFFF FFFF FFFF FFFF FFFF  ................
0x1F0: FFFF FFFF FFFF FFFF FFFF FFFF FFFF FFFF  ................
```

图 7-75 全新防盗盒数据

没有用了，因为发动机电脑已经不认可这个密码了。这时，复位后的发动机电脑已经相当于一个全新的电脑了，再加上防盗盒也是写的全新数据，这样，此车的防盗系统就变成了一套全新的系统。

接下来再选择匹配整套新系统，系统提示输入密码，这时可以任意设定密码，但是为了方便记忆，还是输入先前读的发动机电脑密码 71ED。输入 2 次后，等待大约 5s，提示“编程成功”，如果是一闪而过就显示“编程成功”，则不是真的成功，需再来一次。这一步提示输入密码就是让发动机电脑和防盗电脑同时认可此密码，此时两个控制单元都只接受此密码，再选择更换防盗器后匹配，输入2次密码71ED，等待大约5s，显示编程成功，如果不成功则继续重复。成功后选择匹配钥匙，匹配成功后再选择编程VIN，提示输入密码，然后再输入挡风玻璃左下角的17位编码，输入成功后再选择更换发动机ECU后匹配，输入2次密码，等待大约5s，编程成功。

检测是否匹配成功，可以进入数据流选项，看钥匙是否配进防盗电脑，其次看发动机电脑认证是否成功，如果是就表示成功了，否则要重新匹配。

匹配维修注意事项：

① 发动机电脑必须要复位，不复位的话很难把防盗做成功。

② 复位成功后不要单独匹配防盗盒和发动机电脑，因为此时的两个控制单元都没有认可的密码，而要选择匹配整套新系统，这样密码可以同时被两个系统所记忆。

③ 钥匙匹配好和VIN写好后记得在选择更换发动机ECU后匹配，让发动机ECU和防盗电脑配对。

④ 在以上的操作过程中不需要更换钥匙芯片。

⑤ 只有通过看数据流的发动机电脑是否认证这一项，才能知道发动机电脑是否配好。

⑥ 虽然写进数据后当时能够把防盗取消掉，也能够正常启动，但是过不了多久防盗又会重新锁死，时间为一个月左右，再取消后又会锁死。

⑦ 在更换此车的火花塞时一定要更换原厂带电阻的火花塞，如果更换了不带电阻的火花塞，车子行驶不了多久就会因为强烈的点火干扰触发防盗，导致车子无法发动。

四、一汽奔腾、红旗汽车

以一汽2009～2011年款奔腾B50为例，遥控匹配的操作步骤如下。

方法一：

① 将钥匙插拔4次。

② 按遥控器上任意键一次。

③ 门锁电机起作用即可。

方法二：

① 打开驾驶位的门（其他车门和后厢一定要关闭）。

② 用门上的开锁键锁门一次，开锁一次。

③ 把钥匙插入锁孔，在24s内，执行以下步骤：

a. 把钥匙转到ON，然后转回到LOCK，10s内做三次，最后停在LOCK位（不用等仪表盘上钥匙灯灭）。

b. 关门开门三次，最后把门打开。

c. 中控锁自动锁门一次开锁一次。

d. 每个遥控器（很关键，没按的遥控器会失效，只能重新做遥控编程）上任意一个键按两次，中控锁锁门开锁一次。

e. 把钥匙拔掉，电脑会最后做一次反应，大约是四次连续的车门锁门和开锁，设定完成。

一汽红旗遥控器设定方法如下。

方法一：

① 将431控制器从车身线束插座中拔出，打开外壳，将电路板S、W位置的短路块拔

起插到3、9针上，再将控制器插回插座中。

② 按动S、W位置配对开关两次，这时开关旁边的LED灯会点亮。

③ 在8s内连续按压遥控器上的任意键两次，直到LED灯熄灭后再连续按压遥控器的任意键两次。

④ 将短路块插回原来位置。

⑤ 按遥控器的开闭锁键，检查是否完成设定，若完成则将431恢复原样插回原位。

方法二：

① 将431控制器从车身线束插座中拔出，打开外壳，将电路板上W/O处焊点焊开，再将控制器插回插座中。

② 打开点火开关，按动S、W位置配对开关两次，这时开关旁边的LED灯会点亮。

③ 在8s内连续按压遥控器上的任意键两次，直到LED灯熄灭后再连续按压遥控器的任意键两次，直到LED灯熄灭再关闭点火开关。

④ 按遥控器的开闭锁键，检查是否完成设定，若完成则将W/O处焊好恢复原样，将431控制器插回原位。

五、上汽荣威、名爵汽车

上汽荣威遥控器匹配操作方法如下：

① 遥控器靠近车辆。

② 快速依次操作任意按钮4次。

③ 第4次操作时车门应锁止或解锁。

④ 同步完成。

上汽名爵MG遥控器匹配操作步骤如下：

(拆卸电瓶或遥控器换电池后要做匹配)

① 用机械钥匙先将车门开锁。

② 按遥控器锁止键连按5次（在5s内）。

③ 完成后按遥控开锁键结束。

六、东风风行汽车

东风风行景逸遥控器匹配操作步骤如下：

① 操作者位于车内，将5个车门全部关好，仪表上的门灯显示灭了后，将钥匙插入点火开关OFF挡，即不启动的位置。

② 10s内将左前门打开关闭两次，最后一次，门处在打开的位置，即开—关—开—关—开。

③ 10s内，将钥匙从OFF拧到ON各三次，即关—开—关—开—关—开—关，此时，仪表上的转向指示灯会闪一次。

④ 此时可以按下钥匙上的任意一按键，转向指示灯会亮一次，然后再按折叠钥匙上的任意一按键，此时，转向指示灯会闪两次。

⑤ 把钥匙拧到ON挡，或者把车门关上，钥匙匹配结束。

七、奇瑞汽车

以奇瑞捷途 X70 车型为例，车辆连接诊断仪，选择“防盗匹配”功能，进入“防盗匹配”操作界面，如图 7-76 所示。

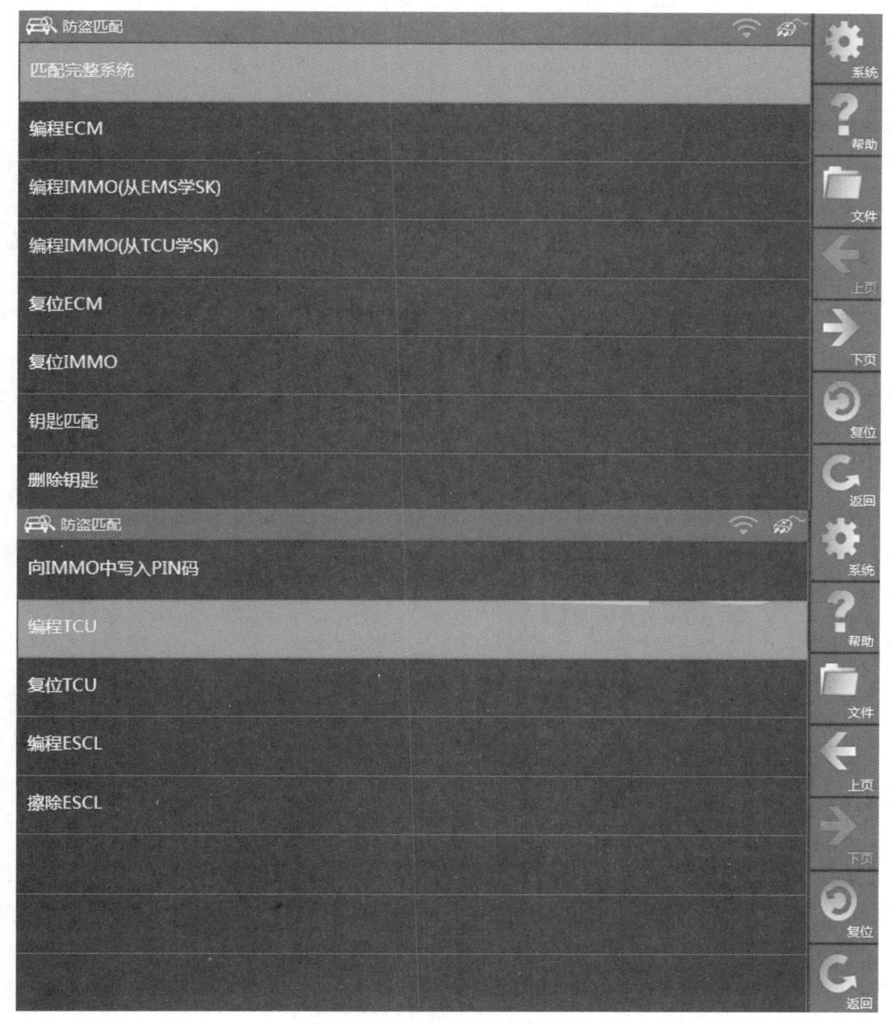

图 7-76　防盗匹配操作界面

智能钥匙和系统的配对关系建立有两种方式：“增加新钥匙”和“增加旧钥匙”。

①“增加新钥匙”是指将空白钥匙（从未跟任何系统建立配对关系）与系统建立配对关系。更换新钥匙用于用户在持有原来的钥匙的基础上，想增加新钥匙的情况。

②“增加旧钥匙”是指将已经学习过的钥匙与系统（必须是原来的系统）重新建立配对关系。添加旧钥匙主要用于以下两种情况：

a. 当客户丢失遥控器后，希望丢失的钥匙不再起作用，可以到售后维修点删除所有的钥匙，然后再把手中的钥匙使用“增加旧钥匙”的服务添加，这样就只有一把钥匙可用，丢失的钥匙就无法操作车辆了。

b. 如果 PEPS 损坏了，但钥匙还是完好的，则更换 PEPS 模块，并使用“增加旧钥匙”匹配客户之前的两把钥匙。

注意事项： 如果客户丢失了一把钥匙，还剩一把钥匙在手中，当更换一把新钥匙时，首先需要通过“增加新钥匙”的服务，学习这把新的钥匙，再使用“删除全部钥匙”服务，删除所有钥匙，再使用“增加旧钥匙”的服务，依次学习剩下的两把钥匙。当客户找到了丢失的第一把钥匙，可以通过诊断仪“增加旧钥匙”的服务，重新激活这把钥匙。否则的话，即便找到了之前丢掉的钥匙，也无法使用了。

“增加新钥匙”防盗匹配说明如下：

先用诊断仪从原发动机系统（ENG）或无钥匙启动系统（PEPS）或者变速箱系统（TCU）读出车辆识别码（VIN），然后进行输入，通过 VIN 在售后服务系统中申请 PIN 码。

把要匹配的新钥匙放在有钥匙标志杯托内侧并靠在杯托上，有机械钥匙的一端朝上，保证钥匙全部置于杯托中，有控制按键的一面朝上。进入诊断仪防盗控制系统程序，先读取钥匙状态，如系统检测到钥匙信号，进入“读数据流—钥匙状态—发射机应答器”，此时会显示“检测到转发器”，合法发射机应答器会显示“未检测到合法转发器”，此时可进行钥匙匹配；如发射机应答器显示“未检测到转发器”，说明钥匙放置不正确，重新放置钥匙，直到显示“检测到转发器”；退出数据流菜单，进入“防盗系统匹配—钥匙匹配—添加新钥匙”进行操作，输入个人识别码（PIN 码），诊断仪自行执行添加新钥匙程序；添加新钥匙程序完成之后，钥匙置于杯托中，进入“读数据流—钥匙状态—发射机应答器”，此时会显示“检测到转发器”，合法发射机应答器会显示“检测到合法转发器”，说明新钥匙添加成功；或按下钥匙解锁键，如整车执行解锁命令，说明钥匙匹配成功。

“增加旧钥匙”防盗匹配说明如下：

维修人员通过诊断仪从用户车辆的 EMS 中读取车辆识别码（VIN），由 VIN 在售后服务系统上申请个人识别码（PIN）。把要匹配的旧钥匙放在有钥匙标志杯托内侧并靠在杯托上，有机械钥匙的一端朝上，保证钥匙全部置于杯托中，有控制按键的一面朝上。进入诊断仪防盗控制系统程序，先读取钥匙状态，如系统检测到钥匙信号，进入“读数据流—钥匙状态—发射机应答器”，此时会显示“检测到转发器”，合法发射机应答器会显示“未检测到合法转发器”，此时可进行钥匙匹配；如发射机应答器显示“未检测到转发器”，说明钥匙放置不正确，重新放置钥匙，直到显示“检测到转发器”；退出数据流菜单，进入“防盗系统匹配—钥匙匹配—添加旧钥匙”进行操作，输入个人识别码（PIN 码），诊断仪自行执行添加旧钥匙程序；添加旧钥匙程序完成之后，钥匙置于杯托中，进入“读数据流—钥匙状态—发射机应答器”，此时会显示“检测到转发器”，合法发射机应答器会显示“检测到合法转发器”，说明新钥匙添加成功；或按下钥匙解锁键，如整车执行解锁命令，说明钥匙匹配成功。

注意事项：“增加旧钥匙”时，如需匹配几把钥匙，需对每把钥匙逐一进行配对操作，否则将导致之前已配对的钥匙失效。无论是增加新钥匙还是旧钥匙，只能保持一把钥匙在车内，并且要保持钥匙在带有智能钥匙标志的杯托里。

诊断仪操作如下：

将钥匙放在有钥匙标志杯托内侧，靠在杯托上，有机械钥匙的一端朝上，保证钥匙全部置于杯托中，有控制按键的一面朝上，如图 7-77 所示。

进入菜单“捷途 X70→发动机防盗模块（IMMO）→防盗功能匹配→读数据流→钥匙状态”，执行操作“读数据流”，如图 7-78 所示。

图 7-77 放置遥控钥匙于杯托中

图 7-78 “读数据流”选项

进入“钥匙状态”菜单，如图 7-79 所示。

图 7-79 进入“钥匙状态”

检测到钥匙信号的操作界面如图 7-80 所示。

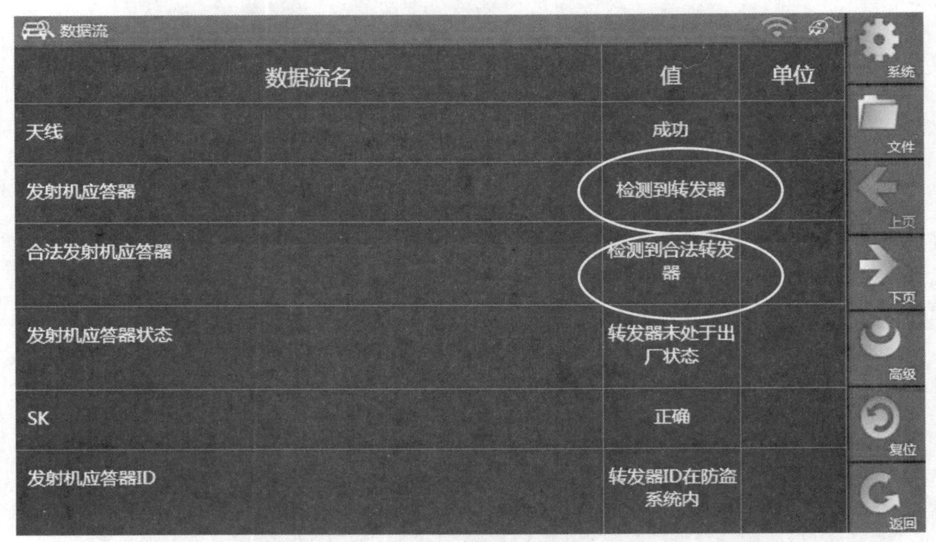

图 7-80　检测到钥匙信号

此时可进行钥匙匹配操作！未检测到钥匙信号的界面如图 7-81 所示。

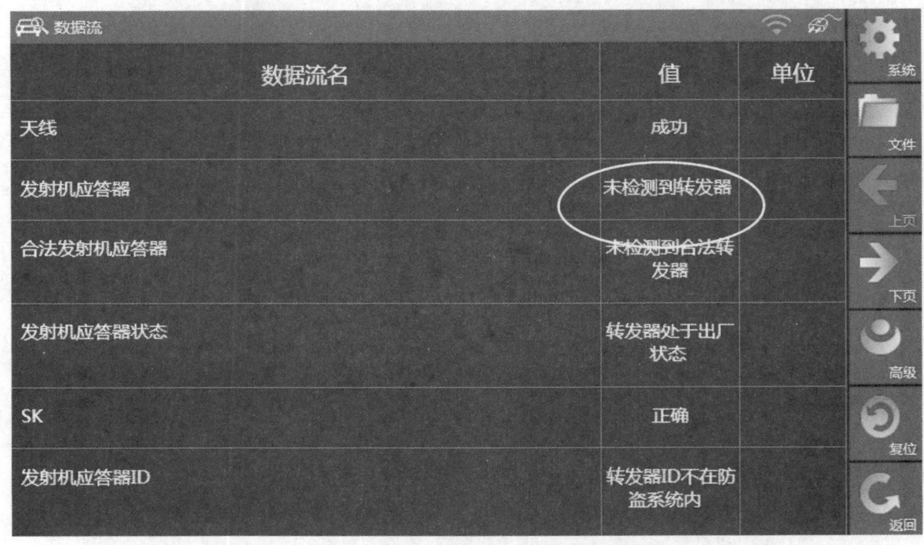

图 7-81　未检测到钥匙信号

此时需要重新放置钥匙，直到“检测到转发器”，方可进行钥匙匹配操作！

① 增加新钥匙。

a. 将 PIN 码（通过售后服务系统申请）输入诊断设备。

b. 如果 PIN 码正确，进行“增加新钥匙”的操作，钥匙增加成功。

② 增加旧钥匙。

a. 将 PIN 码（通过售后服务系统申请）输入诊断设备。

b. 如果 PIN 码正确，进行“增加新钥匙”的操作，钥匙增加成功。

进入“钥匙匹配”操作界面，如图 7-82 所示。

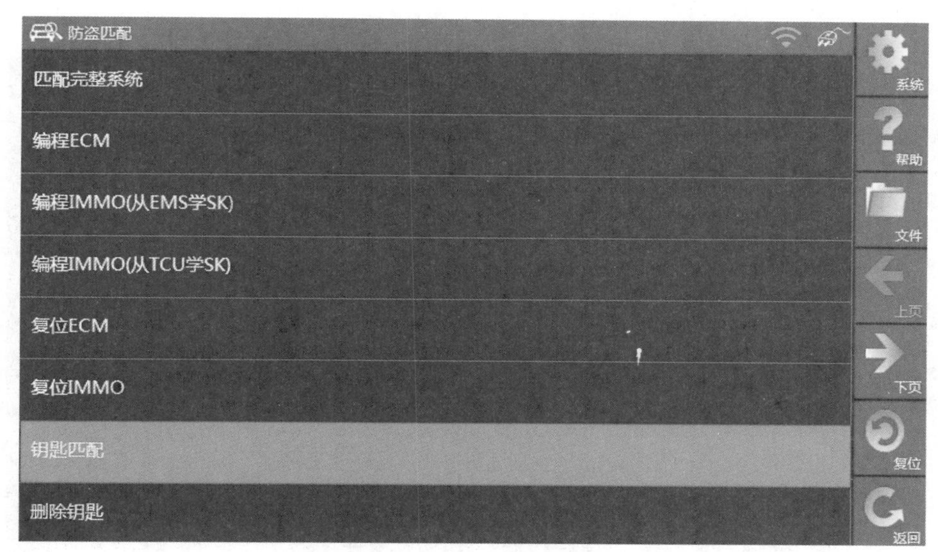

图 7-82　进入“钥匙匹配”

增加新钥匙，界面如图 7-83 所示。

图 7-83　“增加新钥匙”界面

③ 钥匙添加成功。

钥匙匹配完成后，依然置于杯托内，进入“读取数据流→钥匙状态”，此时会显示“检测到转发器”，合法发射机应答器会显示“检测到合法转发器”，说明新钥匙添加成功。

④ 删除钥匙。

a. 对应的诊断仪菜单位于“捷途 X70→发动机防盗模块（IMMO）→防盗匹配→删除钥匙”。

b. 当原有钥匙丢失或者其他情形造成原钥匙不再需要的情况下，为了安全或者重新学习别的钥匙，必须将丢掉的钥匙信息从 IMMO 中擦除。擦除钥匙是将存储在 IMMO 中的 ID 擦除，分两种情况，即全擦除与擦除单个钥匙信息。

删除钥匙的操作选项如图 7-84 所示。

图 7-84 “删除钥匙”选项

⑤ 钥匙匹配操作流程为“捷途 X70→发动机防盗模块（IMMO）→防盗系统匹配→钥匙匹配”，见图 7-85～图 7-87。

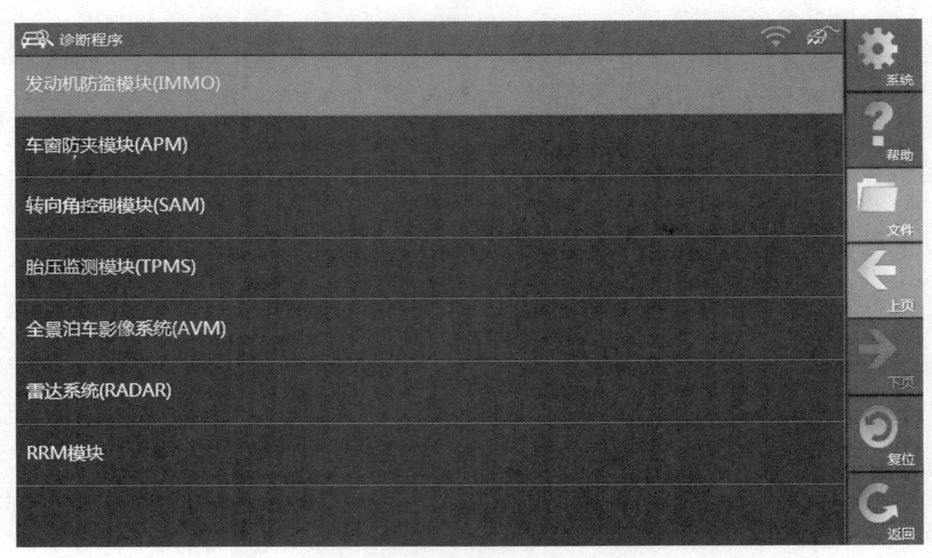

图 7-85 “发动机防盗模块（IMMO）”选项

八、北汽新能源汽车

以 EC200/EC3 的钥匙匹配为例，操作步骤如下：

（1）激活匹配请求的条件

① 左前门进行连续三次“关—开”的循环操作。

图 7-86　“防盗系统匹配”选项

图 7-87　“钥匙匹配”选项

② 点火开关进行连续三次“上电—断电”的循环操作。

③ IEC 接收到正确的匹配请求时，外部双闪灯闪烁一次。

(2) 匹配操作

在 30s 内，长按遥控器的开锁键 2s 以上，匹配成功，外部双闪灯闪烁一次，扬声器响一声，作为应答；匹配不成功，闪烁灯不能闪烁。

(3) 退出匹配方式

满足以下其中一个条件，即可退出匹配模式：点火开关旋至 ON 位置/左前门关闭/30s 内无遥控器学习。

九、吉利汽车

智能钥匙学习时需注意以下几点：

① 两把智能钥匙摆放位置在排挡杆前方，在钥匙学习之前将钥匙摆放在规定位置，两把钥匙之间无距离要求（两把钥匙不可叠放），整个钥匙学习完成后可移动钥匙。

② 保证整车车内只有本车两把钥匙，不可有其他车钥匙或多余钥匙在车内。

③ 在学习钥匙期间不可开关主副驾车门。

④ 在工位周边（10m 内）没有 RF 干扰源，并且周边无人在使用智能钥匙遥控功能。

⑤ 不能在相近的工位同时学习两台车的钥匙。

添加新钥匙的操作流程如图 7-88 所示。

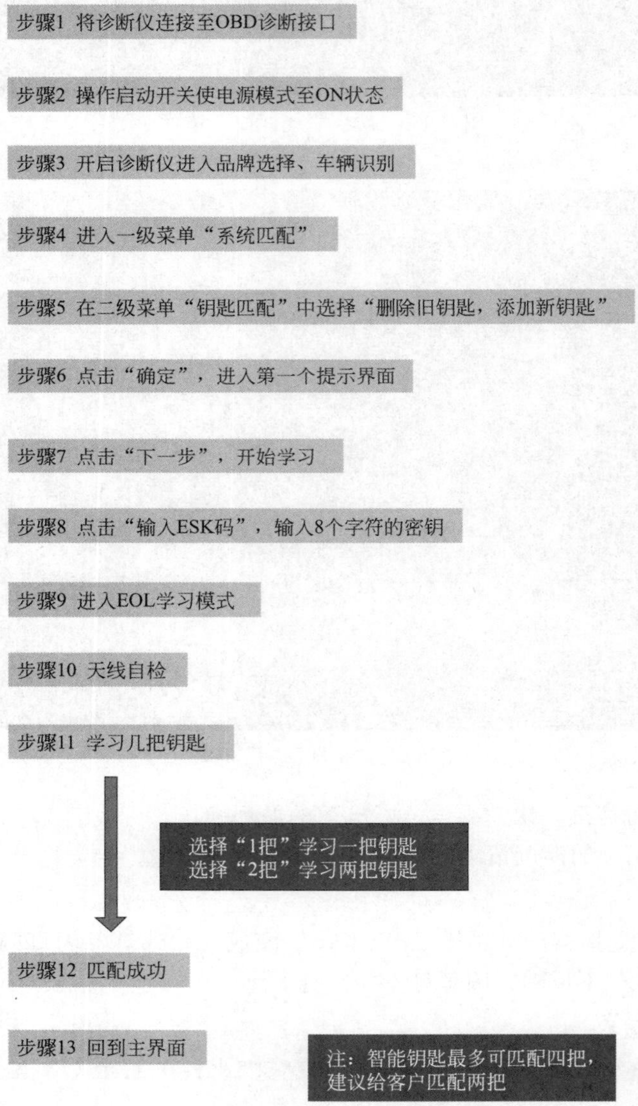

步骤1 将诊断仪连接至OBD诊断接口

步骤2 操作启动开关使电源模式至ON状态

步骤3 开启诊断仪进入品牌选择、车辆识别

步骤4 进入一级菜单“系统匹配”

步骤5 在二级菜单“钥匙匹配”中选择“删除旧钥匙，添加新钥匙”

步骤6 点击“确定”，进入第一个提示界面

步骤7 点击“下一步”，开始学习

步骤8 点击“输入ESK码”，输入8个字符的密钥

步骤9 进入EOL学习模式

步骤10 天线自检

步骤11 学习几把钥匙

选择“1把”学习一把钥匙
选择“2把”学习两把钥匙

步骤12 匹配成功

步骤13 回到主界面

注：智能钥匙最多可匹配四把，
建议给客户匹配两把

图 7-88 添加新钥匙的操作流程

钥匙匹配的操作流程如图 7-89 所示。

步骤1 将诊断仪连接至OBD诊断接口

步骤2 操作启动开关使电源模式至ON状态

步骤3 开启诊断仪进入品牌选择、车辆识别

步骤4 进入一级菜单“系统匹配”

步骤5 在二级菜单“钥匙匹配”中选择“保留旧钥匙，添加新钥匙”

步骤6 点击“确定”

步骤7 点击“下一步”，开始学习

步骤8 点击“输入ESK码”

步骤9 进入售后学习模式

步骤10 天线自检

步骤11 学习几把钥匙

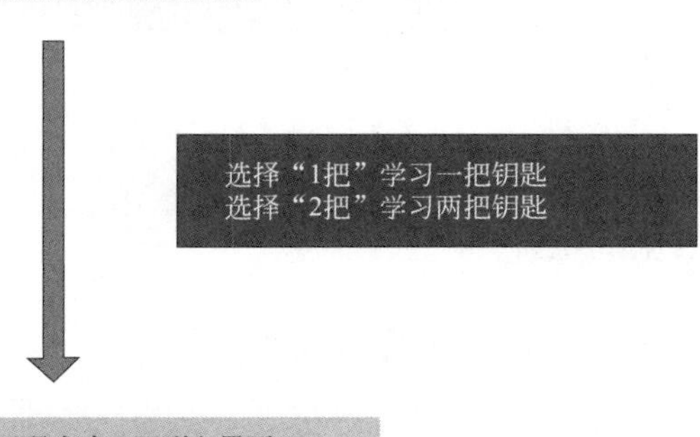

步骤12 匹配成功，回到主界面

图 7-89　钥匙匹配操作流程

PEPS 模块更换后的匹配流程如图 7-90 所示。

步骤1 将诊断仪连接至OBD诊断接口

步骤2 操作启动开关使电源模式至ON状态

步骤3 开启诊断仪进入品牌选择、车辆识别

步骤4 进入一级菜单“系统匹配”

步骤5 在二级菜单“更换控制器”中选择“PEPS”

步骤6 点击“确定”，进入第一个提示界面

步骤7 点击“下一步”，开始PEPS学习

步骤8 弹出对话框，选择控制器是否成功学习过

A.全新控制器诊断仪忽略该步骤，往下执行。
B.已成功学习过的控制器诊断仪提示：请确认已经使用“清除密钥”功能清除过密钥

步骤9 弹出对话框输入车辆ESK码

步骤10 写入ESK码

步骤11 弹出框输入车辆PEPS配置

步骤12 写入PEPS配置

步骤13 PEPS软重启

步骤14 重新进入扩展模式并安全认证

步骤15 利用ESK码进行二级安全访问

步骤16 进入EOL学习模式

步骤17 天线自检

步骤18 学习几把钥匙

选择“1把”学习一把钥匙
选择“2把”学习两把钥匙

步骤19 选择“1把”，学习一把钥匙

步骤20 写入VIN码

步骤21 学习成功

步骤22 学习结束，回到特殊例程操作主界面

图 7-90 更换 PEPS 模块后的匹配流程

第八章

控制器编程

第一节 欧美品牌汽车

一、大众车系

1. 上汽大众凌渡车门解锁默认设置无法更改的解决方法

适用车型：配备 MIB-G STD 收音机的上汽大众凌渡车型。

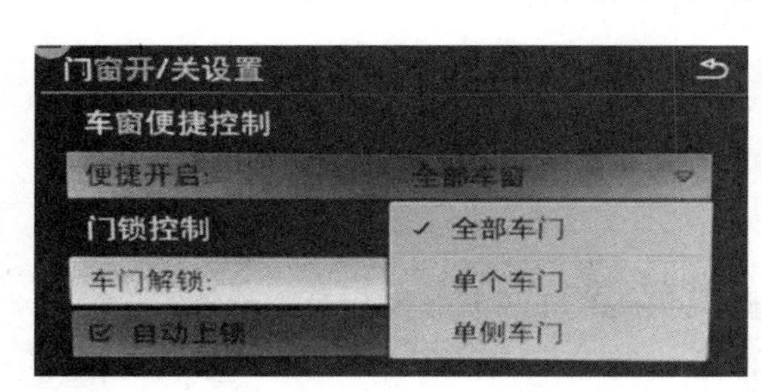

图 8-1 相关设置菜单

上述车型无法将车门解锁默认设置由“开启全部车门”改为“开启驾驶员车门”或“开启左侧车门”。无论是收音机还是组合仪表上，均无相关菜单选项，无法设置。设置菜单见图 8-1。

对配备 MIB-STD PLUS G2 收音机以及 MIB-STD NAV G2 导航仪的凌渡，可以通过 MIB 彩色触摸屏更改车门解锁默认设置。而对配备 MIB-G STD 收音机的凌渡，如需更改该设置，建议使用 ODIS 对诊断地址“09-电子中央电气系统”进行相关匹配和基本设置，具体步骤如下。

① 登录 ODIS，启动诊断功能。

② 在控制单元列表中，右键点击“09-电子中央电气系统”，选择“控制单元自诊断-访问权限”。

③ 在弹出的“访问权限”窗口输入登录码，点击“进行”。系统提示“访问权限已分配”。

④ 右键点击“09-电子中央电气系统”，选择“控制单元自诊断-匹配”。然后找到“访问控制”。

⑤ 点击展开“访问控制”，选中“[LO]_ZV Tuerentriegelung”，在输入栏中按需求选择对应的项（图 8-2）。

各选项代表的含义如下：

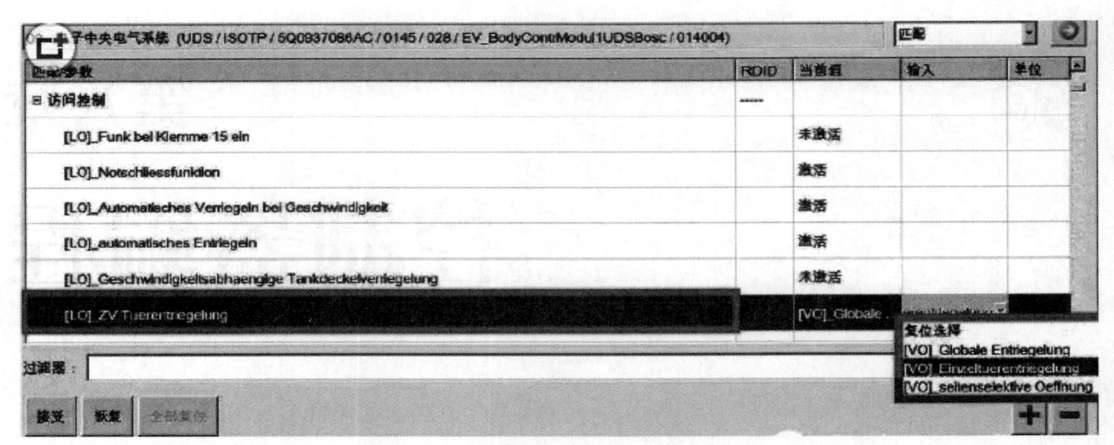

图 8-2　选择编程项目

[VO]_Globale Entriegelung（全部车门）：是指按压 1 次遥控钥匙上的解锁键，4 个车门同时解锁。

[VO]_Einzeltuerentriegelung（单个车门）：是指按压 1 次遥控钥匙上的解锁键，驾驶员侧车门解锁；连续按压 2 次解锁键，4 个车门解锁。

[VO]_Seitenselektive Oeffnung（单侧车门）：是指按压 1 次遥控钥匙上的解锁键，驾驶员侧前后 2 个车门解锁；连续按压 2 次解锁键，4 个车门解锁。

⑥ 选中需要的选项后，点击左下角“接受”按钮。然后在控制单元列表中，右键点击“09-电子中央电气系统”，选择“控制单元自诊断-基本设置”。

⑦ 如图 8-3 所示选择“所有匹配值的复位”，进入下一步。

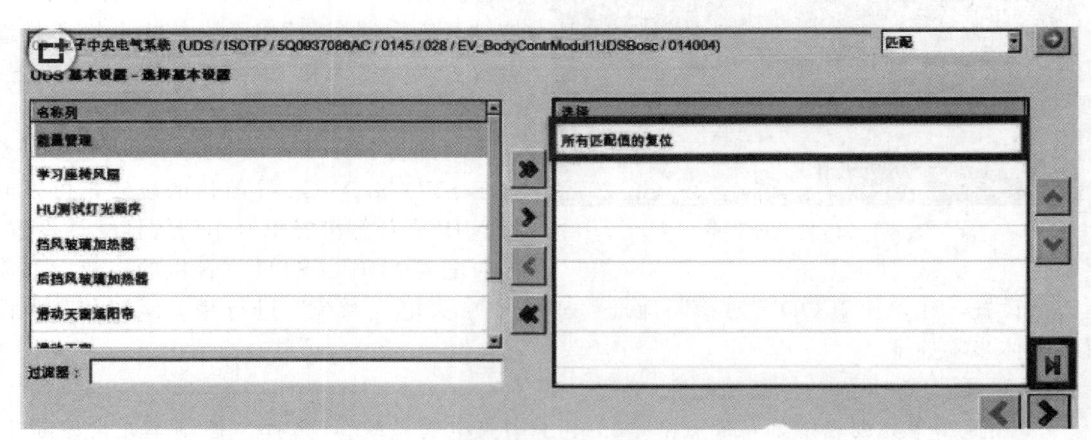

图 8-3　选择“所有匹配值的复位”

⑧ 点击“所有匹配值的复位”，并点击“开始”（图 8-4），复位成功。

2. 一汽大众迈腾 B7L 车锁开/闭扬声器提示音的屏蔽方法

车锁开/闭扬声器提示音即锁车时会发出“嘀”的一声，解锁时发出“嘀嘀”两声。

车锁开/闭扬声器提示音的屏蔽方法：

① 连接 VAS505X 进入车辆自诊断系统，进入地址码“46-舒适系统中央控制单元”，见图 8-5。

09 - 电子中央电气系统 (UDS / ISOTP / 5Q0937086AC / 0145 / 028 / EV_BodyContrModul1UDSBosc / 014004)　匹配

UDS 基本设置 - 状态： 基本设置结束

基本设置

名称列	RDID	数值
[IDE00498]_所有匹配值的复位 ([VO]_Basic Setting)	$0317	[VO]_Routine not active or finished correctly

测量值

名称列	RDID	数值

开始　下一个　停止　全部停止

图 8-4　点击“开始”进行复位

车辆车载诊断　LFV3A23C9C3160420

选择车辆系统

车辆系统	已设	实际安	KD	GW信
55 － 大灯照明距离调节装置	是	可以达到	正常	传动系
4C － 轮胎压力监测器2	是	可以达到	正常	传动系
10 － 停车辅助设备2	是	可以达到	正常	传动系
17 － 仪表板	是	可以达到	正常	KOMBI
25 － 防起动锁	是	可以达到	正常	舒适系
09 － 中央电气电子设备	是	可以达到	正常	舒适系
46 － 舒适系统中央控制单元	是	可以达到	正常	舒适系
42 － 驾驶员侧车门电子设备	是	可以达到	正常	舒适系
52 － 前排乘客侧车门电子设备	是	可以达到	正常	舒适系
62 － 左后车门电子系统	是	可以达到	正常	舒适系
72 － 右后车门电子系统	是	可以达到	正常	舒适系
16 － 转向柱电子装置	是	可以达到	正常	舒适系

图 8-5　进入舒适系统

② 进入长编码界面，见图 8-6、图 8-7。

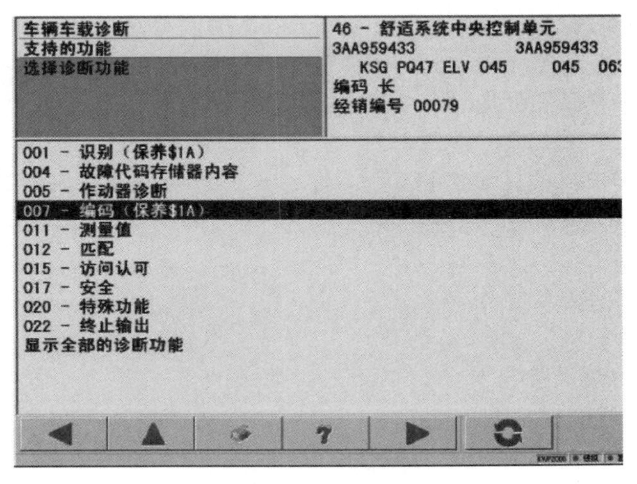

图 8-6　进入编码界面

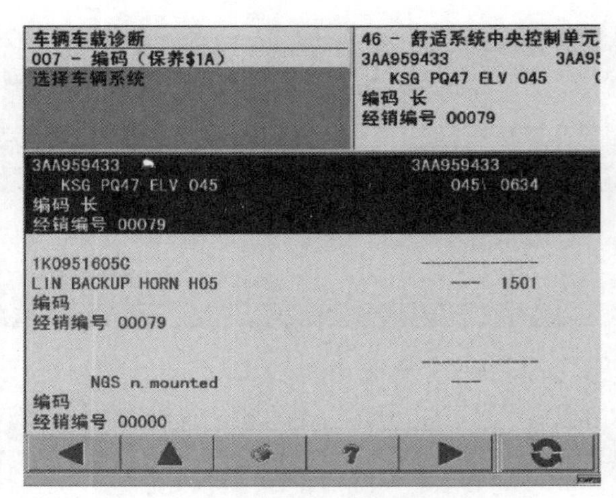

图 8-7　进入长编码界面

③ 更改舒适系统控制单元编码，将长编码第 10 位“9C”更改为“84”，即屏蔽车锁开/闭扬声器提示音，反之为激活，如图 8-8 所示。

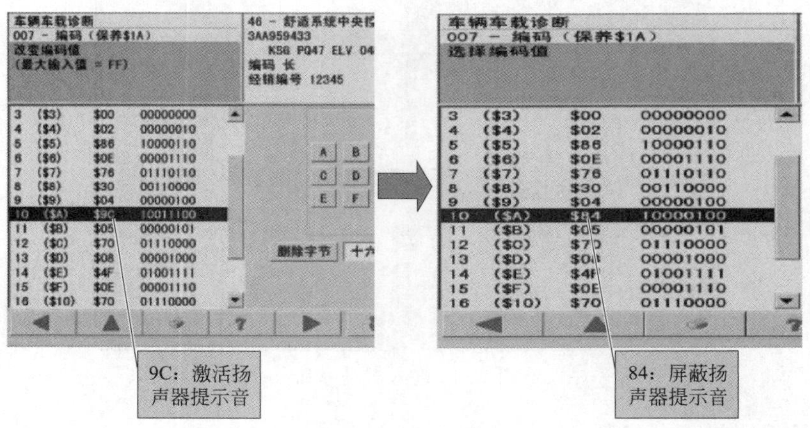

图 8-8　修改编码

大众速腾、迈腾车门控制单元的编码分别代表不同的功能（与仪表控制单元的编码规则类似，结果为累加之和），具体如下：

＋0000001＝增加行李厢开关功能

＋0000002＝打开外后视镜登车照明灯

＋0000004＝后视镜上的转向信号灯

＋0000016＝玻璃升降器自动升/降功能（用开关上的一触功能，即第二挡）

＋0000032＝带后视镜加热功能

＋0000064＝安装有车门警告灯

＋0000128＝基数

① 若某速腾车带有后视镜加热，但无车门警告灯，编码为：基数 128＋后视镜加热 32＋自动升降 16＋后视镜转向灯 4＝180。

② 若速腾后门电脑只有自动升降功能，后门电脑编码为：基数 128＋自动升降 16＝144。

③ 若某速腾车带有后视镜加热、带车门警告灯，编码为：基数 128＋后视镜加热 32＋自动升降 16＋后视镜转向灯 4＋车门警告灯 64＝244。

二、宝马车系

接下来介绍宝马 ISTA/P 诊断软件编程方法。原则上只有在以下情况才允许为车辆编程：

◇某一诊断系统测试模块要求进行编程时。

◇在技术改进活动的范围内。

◇改装和加装时。

◇BMW 集团技术支持明确指出（例如通过 PuMA）需进行车辆编程时。

避免编程出现错误的一项重要因素是针对车辆做好准备工作并遵守编程期间的操作说明。

针对具体车辆应遵守相关的特殊规定。为此必须查找 ISTA/P 用户文件中的编程信息。下面将介绍适用于所有车辆的准备工作。

每次编程前必须首先对车辆进行诊断并确保车辆无任何故障。只有排除车辆电气系统内的故障后，才允许开始编程。

（1）准备工作

① 关闭发动机，见图 8-9，将点火钥匙转到总线端 0 处。

② 手动挡车型：将变速器置于空挡位置，见图 8-10，拉紧驻车制动器。

图 8-9　关闭发动机

图 8-10　手动变速器置于空挡位置

③ 自动挡车型：将变速器置于位置 P，见图 8-11，变速箱温度低于 80℃。

④ 在带有电动机械式驻车制动器的车辆上启用或拉紧驻车制动器，见图 8-12。

⑤ 关闭所有用电器、车灯和转向信号灯，关闭刮水和清洗装置，确保刮水器可自由移动。编程期间可能会启用刮水器，切勿卡住刮水器，见图 8-13。

⑥ 开始编程前应为蓄电池充足电量（>13V）。连接 BMW 规定和认可的蓄电池充电器并设置为外部供电模式（FSV 模式）。编程期间不要连接或断开充电器接线。编程期间车载网络电压不得低于 13V，见图 8-14。

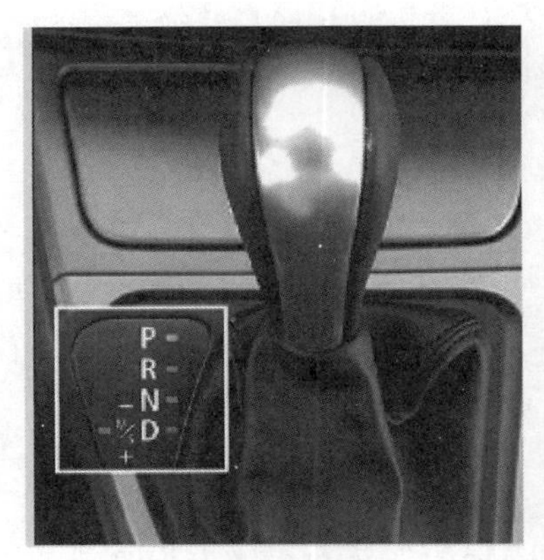

图 8-11　自动变速器置于 P 挡

图 8-12　启用驻车制动器

图 8-13　关闭用电器

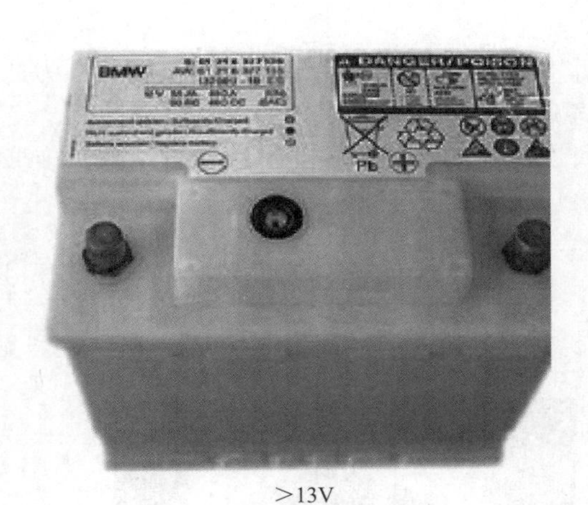

>13V

图 8-14　保持编程输电稳定

（2）诊断

在 ISTA 维修车间系统内进行车辆测试。编程前利用 ISTA 诊断系统排除可能存在的投诉问题并清除所存储的故障代码。

（3）编程

ISTA/P 自动保存 CKM 值，编程结束后自动写入，编程界面如图 8-15 所示。

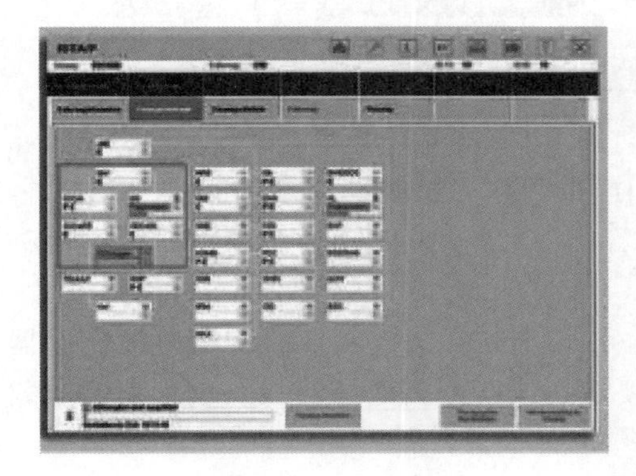

图 8-15　编程界面

编程过程中 ISSS 数据状态必须始终保持最新，且只能通过 ICOM 进行编程。

在 ISTA 维修车间系统内完成车辆测试后，首先应注意 ISTA 维修车间系统内的编程信息。

完成诊断并确认车辆数据后，会显示车辆和控制单元专用的数据和信息。编程到最新集成阶段后客户可以感受到车辆编程后的功能变化。

在带有 MOST 总线和快速擦写编程插头的车辆上，需利用 ICOM B 进行 MOST 控制单元编程。自 E65 起带 MOST 总线的所有车辆可使用此方法。

编程期间不要操作开关和收音机等，否则可能导致编程中断。

三、奔驰车系

奔驰 XENTRY Diagnostics 可用于初始启动、控制单元编程、SCN 编码和设备代码输入。

为了将控制单元置于写入模式进行编程和 SCN 编码，需要一个解锁码来解锁相应的控制单元。为了增强安全性，此代码不再存储在诊断系统中，而必须从奔驰中央系统在线请求(通过现有的 XENTRY Flash 授权)。当使用标准 XENTRY Flash 在线程序时，该过程自动进行，无需用户采取任何行动。如果标准在线程序出现问题（例如在线数据错误），XENTRY Diagnostics 会提示用户通过电话向用户帮助台（UHD）申请发布代码（密钥）。XENTRY Diagnostics 屏幕上显示的一些基本信息必须提供给 UHD。密钥必须在系统中手动输入。之后，可以继续编程。

在线编程过程中的“登录”即与在线系统的连接，在以下过程中可能是必要的：

- 设备代码输入
- 控制单元编程
- SCN 编码
- 驾驶授权/防盗
- 初始化控制单元

XENTRY Diagnostics 中的在线适配流程如下：

① 选择在线进程并选择继续“Continue（继续）”，如图 8-16 所示。注意不要勾选“Assistance from User Help Desk（在用户帮助台的帮助下）”复选框。点击此框将会重定向到解决方法（脱机）。

② 在登录窗口中输入用户名和密码并登录，如图 8-17 所示，然后选择在线进程。

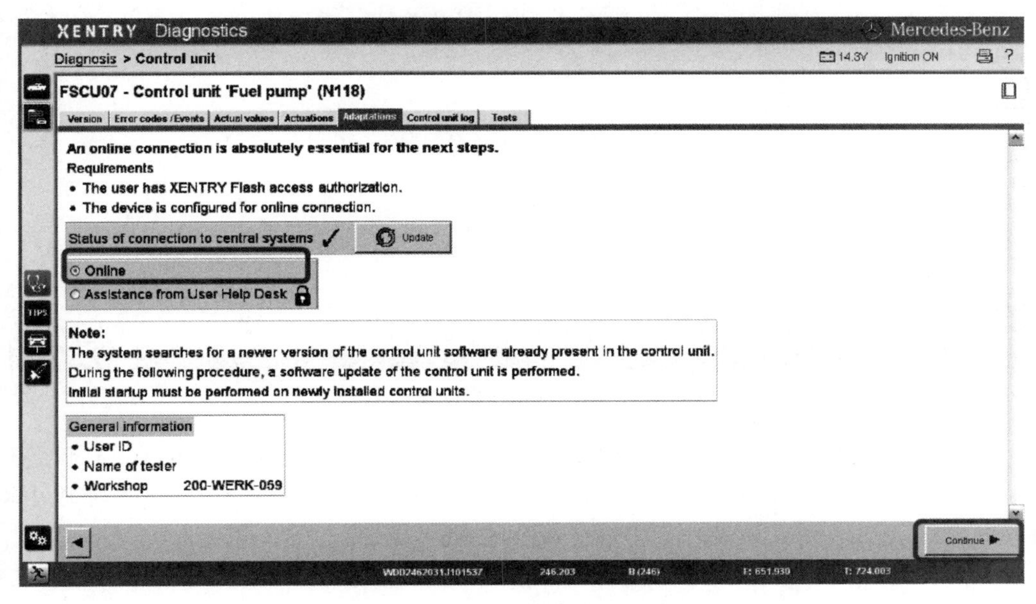

图 8-16　选择在线进程选项

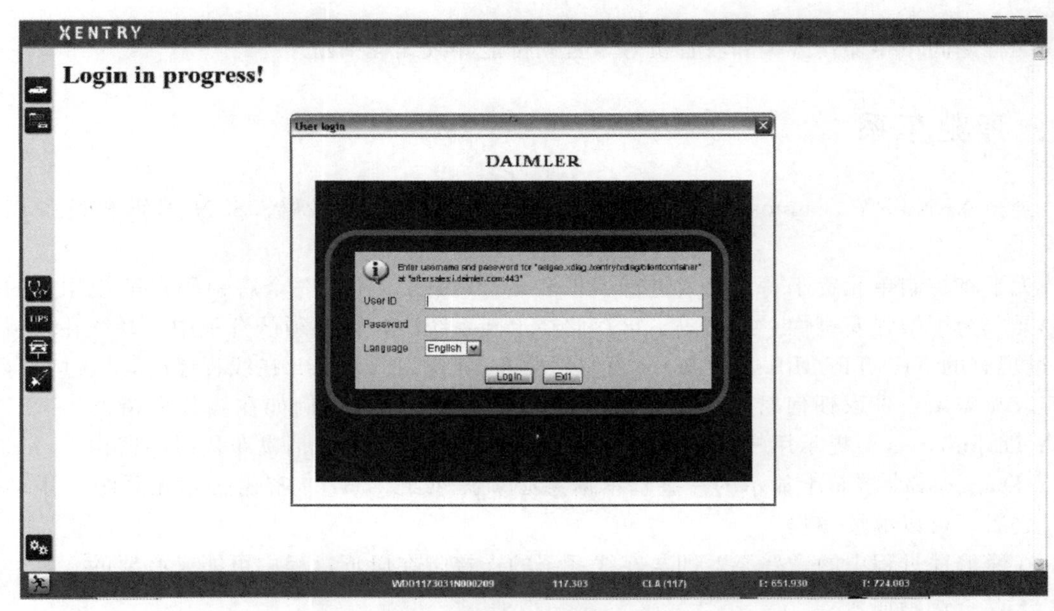

图 8-17　输入用户名和密码

③ 在“Special functions（特殊功能）”选项卡中，选择菜单“Entry for retrofits and modifications（改进和修改输入）”，然后按“Continue（继续）”，如图 8-18 所示。

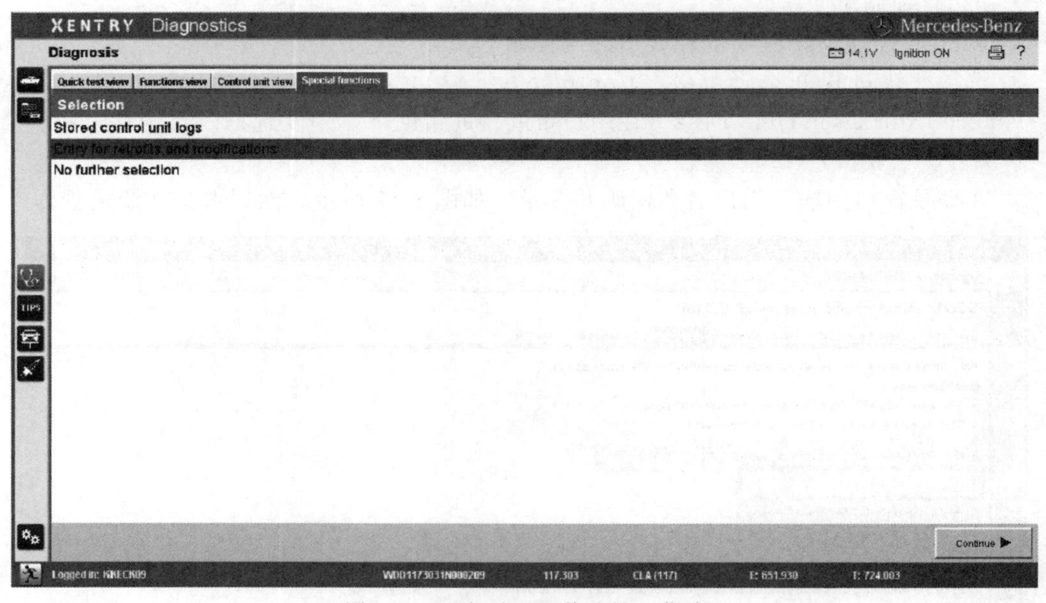

图 8-18　选择改进和修改输入菜单

④ 在输入字段中输入设备代码，如图 8-19 所示，在“Equipment codes(＋)[设备代码(＋)]”字段中输入要添加的代码，在“Equipment codes(－)[设备代码(－)]”字段中输入要删除的代码。

按“?”查看可更改设备代码的列表，这将以多种语言打开一个单独的 HTML 文档，并且可以打印出来。

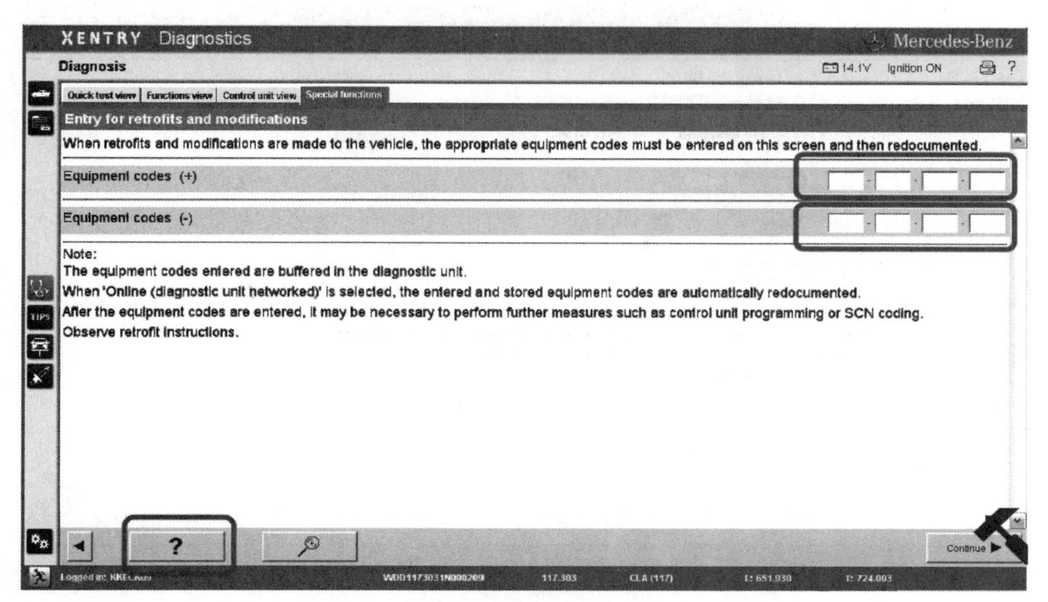

图 8-19　输入设备代码

输入设备代码后，可能需要完成进一步的操作，如控制单元编程或 SCN 编码。设备代码的重新编制必须在控制单元编程或 SCN 编码之前执行，否则不正确的车辆数据可能会传输到控制单元。

VeDoc 中设备代码的重新更新文档在后台自动执行。

⑤ 选择菜单项（选项卡）“Adaptations（适应）”—“Control unit programming（控制单元编程）”，如图 8-20 所示。

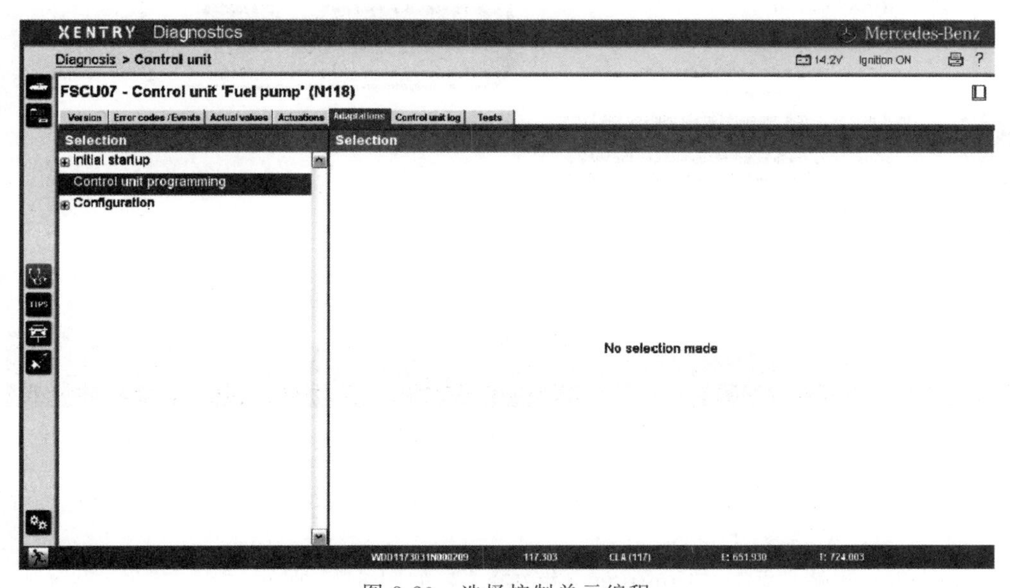

图 8-20　选择控制单元编程

⑥ 通过按 F3 键选择在线进程，如图 8-21 所示。如果已经登录一次（单点登录），登录窗口不再显示。

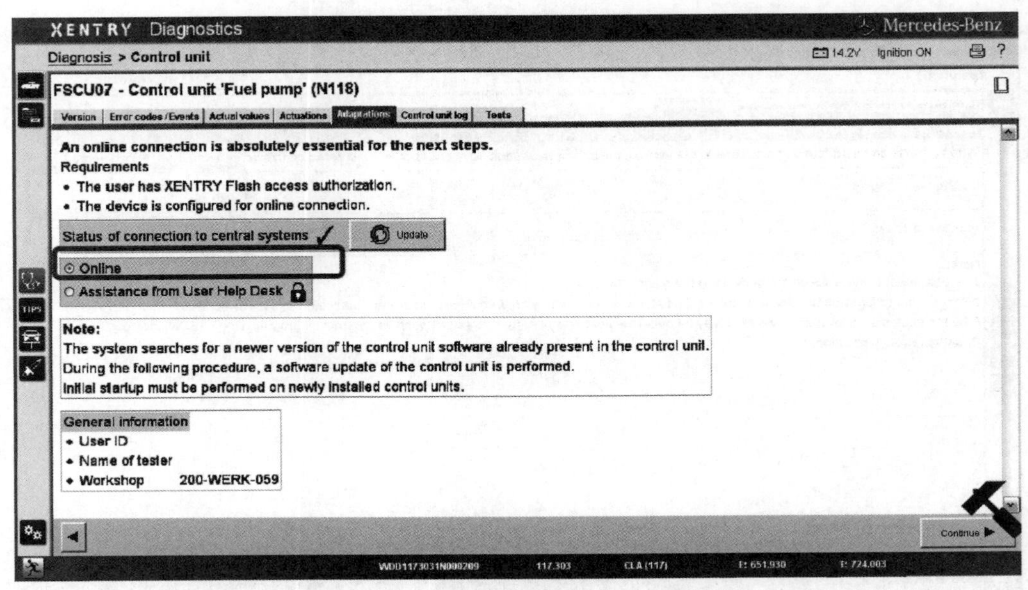

图 8-21　选择在线进程

⑦ 点击“Yes”，开始控制单元编程，如图 8-22 所示。用户被引导通过后续的过程。如果在线编程之后需要进一步的操作（如 SCN 编码），则会自动执行。

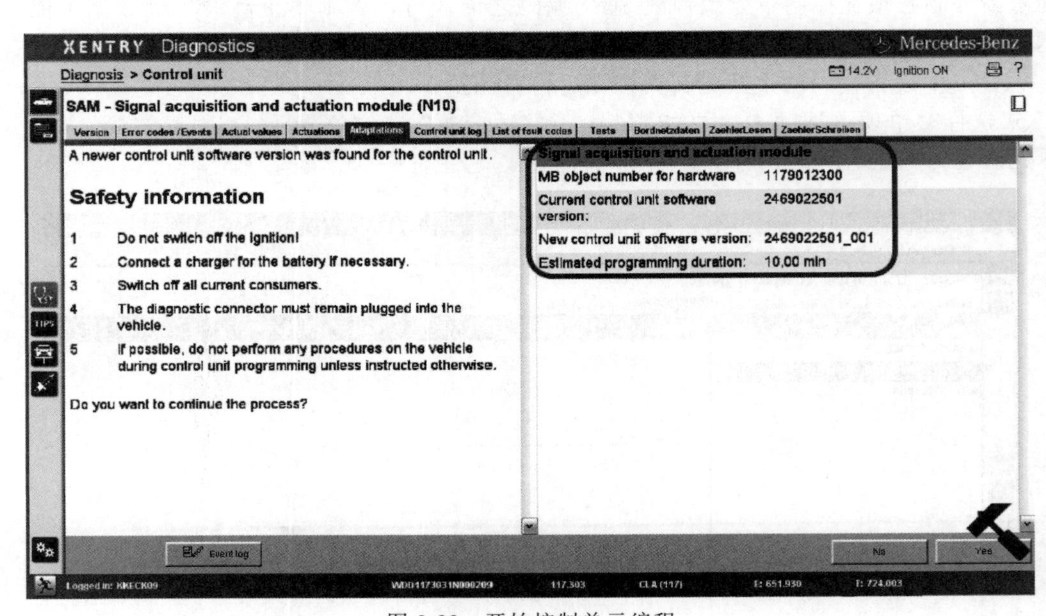

图 8-22　开始控制单元编程

⑧ 输入控制单元编程的原因，然后单击“Continue（继续）”，如图 8-23 所示。等待控制单元编程完毕，见图 8-24。

⑨ 控制单元重置，点击“Continue（继续）”，如图 8-25 所示。

⑩ 在“点火改变”之后，通信自动重新建立，如图 8-26 所示，故障记忆被删除。

⑪ 这样就成功地完成了控制单元编程。点击“Continue（继续）”确认打印修理订单，如图 8-27 所示。

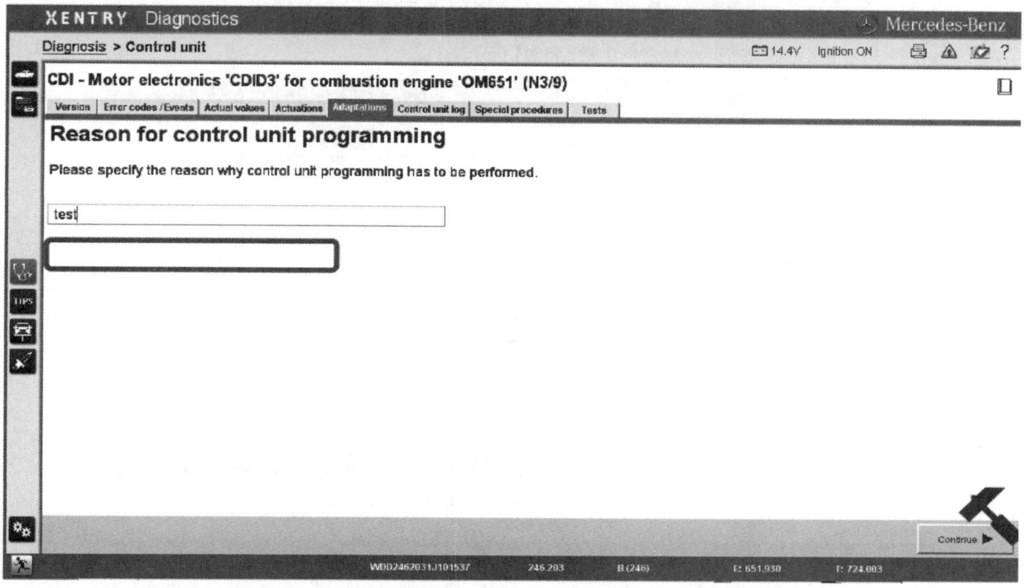

图 8-23　输入编程原因

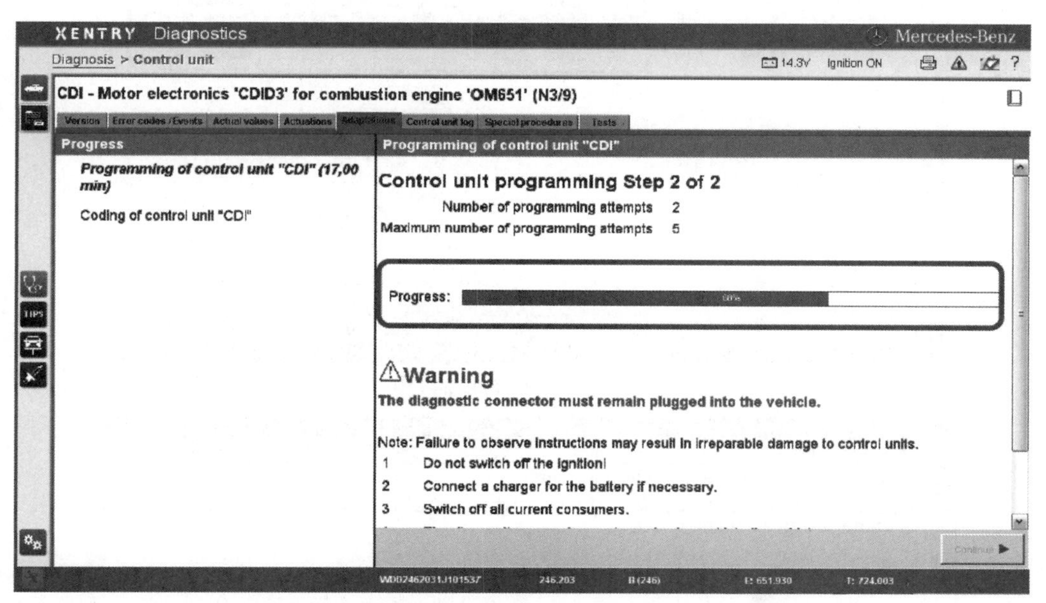

图 8-24　控制单元编程中

四、通用车系

接下来介绍雪佛兰 2009 年款科鲁兹组合仪表重新编程的方法。

适用型号：2009 年款部分带选装号 UDC 雪佛兰科鲁兹轿车。

问题描述：当行李厢未关时，部分车辆组合仪表上未显示报警信息。部分带选装号 UDC 的科鲁兹轿车的组合仪表中的程序未将报警功能打开。

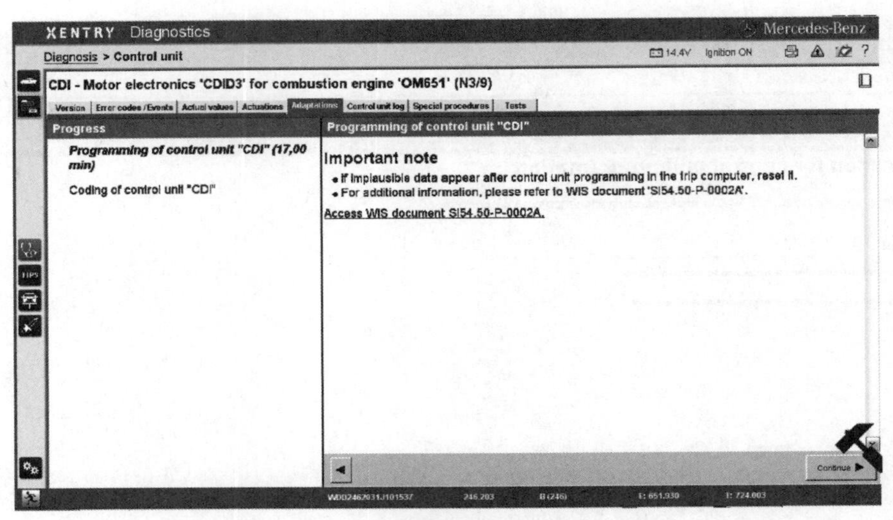

图 8-25　控制单元重置菜单

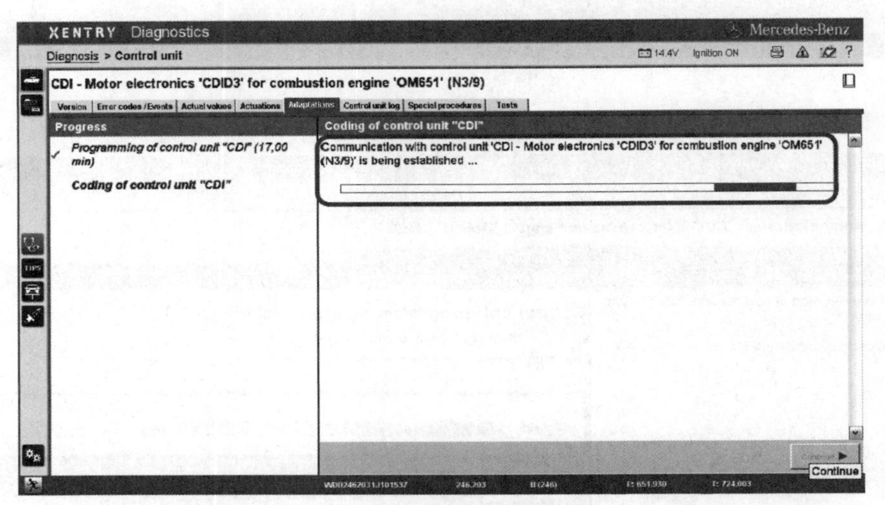

图 8-26　控制单元重置中

XENTRY Diagnostics　Mercedes-Benz

Diagnosis > Control unit　14.4V Ignition ON

CDI - Motor electronics 'CDID3' for combustion engine 'OM651' (N3/9)

Version | Error codes /Events | Actual values | Actuations | Adaptations | Control unit log | Special procedures | Tests

Documentation for repair order

Debugeinstellungen aktiv.

Important notes:

All input fields must be filled out. Print out order log for documentation purposes. Switch to the print preview for this purpose. A printout of the log with the repair order number entered must always be filed along with the repair documents for any potential check of warranty and goodwill claims by the MPC. The event log is no longer available after exiting this screen.

Control unit programming was completed successfully.

The SCN coding sequence has been completed successfully.

Repair order number	
Operation number	---
Name of tester	Keck
User ID	KKECK09
Date	2012-12-17 12:43:33 (CET)

Event log　Continue

图 8-27　完成编程打印修理订单

无须更换组合仪表，对组合仪表进行重新编程即可，步骤如下：

① 登录 TIS2WEB，点击维修编程系统（SPS），如图 8-28 所示。

图 8-28　登录维修编程系统

② 选择“J2534 MDI”“重新编程 ECU”，如图 8-29 所示。

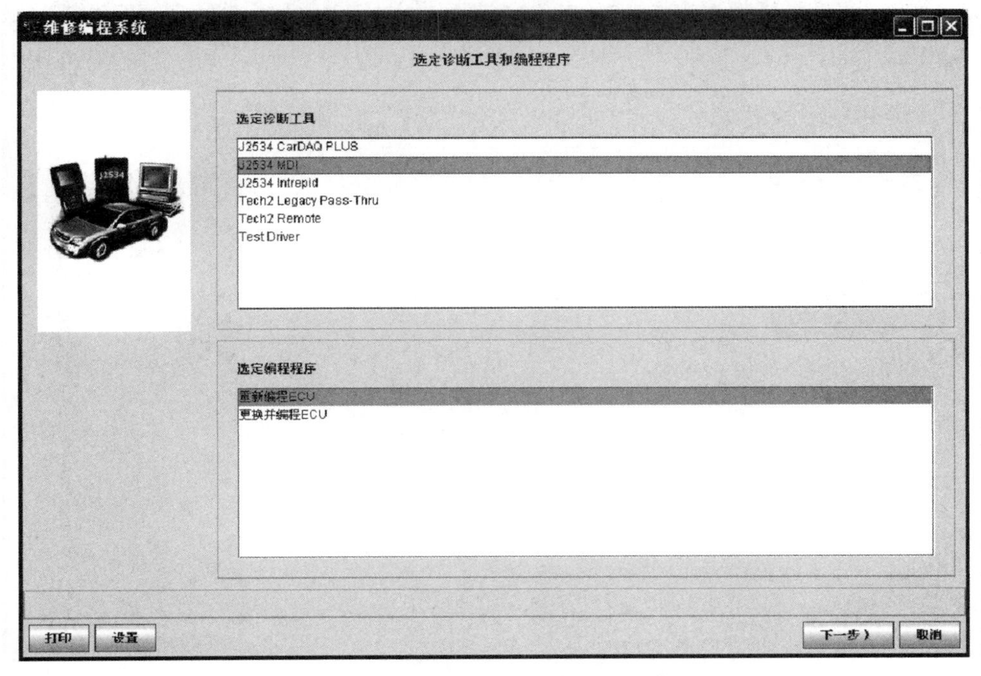

图 8-29　选择诊断工具及编程程序

③ 选择车型信息，进入下一步，如图 8-30 所示。

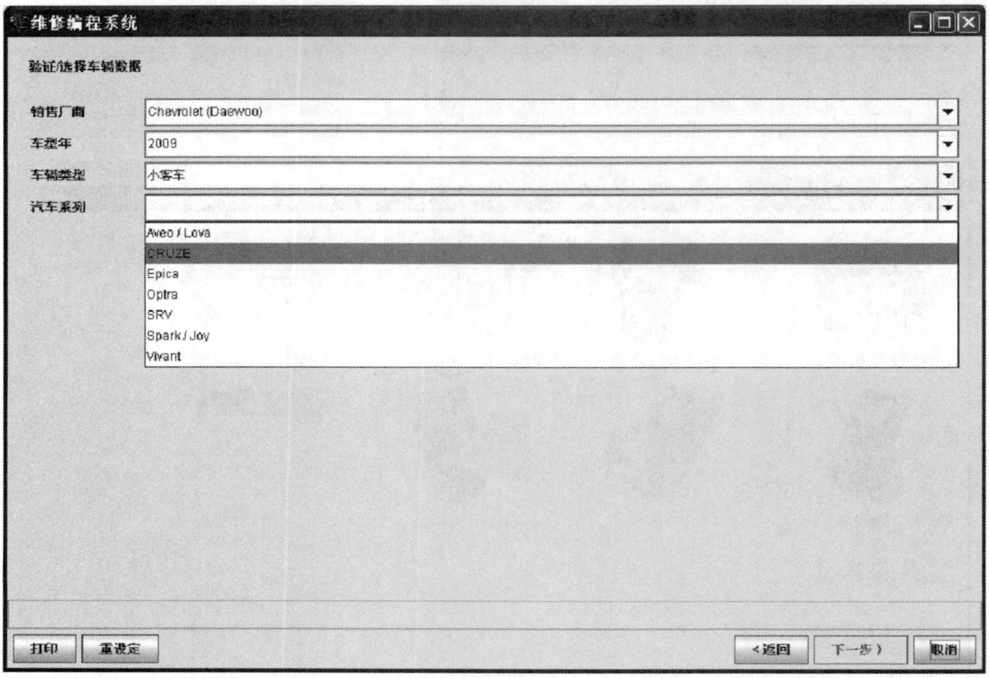

维修编程系统
验证/选择车辆数据
销售厂商
Chevrolet (Daewoo)
车型年
2009
车辆类型
小客车
汽车系列
Aveo / Lova
CRUZE
Epica
Optra
SRV
Spark / Joy
Vivant
打印
重设定
<返回
下一步>
取消

图 8-30　选择车型

输入车辆识别码，见图 8-31。

④ 控制器选“IPC 仪表组-编程”，编程类型选“普通”，见图 8-32。

维修编程系统
有效车辆识别号(VIN)
确保显示正确的VIN.
如VIN不正确或遗失，输入VIN.
VIN
LSGPC53R99F000249
打印
ECU数据
<返回
下一步>
取消

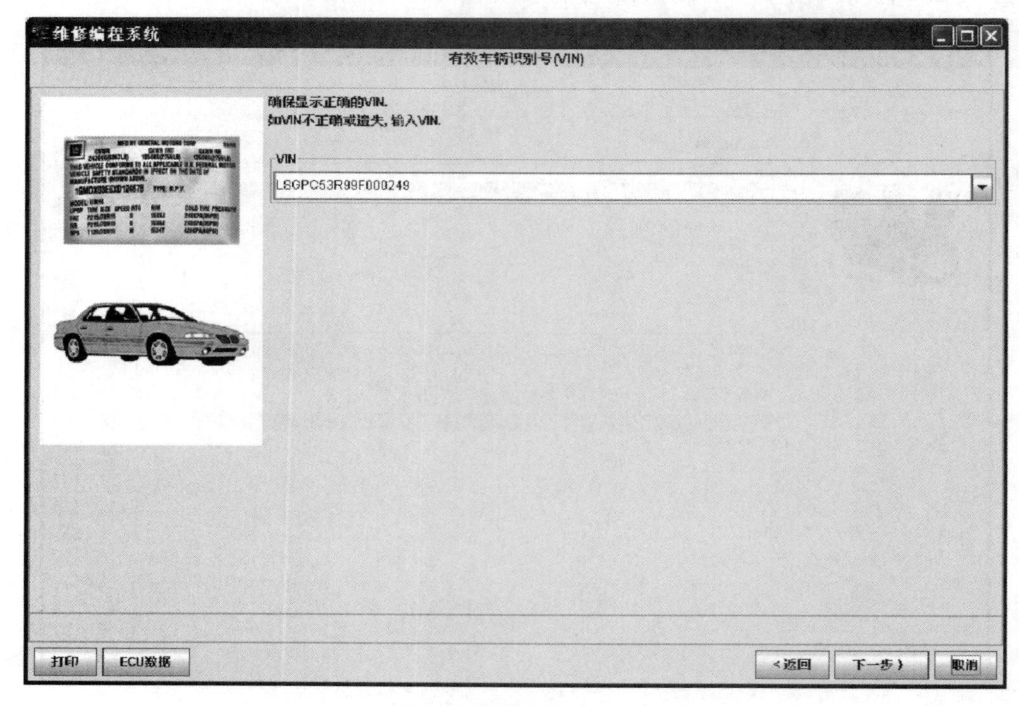

图 8-31　输入 VIN 码

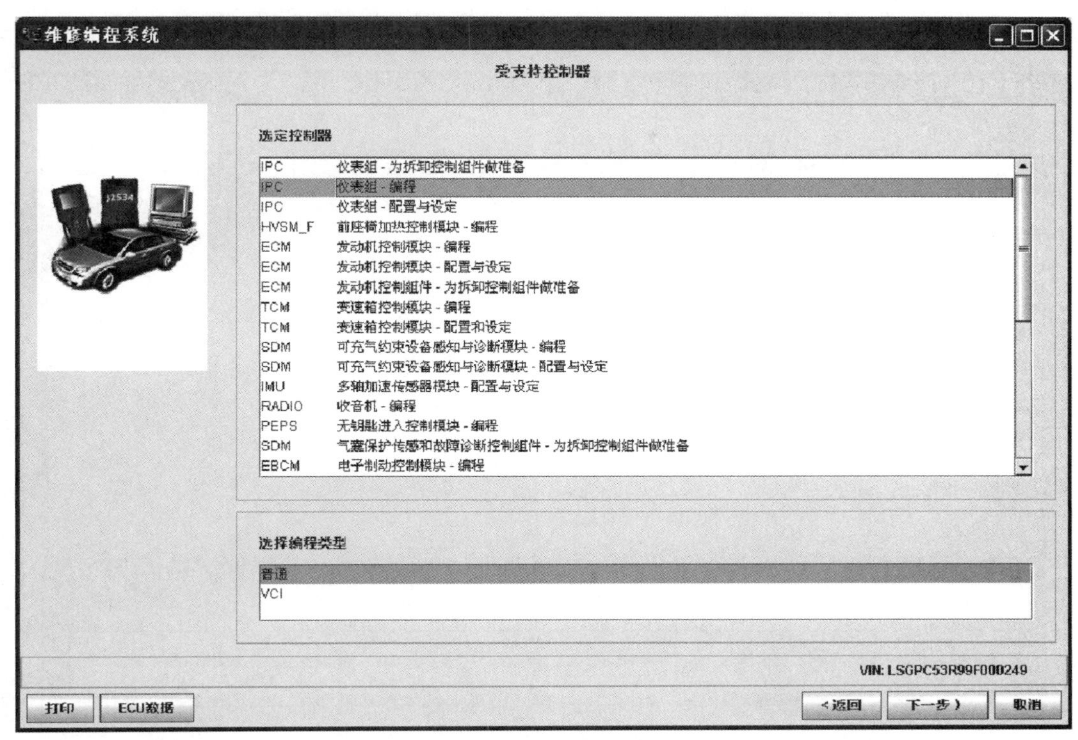

图 8-32　选择编程项目

⑤ 进入验证/选择车辆数据界面，确认车辆选装信息，见图 8-33。

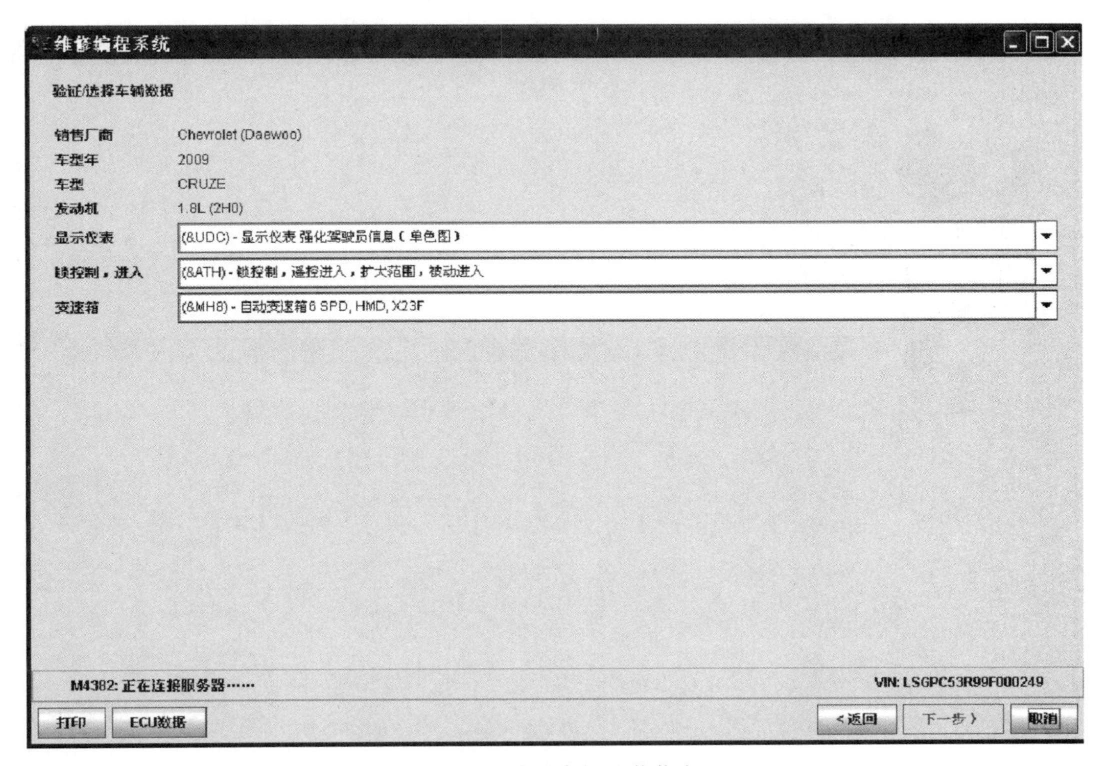

图 8-33　确认车辆选装信息

⑥ 进入校准程序界面，点击“下一步”进行维修编程，见图 8-34、图 8-35。

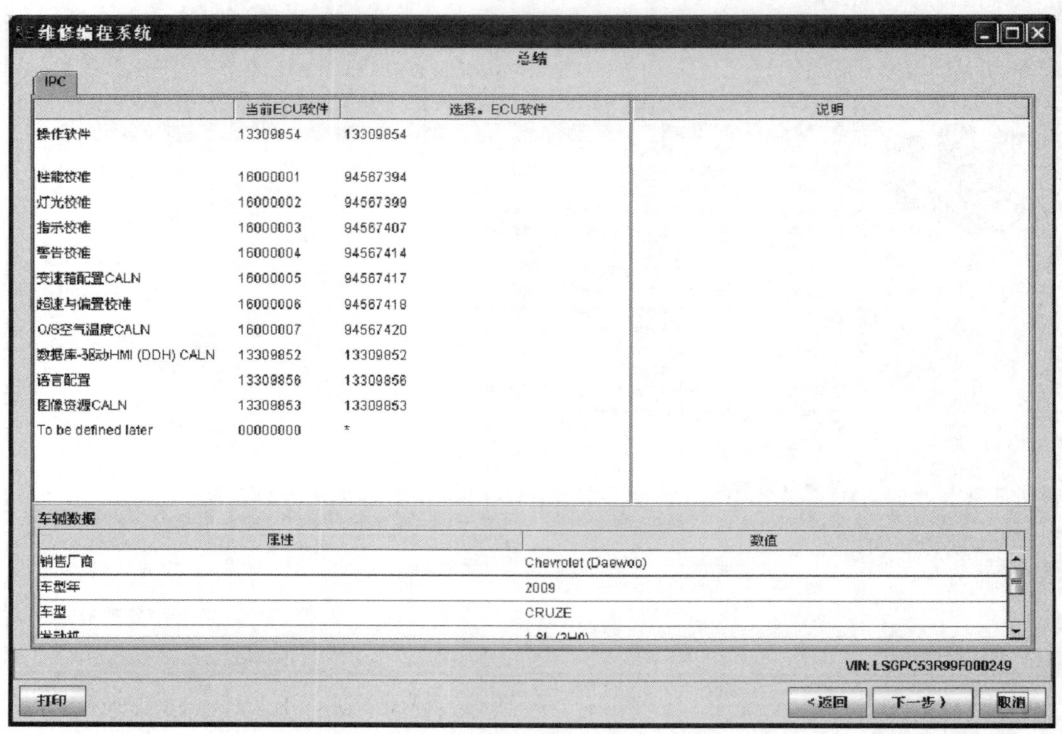

图 8-34　进入维修编程

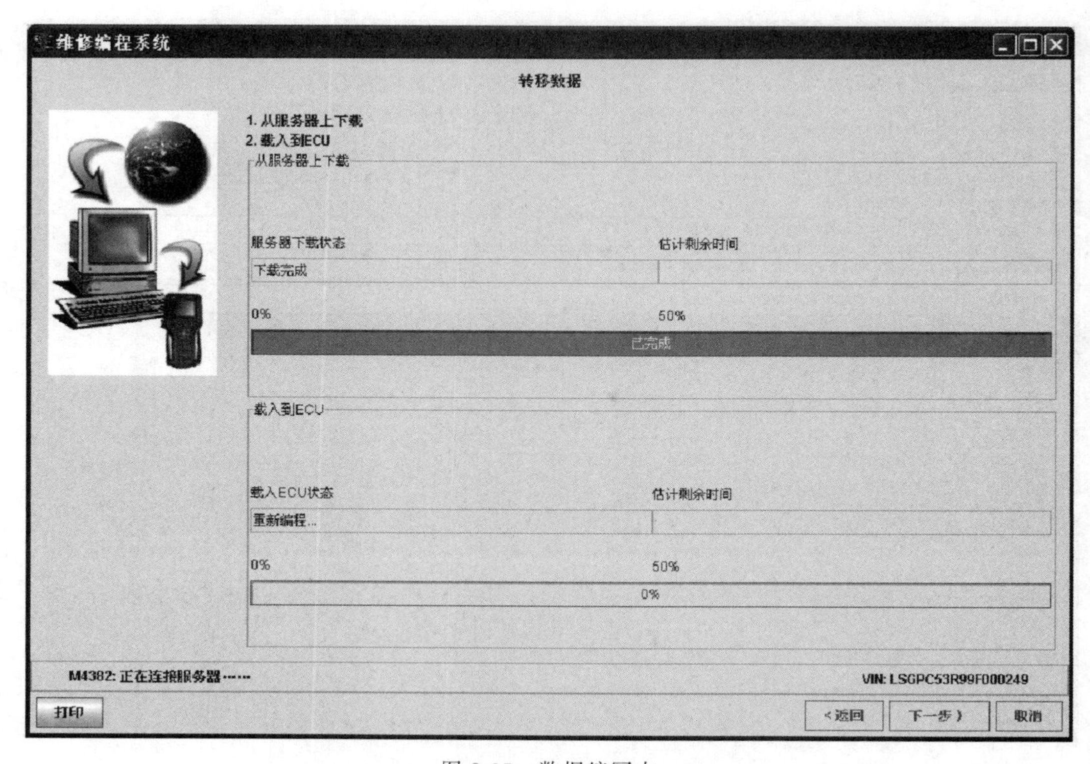

图 8-35　数据编写中

⑦ 维修编程成功后，再进行组合仪表的配置，进入图 8-36 所示界面，控制器选择“IPC 仪表组-配置与设定”，编程类型选“普通”。

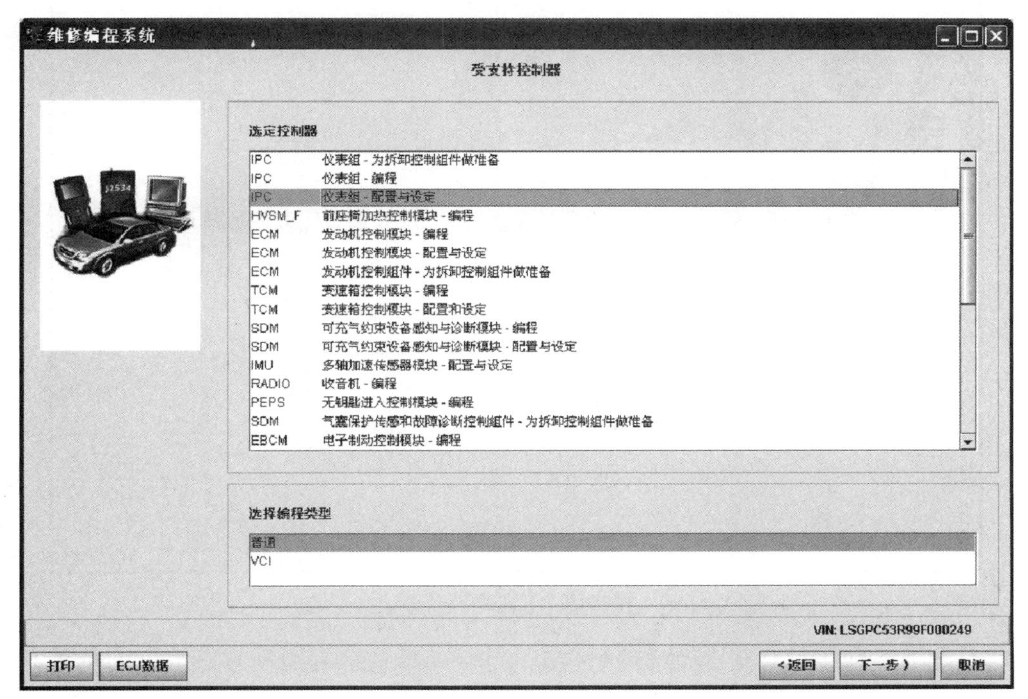

图 8-36　组合仪表配置界面

⑧ 点击“下一步”，进行组合仪表的配置和设定，见图 8-37、图 8-38。

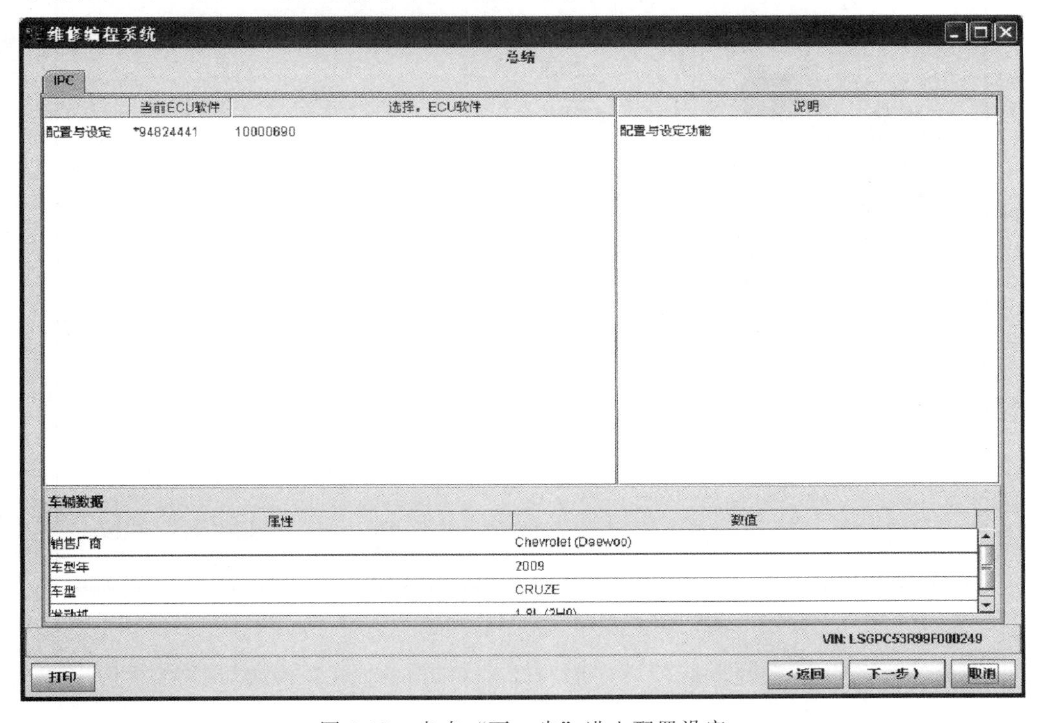

图 8-37　点击“下一步”进入配置设定

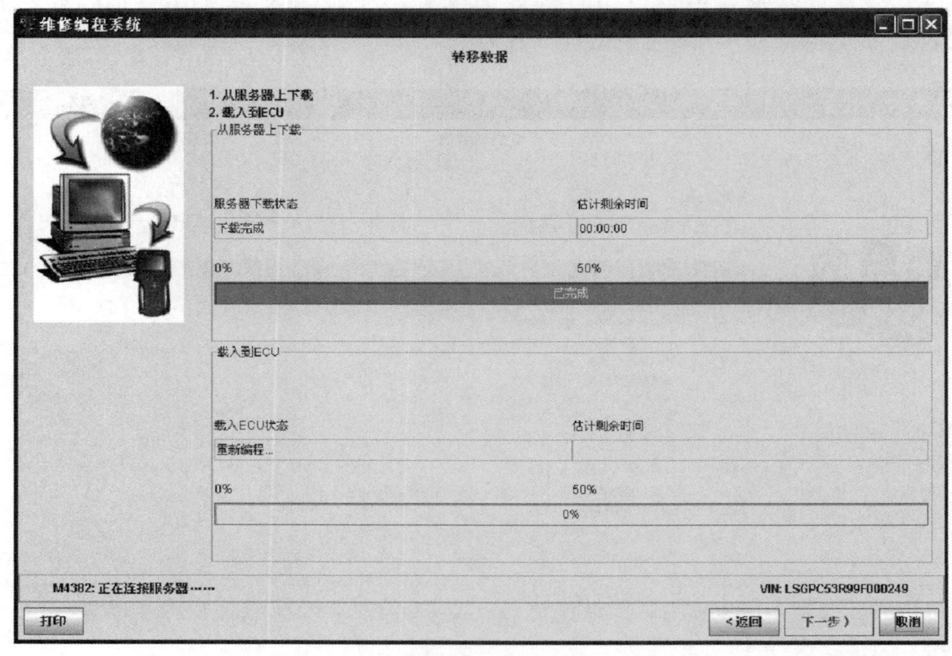

图 8-38 数据写入界面

⑨ 按照屏幕提示操作 SPS 软件和车辆，完成对组合仪表的配置，最后完成编程，见图 8-39。

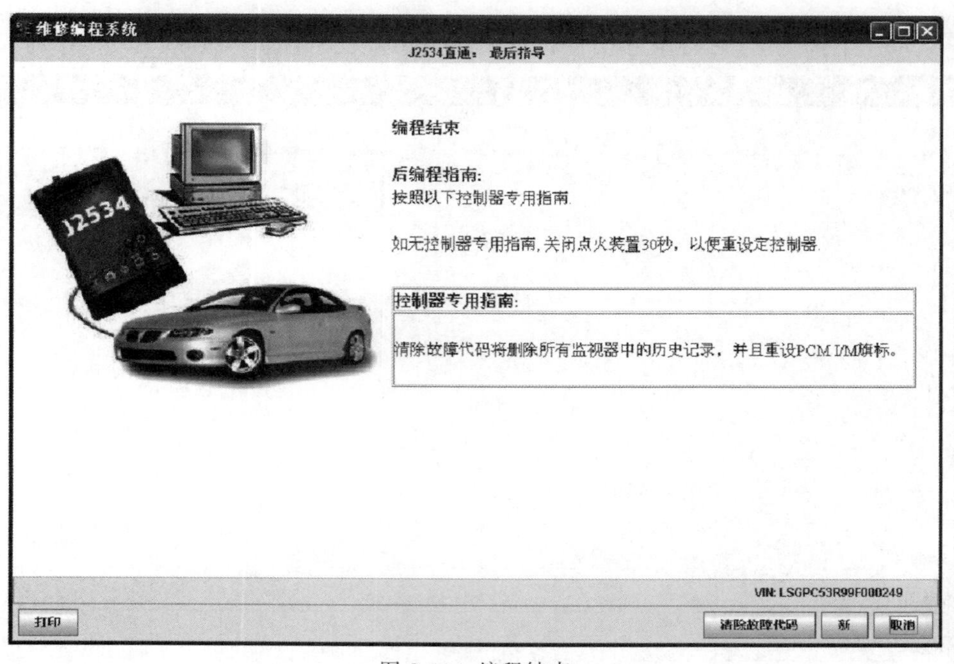

图 8-39 编程结束

⑩ 完成编程和设置之后进行检查，当行李厢打开时，组合仪表上应有“行李厢未关”的警告信息和图标，如图 8-40 所示。

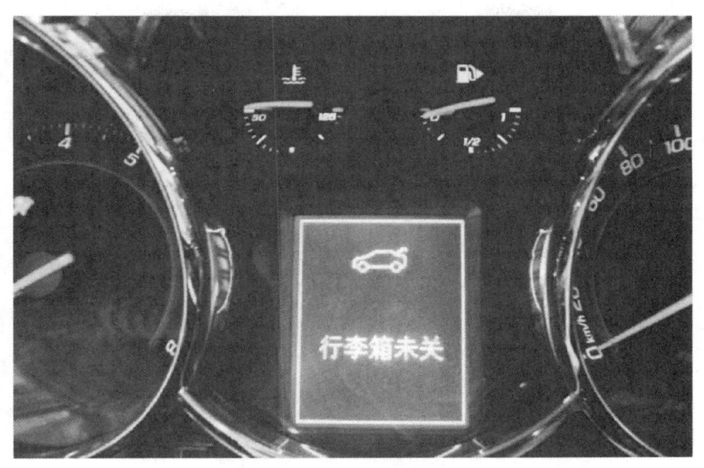

图 8-40　编程结果检验

五、福特-林肯车系

汽车各个系统的功能通常采用模块控制，控制模块按照其内部存储的指令或程序执行相关的操作。车载网络的控制模块中都有属于其自身的控制软件，技师在更换模块或维修故障过程中，对模块的编程是一项必要的工作。模块编程界面如图 8-41 所示。

图 8-41　模块编程界面

在进行模块编程时，要注意以下几个步骤。

① 连接电源。在对模块编程过程中，车辆处于关闭状态，所以应在编程时确保车辆蓄电池电量正常，如有需要则连接外接电源，如图 8-42 所示。

② 连接诊断仪。模块编程需要借助 IDS 进行，接上诊断仪，并确保 IDS 电脑连接网络，即可执行模块编程，如图 8-43 所示。

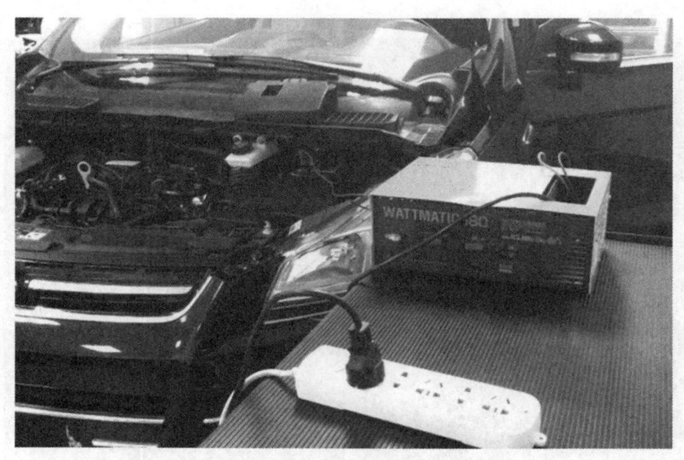

图 8-42　连接外接电源

图 8-43　连接诊断仪

③ 操作诊断设备。在 IDS 中选择模块编程的相应功能，如“可编程模块安装”，并选择需要编程的模块，如图 8-44 所示。

图 8-44　模块编程菜单

④ 执行模块编程。按照 IDS 的提示要求，按步骤执行模块编程，编程界面如图 8-45 所示。

图 8-45　模块编程界面

在这些功能当中，模块编程软件支持功能对模块编程操作是必要的。技师可使用 VCM 通过 PTS 网站（PTS 是 Professional Technology Institute 的缩写，意思是专业技术协会，简称为 PTS 网站，该网站可实现技术信息、车辆信息、通用信息共享）识别车辆，并通过网络实现对车辆模块的在线编程，如图 8-46 所示。

可编程模块安装功能（见图 8-47）用于更换新模块时对新安装的模块进行编程，操作

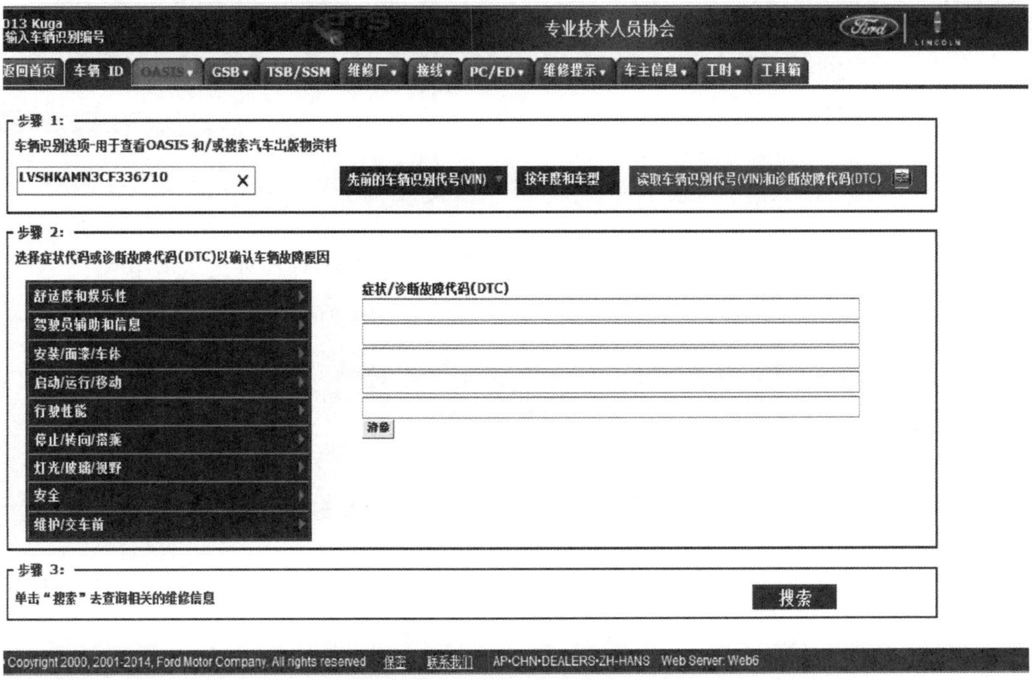

013 Kuga
输入车辆识别编号
专业技术人员协会
返回首页　车辆 ID　OASIS　GSB　TSB/SSM　维修厂　接线　PC/ED　维修提示　车主信息　工时　工具箱
步骤 1:
车辆识别选项-用于查看OASIS 和/或搜索汽车出版物资料
LVSHKAMN3CF336710
先前的车辆识别代号(VIN)　按年度和车型　读取车辆识别代号(VIN)和诊断故障代码(DTC)
步骤 2:
选择症状代码或诊断故障代码(DTC)以确认车辆故障原因
舒适度和娱乐性
驾驶员辅助和信息
安装/面漆/车体
启动/运行/移动
行驶性能
停止/转向/搭乘
灯光/玻璃/视野
安全
维护/交车前
症状/诊断故障代码(DTC)
清除
步骤 3:
单击"搜索"去查询相关的维修信息
搜索
Copyright 2000, 2001-2014, Ford Motor Company. All rights reserved　保密　联系我们　AP-CHN-DEALERS-ZH-HANS　Web Server: Web6

图 8-46　在线编程系统

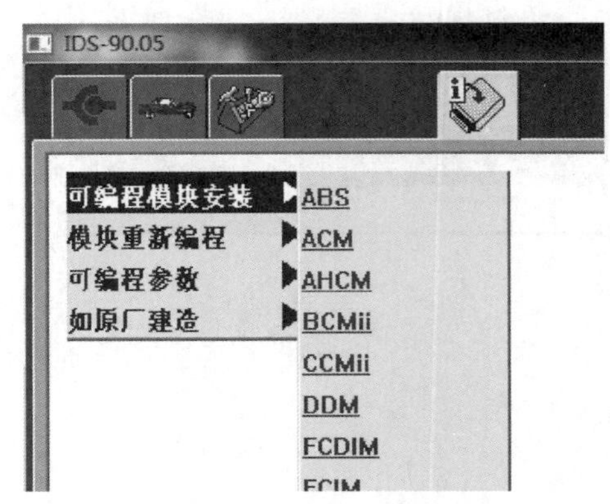

图 8-47　可编程模块菜单

时需要使用 IDS。更换新模块时，是否需要执行可编程模块安装功能，取决于具体车型，使用 IDS 可以进行查询。

模块重新编程，相当于对模块进行新程序升级。选择此项，如果 IDS 提示“没有最新的校正程序……”，则说明该模块此时并无可升级的程序。

模块重新编程的操作流程与可编程模块安装类似。首先要确保车辆的电源电压稳定，然后连接 IDS，在模块编程功能中选择“模块重新编程”，如图 8-48 所示，并选择需要执行编程的模块，最后按照 IDS 的提示步骤操作即可。

车辆构造信息主要存储在车身控制模块（BCM）内，如车辆配备的其他模块需要这些信息，那么这些信息或参数将从 BCM 传输至相关模块。

基于安全原因，保存在 BCM 中的所有构造数据将备份到仪表模块（IPC）内。如果更换了存储有构造数据的模块，如 BCM 或 IPC，则需要执行相应的设置操作，以恢复新模块的数据。BCM 可编程参数操作菜单如图 8-49 所示。

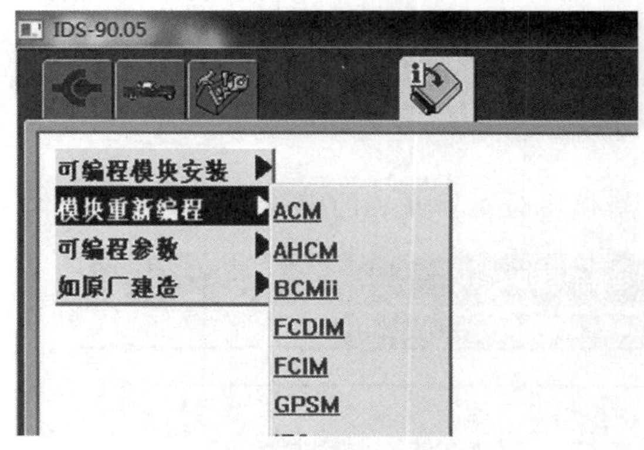

图 8-48　模块重新编程菜单

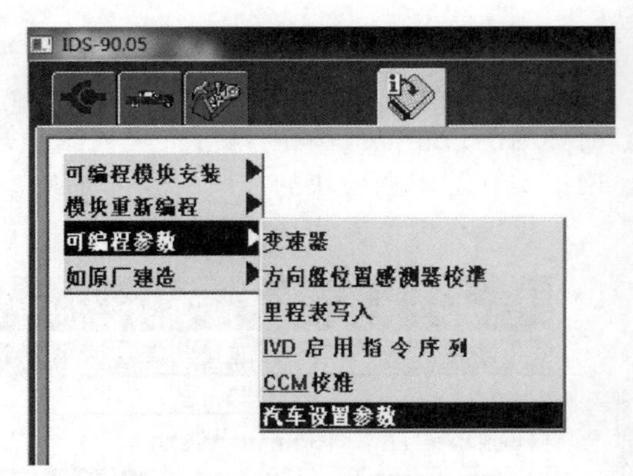

图 8-49　BCM 可编程参数操作菜单

进入可编程参数中的汽车设置参数功能后，我们将看到有 4 个选项（见图 8-50，其中乱

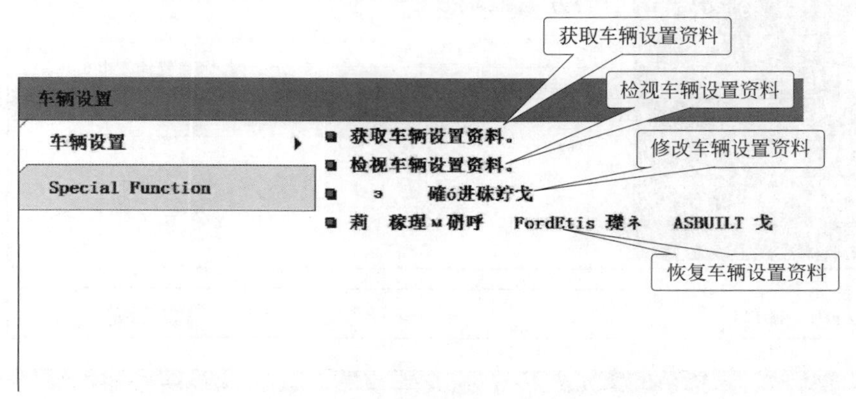

图 8-50　可编程参数中的设置选项

码由语言设置引起），分别是：获取车辆设置资料、检视车辆设置资料、修改车辆设置资料、恢复车辆设置资料。

获取车辆设置资料功能是将 BCM 中存储的构造信息读取到 IDS 中，以便技师查看和修改。在操作时，按照 IDS 的提示，打开或者关闭点火开关，系统即可执行数据的传输。如图 8-51 所示，如果某项目的数据传输正常，则显示绿色“✔”；如果显示红色“✘”，则表示此数据传输失败。

图 8-51　数据传输状态

当 IDS 读取 BCM 中存储的构造信息后，选择“检视车辆设置资料”，技师便可通过 IDS 电脑屏幕浏览这些信息。如图 8-52 所示，该汽车配备了 120A 的交流发电机，如果更换其他

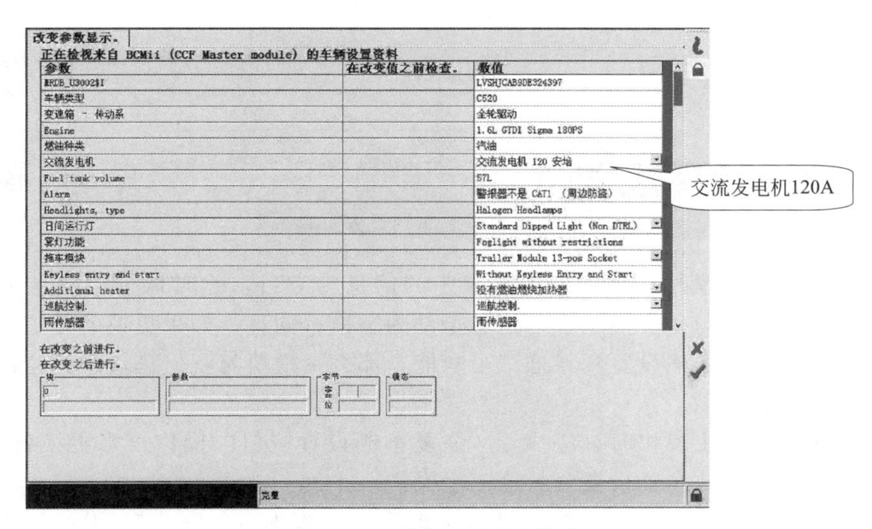

图 8-52　检视车辆设置资料

规格的发电机，应在此处进行修改。

当技师通过IDS对查看的车辆设置资料进行修改后，执行“修改车辆设置资料”功能，那么技师进行的修改将通过IDS写入BCM，同时将备份模块IPC中的资料进行更新，如图8-53所示。

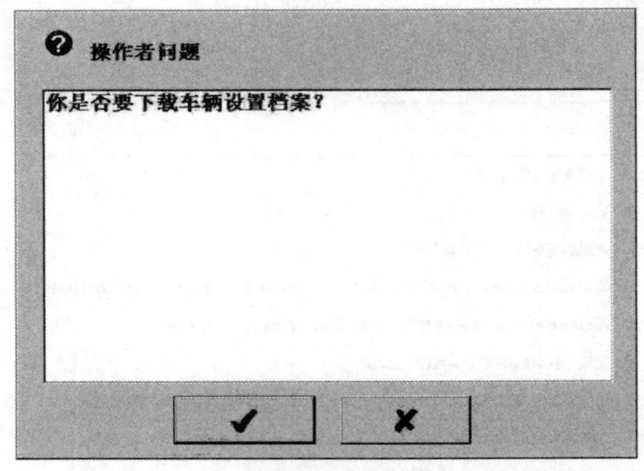

图8-53 修改车辆设置资料

当BCM（主模块）的数据丢失、损坏，或BCM损坏需更换新的BCM模块时，可以使用“恢复车辆设置资料”功能。当技师选择“恢复车辆设置资料”时，IDS发出指令，车辆构造信息将从IPC仪表模块（备份模块）恢复到BCM（主模块）中，如图8-54所示。

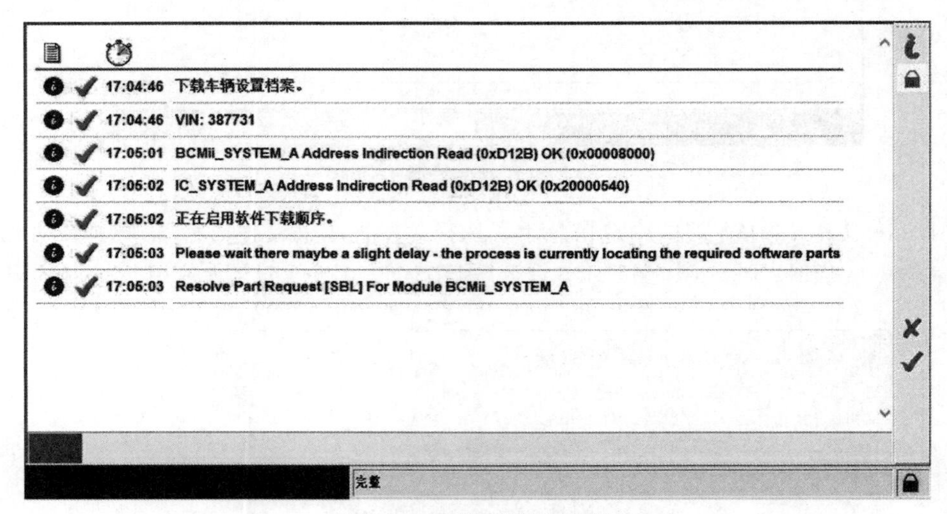

图8-54 恢复车辆设置资料

如果更换的是备份模块，那么备份模块中的信息为空白，此时执行“恢复车辆设置资料”功能，会使主模块与备份模块中的信息全部为空白；同理，如果更换的是主模块，此时执行获取、查看、修改车辆设置资料这三个功能，那么主模块与备份模块中的全部信息也将为空白。

所以，当更换新的主模块时，应执行“恢复车辆设置资料”操作；当更换备份模块时，应执行获取、查看、修改车辆设置资料这三个操作。

如原厂建造功能是指恢复车辆模块至新车出厂时的版本。如图8-55所示，技师可通过

IDS选择需要恢复的模块进行操作。确保IDS连接网络，操作时IDS会自动从网络上下载对应车型以及对应的编程模块的原厂数据，并安装到模块中。按照提示操作成功后，此模块将会恢复此车辆出厂时的数据。

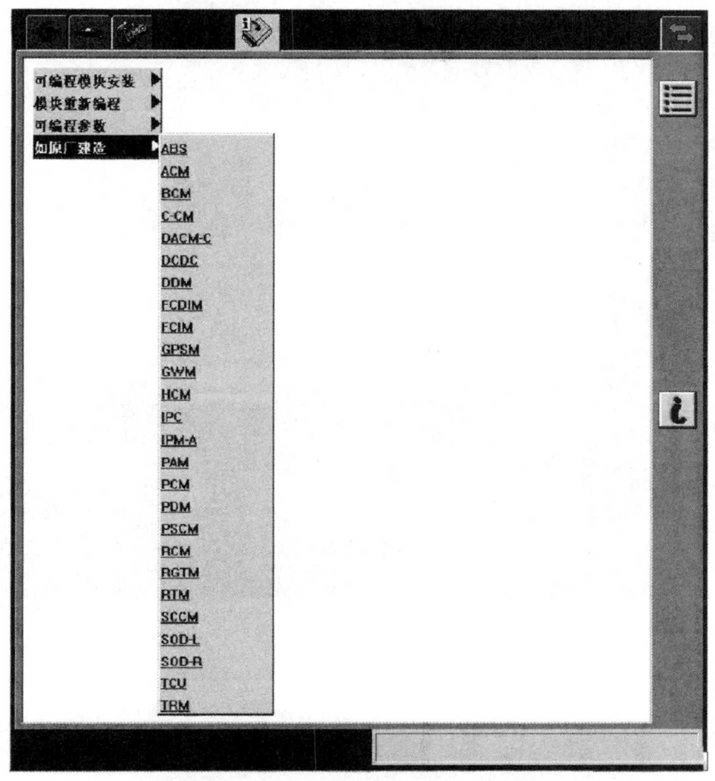

图8-55　“如原厂建造”功能菜单

第二节 日韩品牌汽车

一、丰田车系

本部分以一汽丰田雷凌定制遥控钥匙一键升窗功能的操作为例进行讲解。

① 点击“与车辆连接”，连接界面如图8-56所示。

② 如图8-57所示，根据发动机选择型号（比如9NR、GTMC就是广汽丰田）。

③ 点击“下一步”，出现如图8-58所示的详细配置信息界面。

④ 选择“定制设置”，然后双击“Power Window”，如图8-59所示。

⑤ 把前面4个OFF改成ON，直接双击ON，如图8-60所示。

⑥ 然后点击绿色箭头“应用”，这样钥匙一键升降车窗的隐藏功能打开了，如图8-61所示。

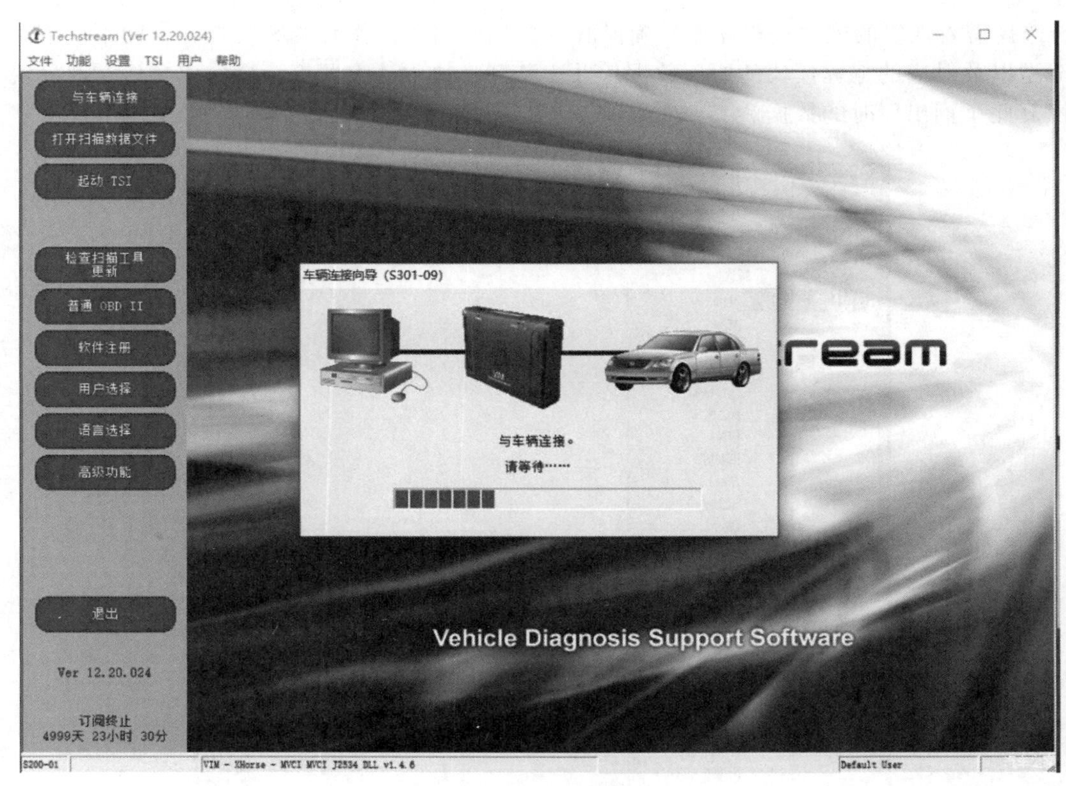

图 8-56　连接车辆

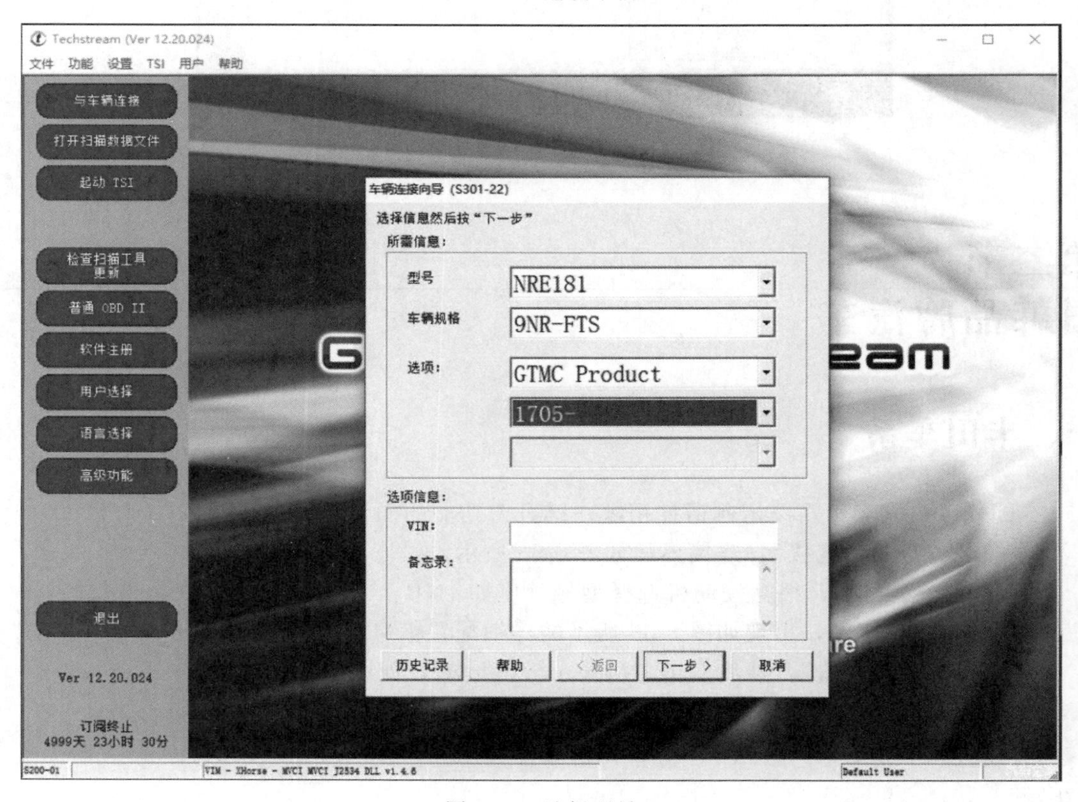

图 8-57　选择型号

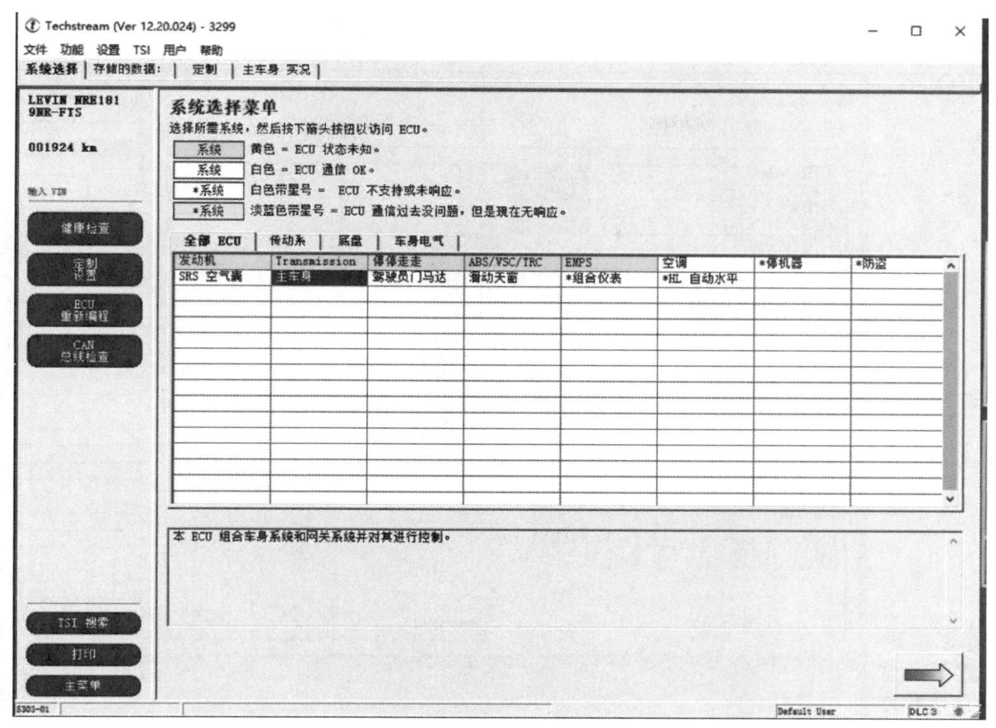

图 8-58　详细配置信息界面

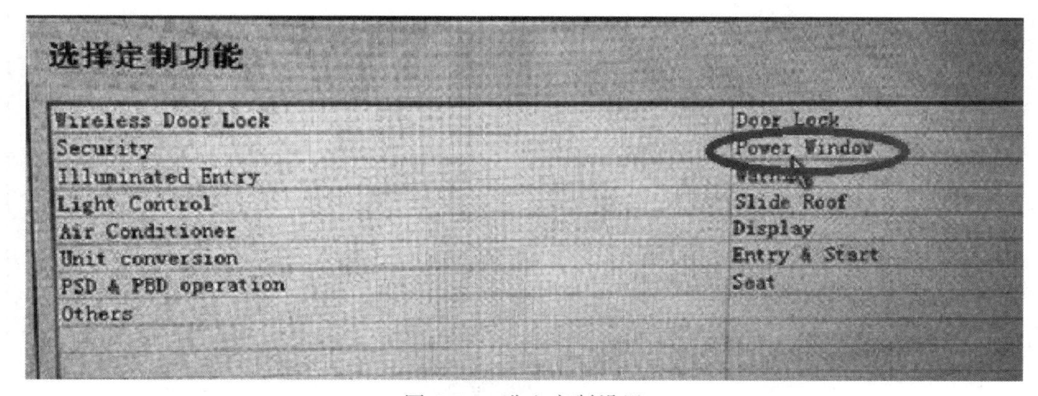

图 8-59　进入定制设置

二、本田车系

以 2014～2018 年款本田雅阁车型为例，发动机防盗锁止-遥控器控制单元注册步骤如下。

注意：需要使用 HDS 诊断设备。在发动机防盗锁止系统编程的同时也为遥控器发射器编程。发动机防盗锁止-遥控器控制单元最多可以存储 6 把发动机防盗锁止钥匙。

① 获取所有已注册钥匙和 PCM 代码。

② 将 HDS 连接到数据插接器（DLC）上。

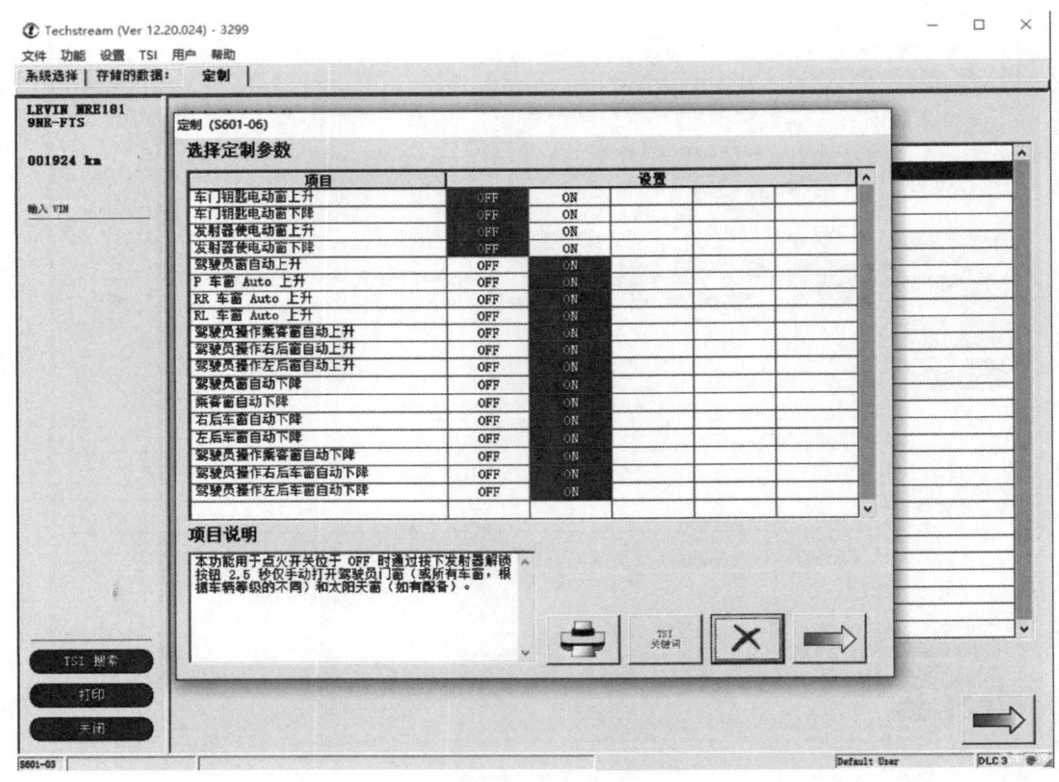

图 8-60　将 OFF 改为 ON

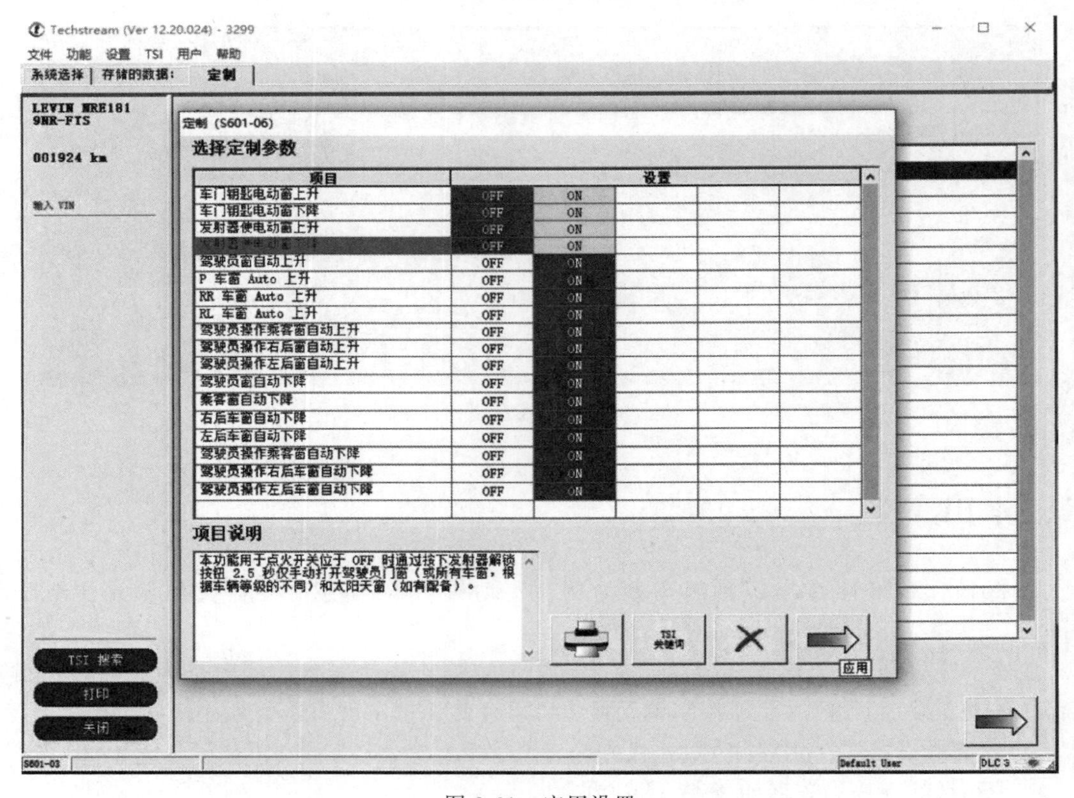

图 8-61　应用设置

③ 将车辆转为 ON 模式。

④ 从“SYSTEM SELECTION MENU（系统选择菜单）”上选择“IMMOBI（发动机防盗锁止系统）”，然后选择“IMMOBILIZER SETUP（发动机防盗锁止系统设置）”。

⑤ 选择“REPLACE IMM UNIT（更换发动机防盗锁止装置）”。

⑥ 根据 HDS 屏幕的指示执行注册操作。

注意：编程用户的所有钥匙。

⑦ 检查发动机是否能用所有已注册的钥匙启动。

⑧ 根据 HDS 的提示，进行遥控器发射器编程。

⑨ 确保遥控器发射器能正常工作。

三、日产车系

汽车电瓶或汽车电脑被拆下和重新安装后，须进行汽车电脑学习设定。

操作步骤如下：

① 启动发动机并将选挡操纵杆置于 P 位或 N 位，使发动机运转至正常工作温度（冷却风扇开始运转）。

② 将选挡手柄置于 N 位，并让变速器在发动机怠速下运转 1min 然后踩住制动踏板，并将选挡手柄置于 D 位，让变速器在发动机运转下再运转 1min。

③ 在路试中将汽车缓慢加速（将节气门从 20%的开度缓慢地增大到约 50%的开度），使变速器从低挡升到高挡。

④ 在轻负荷条件下进入巡航模式行驶 3min（车速为 60～70km/h），然后停车。

⑤ 重复以上步骤 3 次，这时发动机及变速器应恢复正常工作，汽车电脑学习设定结束。

四、现代车系

在防盗系统发生故障和更换部件后，有的部件需要重新匹配及编程，见表 8-1。

表 8-1　故障和更换部件与编程的关系

故障	部件设置	需要 KDS/GDS 诊断仪
所有钥匙丢失	空白键(4)	YES
天线线圈装置不工作	线圈天线单元	NO
ECM 不工作	PCM(ECM)	YES
点火开关不工作	点火开关配备天线线圈模块	YES
发现不能识别的车辆特定数据	钥匙,PCM(ECM)	YES
SMARTRA 模块不工作	SMARTRA 模块	YES

如果 ECM 故障，必须用“初始”或“中和”状态的 ECM 更换。全部钥匙需要重新注册到新的 ECM 中，未注册到 ECM 的钥匙对新 ECM 无效。

如果 SMARTRA 故障，则 SMARTRA 需要进行记忆程序。如果更换了新的 SMARTRA，需要执行 SMARTRA 记忆程序。

注意事项：

① 注册了一把钥匙且想要注册另一把钥匙时，需重新注册已注册的钥匙。

② 注册 1 号主钥匙，没有注册 2 号主钥匙时，将 1 号主钥匙置于点火开关 ON 或 ST 位置，然后拔出它，可用未注册的 2 号主钥匙启动发动机（注意必须在拔出 1 号钥匙 10s 内使用 2 号钥匙）。

③ 注册 1 号主钥匙，没有注册 2 号主钥匙时，将 2 号主钥匙置于点火开关 ON 或 ST 位置。即使使用已注册的 1 号主钥匙，也不能启动发动机。

④ 检查钥匙防盗系统时，参考上述①②③项，必须遵守 10s 范围。

⑤ 若连续 3 次输入错误的 PIN 代码或口令，系统将锁定 1h。

⑥ 注意不要重叠发射器区域。

⑦ 如果重叠发射器区域，在钥匙注册或车辆启动时会发生故障。

用诊断仪可将 PCM（ECM）设定为“中和”状态。

插入有效点火开关钥匙，并在点火开关 ON 后，PCM（ECM）向诊断仪请求车辆识别代码。通信信息说明为“中和”模式。成功接收到信息后，“中和” PCM（ECM）。此时 ECM 保持锁定，PCM（ECM）既不接受失效保护模式，也不接受“2 次 ON”功能。

钥匙注册要遵循初始 PCM（ECM）程序。因发射器编程的唯一性，不能变更车辆特定数据。如果代码改变，需要配有一个带有初始发射器的新钥匙。

如果持续或间歇发送错误的车辆特定数据到 SMARTRA 三次，SMARTRA 会拒绝请求进入“中和”模式 1h。分离蓄电池或进行其他操作也不能减少此时间。一旦重新连接蓄电池，计时器将重新计时 1h。

中和状态检查方法如下：

① 把 KDS/GDS 诊断仪连接在驾驶席仪表板下、装饰板内的诊断连接器上。点火开关“ON”后，选择“中和模式”，如图 8-62 所示。

图 8-62 选择“中和模式”

②“中和模式”界面如图 8-63 所示。

③“ECU 中和”界面如图 8-64 所示。

④“SMK 中和”界面如图 8-65 所示。

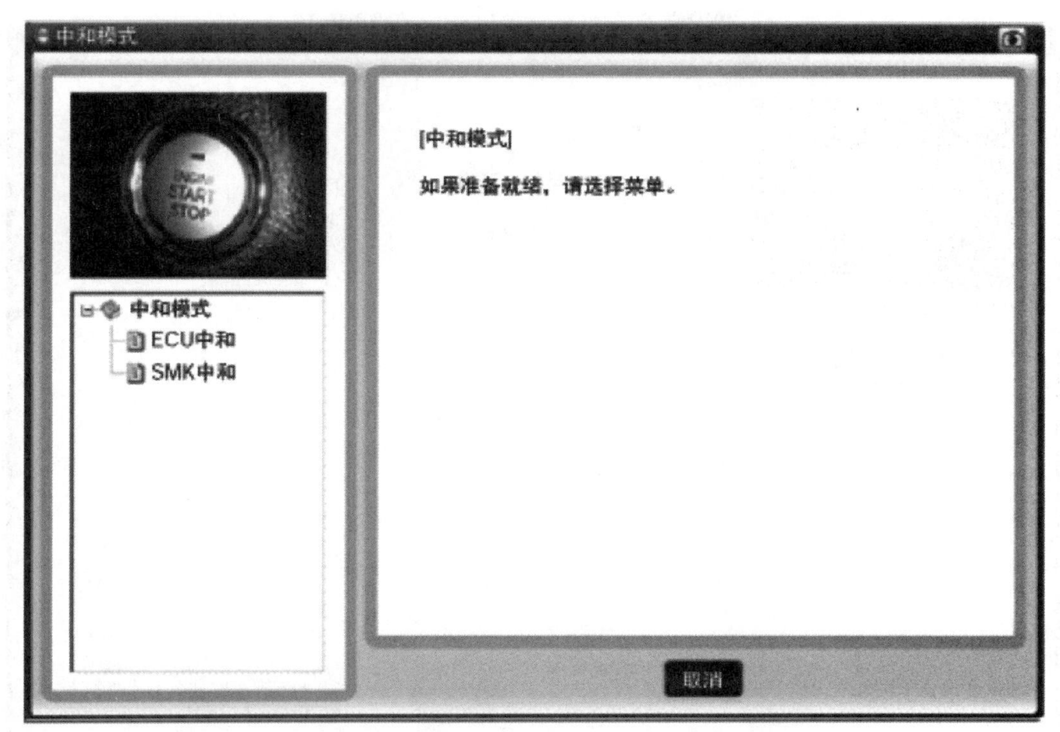

图 8-63　“中和模式”界面

图 8-64　“ECU 中和”界面

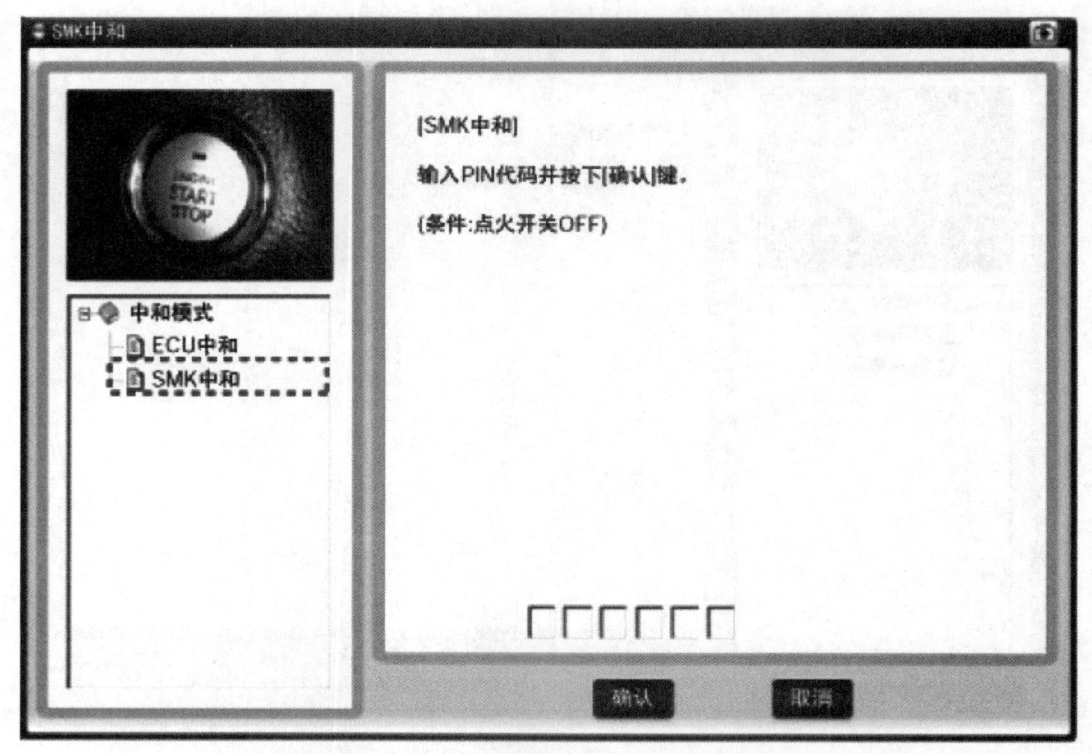

图 8-65 “SMK 中和”界面

第三节 国产品牌汽车

一、比亚迪汽车

以智能钥匙系统控制器匹配编程为例，其操作步骤如下：

① 同电子（卡式）钥匙匹配流程，先进入“防盗编程”界面，之后选择“IK 控制器编程”，如图 8-66 所示。

② 选择“IK 控制器编程”后，会看到图 8-67 界面，输入 15 位维修代码。

③ 输入正确的维修代码后按“OK”键，根据界面提示插入本车有效钥匙，如图 8-68 所示。（本车旧钥匙全都损坏或丢失的，可插入新的空白钥匙。）

④ 将本车有效钥匙贴近启动按钮，看到“本车旧钥匙，维修代码输入正确，IK 控制器编程成功”的提示后，表明控制器已编程成功，按任意键返回即完成该项操作，如图 8-69 所示。控制器编程 OK 后，还需对所有本车旧钥匙进行编程，编程时同样需要输入维修代码。当车辆所有电子（卡式）钥匙都已损坏或丢失，加配空白钥匙编程时需要输入激活码。

智能钥匙系统转向轴锁匹配流程如下：

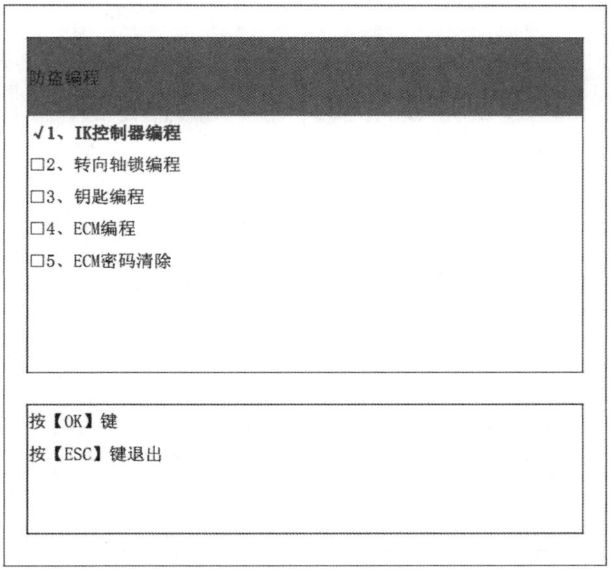

防盗编程
√1、IK控制器编程
□2、转向轴锁编程
□3、钥匙编程
□4、ECM编程
□5、ECM密码清除
按【OK】键
按【ESC】键退出

图 8-66　选择“IK 控制器编程”

IK控制器编程
请输入15位维修代码：
xxxxx xxxxx xxxxx
按【OK】键确认进入下级菜单
按【ESC】键退出

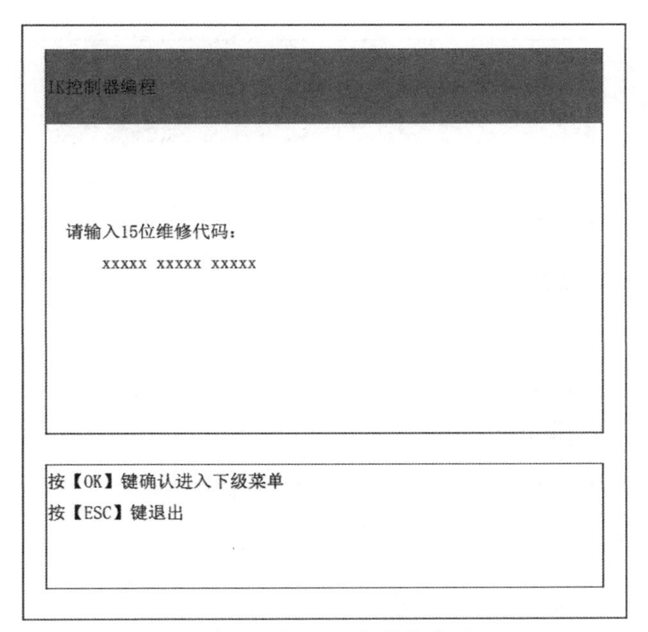

图 8-67　输入 15 位维修代码

① 同电子（卡式）钥匙匹配流程，先进入“防盗编程”界面，之后选择“转向轴锁编程”，如图 8-70 所示。

② 选择“转向轴锁编程”，会看到图 8-71 界面，提示插入有效钥匙，将本车正在使用的旧钥匙靠近启动按钮。

③ 将本车有效钥匙贴近启动按键后，图 8-72 界面会显示“转向轴锁编程成功!”字样。按任意键返回退出，完成转向轴锁编程。

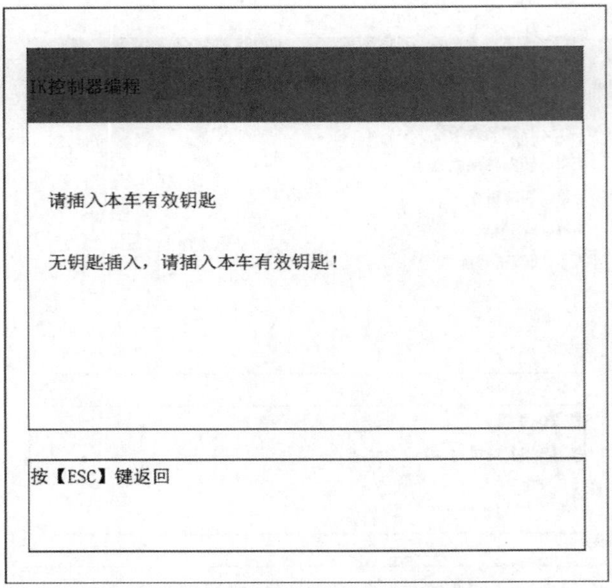

IK控制器编程

请插入本车有效钥匙

无钥匙插入，请插入本车有效钥匙！

按【ESC】键返回

图 8-68　提示“请插入本车有效钥匙”

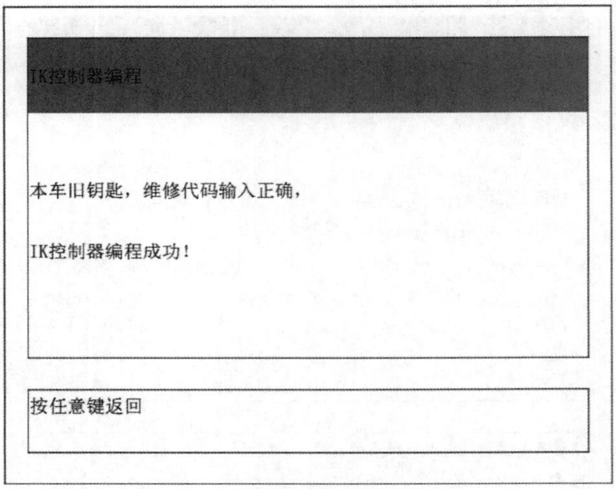

IK控制器编程

本车旧钥匙，维修代码输入正确，

IK控制器编程成功！

按任意键返回

图 8-69　提示编程成功界面

二、长城汽车

本部分以长城哈弗的 ECM 匹配为例进行讲解。当车辆的 ECM 损坏，更换全新的 ECM 后需使用该功能完成 ECM 与 PEPS 之间的匹配。

匹配的前提条件是 PEPS 已完成两把智能钥匙的匹配且成功退出 EOL 钥匙匹配模式，ESCL/点火锁电磁阀已完成匹配且各功能正常，电源模式能够切换到 ON 挡。

诊断仪与 PEPS 通信，首先要完成 PIN 码的认证，然后诊断仪要求 PEPS 与 ECM 通信，PEPS 将内部存储的 PIN、E-SK 传递给 ECM，完成一次正常认证后匹配成功。详细操作步骤如下：

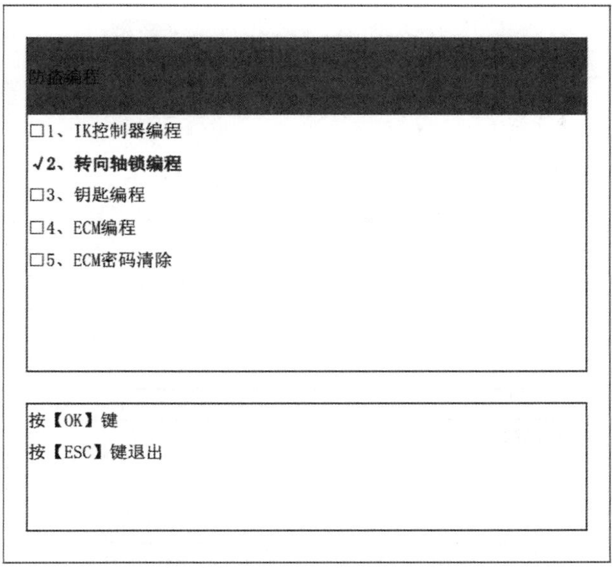

防盗编程
□1、IK控制器编程
√2、转向轴锁编程
□3、钥匙编程
□4、ECM编程
□5、ECM密码清除
按【OK】键
按【ESC】键退出

图 8-70　选择“转向轴锁编程”

转向轴锁编程
请插入本车有效钥匙
无钥匙插入，请插入本车有效钥匙！
按【ESC】键返回

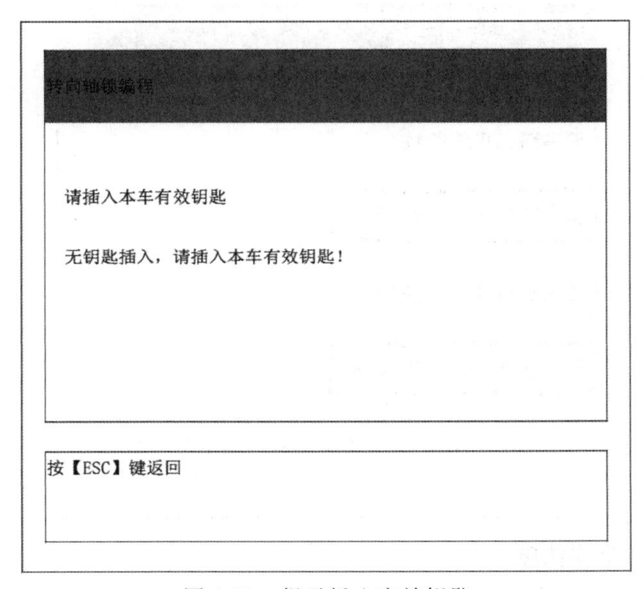

图 8-71　提示插入有效钥匙

① 首先将电源模式切换到 ON 挡，结合实车情况，选择正确的车型，使用正确的诊断功能，如图 8-73 所示。

② 点击“售后功能”选项，见图 8-74。

③ 点击“更换 EMS”选项，见图 8-75。

④ 按照诊断仪提示输入正确的 PIN 码（见图 8-76）。

当诊断仪出现“未通过 PIN 码验证”（图 8-77）的信息提示时，说明输入的 PIN 码与 PEPS 中存储的 PIN 码不一致，需核实正确 PIN 码后再重新匹配。

当诊断仪出现“写 PIN 码失败”（图 8-78）的信息提示时，说明 PEPS 向 ECM 中写入

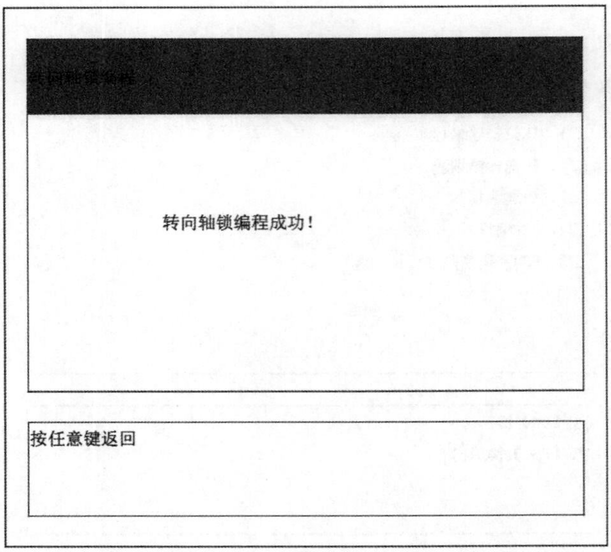

图 8-72 提示编程成功界面

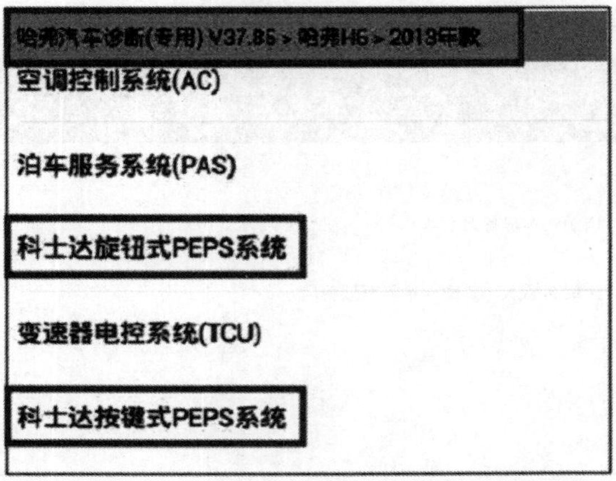

图 8-73 按配置选择功能

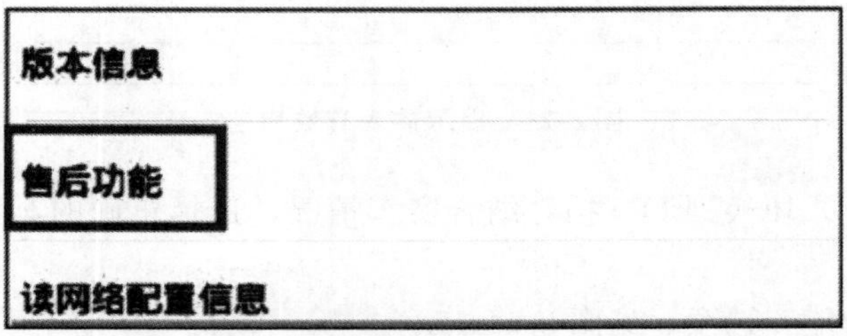

图 8-74 “售后功能”选项

PIN 时未成功，此时需检查 ECM 硬件、软件版本信息是否存在异常，检查 ECM、CAN 通信是否存在异常。

当诊断仪与 ECM 通信过程中显示通信失败时（图 8-79），需检查当前电源模式是否在 ON 挡，检查 ECM 的软硬件信息是否正常。

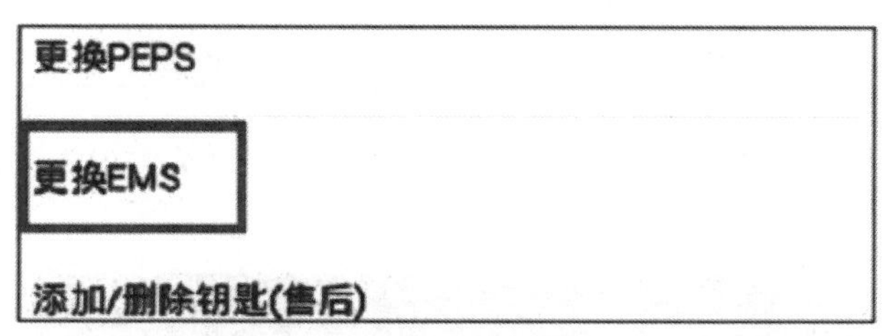

图 8-75　“更换 EMS”选项

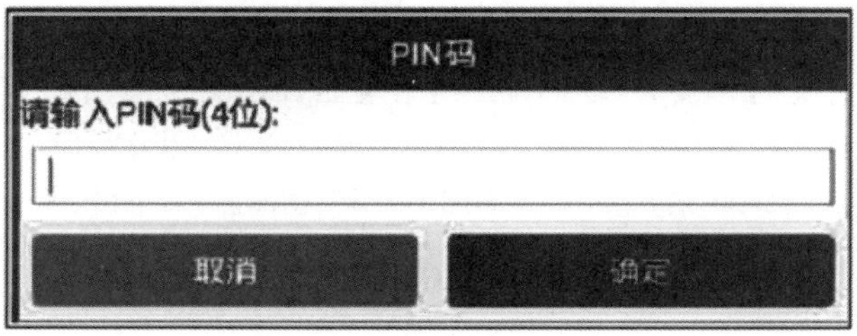

PIN码
请输入PIN码(4位):
取消
确定

图 8-76　输入 PIN 码

图 8-77　提示“未通过 PIN 码验证”

图 8-78　提示“写 PIN 码失败”

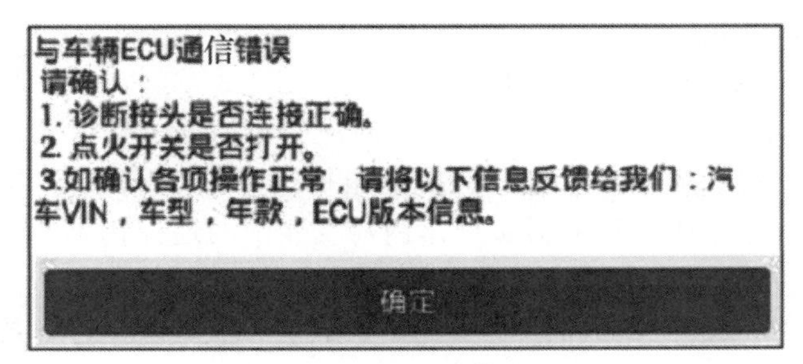

图 8-79　提示通信错误

⑤ 诊断仪依次提示“写 PIN 成功”“写 SK 成功”，最后显示“匹配成功”（见图 8-80），

表示 ECM 已成功匹配，下一步进行启动测试。

图 8-80 提示“匹配成功”

异常提示：

当出现其他异常情况时，需核实 PEPS 是否完成 EOL 线下钥匙学习、ESCL 是否匹配成功，即测试无钥匙进入/离开功能、电源模式管理、ESCL 上锁/解锁功能是否正常。诊断仪与 PEPS 通信过程出现异常情况时，需检查 PEPS 系统。诊断仪与 ECM、PEPS 与 ECM 之间通信过程出现异常情况时，需检查 ECM 系统。

三、长安汽车

本部分以长安逸动 BCM 的功能匹配操作为例讲解。

逸动 BCM 在使用诊断仪操作功能配置以及对新件进行配置的操作细节如下：

① 遥控升降车窗功能配置方法：车身控制系统—安全操作—输入密码—功能配置—手动配置—逻辑功能配置—遥控车窗上升（下降）—手动。依次选择上述选项后即可开启，请注意上升和下降是两个选项，需分别操作，如果需要关闭则选择无效选项。

② 速度落锁功能配置方法：车身控制系统—安全操作—输入密码—功能配置—手动配置—逻辑功能配置—速度自动落锁—有效。依次选择上述选项即可完成开启，如果需要关闭则选择无效选项。

以上两个功能的配置在出厂时未开通，如用户要求开通，请维修站严格按照要求执行(必须与客户签订承诺书)，另外其他的配置选项请维修站不要进行随意配置，以免因为实车配置的不同发生不必要的问题。

③ 更换新件后的配置操作：车身控制系统—安全操作—输入密码—功能配置—自动配置—逸动—点击选择实车相应的配置。自动配置后 BCM 可以完全正常使用，如果需要配置①和②描述的功能则需要单独进行手动配置。

长安汽车中控匹配方法可按以下步骤操作：

① 点火开关置于 ON 挡。

② 将诊断仪线束连接到整车诊断口。

③ 诊断仪上选择长安汽车→车身系统→BCM→安全访问→输入密码→显示“ok!!”后按退出键→进入保护区→显示“ok!!”后按退出键→Disarm→按退出键→配钥匙→显示“10 秒内按压遥控器任意一键”后同时按压车内需要匹配的遥控钥匙的解锁或闭锁按钮（如果同时匹配两把钥匙，听见两次提示声后则表明两把钥匙已匹配成功；如果匹配一把钥匙，听见一次提示声后表明钥匙匹配成功）→显示“ok!!”后按退出键→系统参数→确认转换编程一栏显示的数字是否与所配遥控钥匙数目一致。

④ 如果一致，确认所配遥控钥匙是否功能正常；如果不一致或者所配遥控钥匙功能不正常，需重新配钥匙。

⑤ 如果 BCM 没有在线或手动配过钥匙，则其初始密码为 0000。

⑥ 如果读取的故障车上并不存在，请确认：

a. 整车是否处于防盗报警状态。可通过看仪表上的防盗指示灯是否快闪确认，如果快闪，则处于防盗报警状态。可通过诊断仪 Disarm 命令解除报警。

b. 诊断仪是否与 BCM 连接成功。可通过万用表检查诊断口的 CAN-H 和 CAN-L 是否与 BCM 端的相应 PIN 脚导通。

c. 如果在某一界面显示“ok!?”，则表示操作或输入不正确，或者 BCM 与诊断仪连接不成功。

四、一汽奔腾汽车

本部分以一汽奔腾 B90 车辆的发动机防盗控制器总成即 IMMO（零件号：5DA0-67560，在其侧面可查看其生产批次及生产日期）的防盗匹配为例，IMMO 部件如图 8-81 所示。

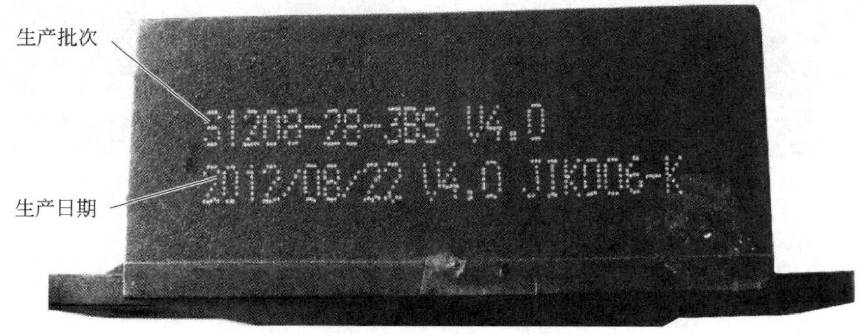

图 8-81 IMMO 部件

更换新的 IMMO 后，通过远程诊断软件 YQYC 进行 IMMO 匹配，菜单路径：车身—安全—匹配 IMMO。进入“匹配 IMMO”，输入 VIN，如图 8-82 所示。

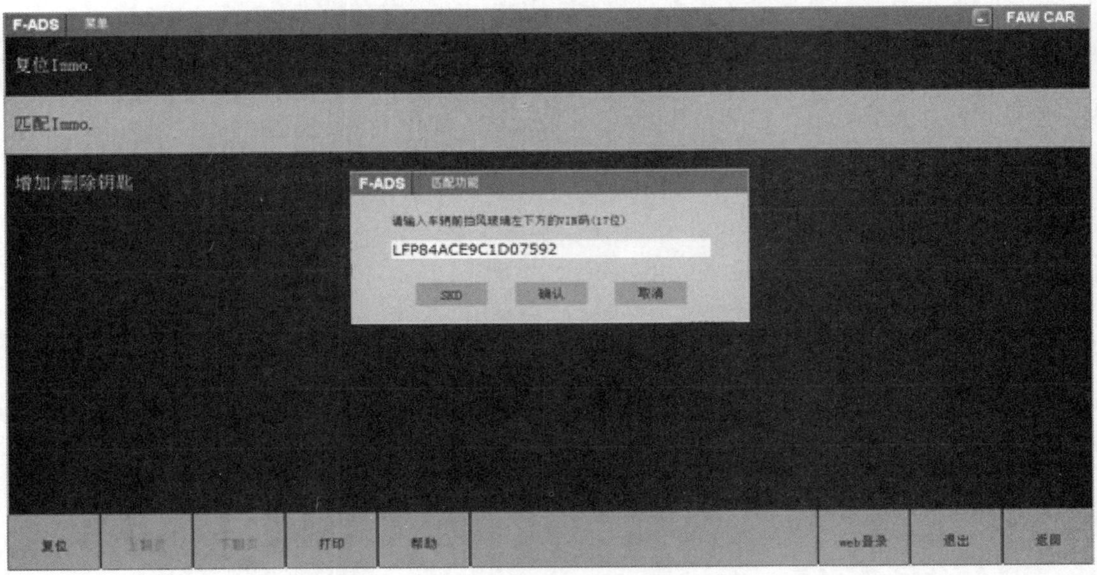

图 8-82　输入 VIN 码

按提示确认 VIN，点击“是”，如图 8-83 所示。

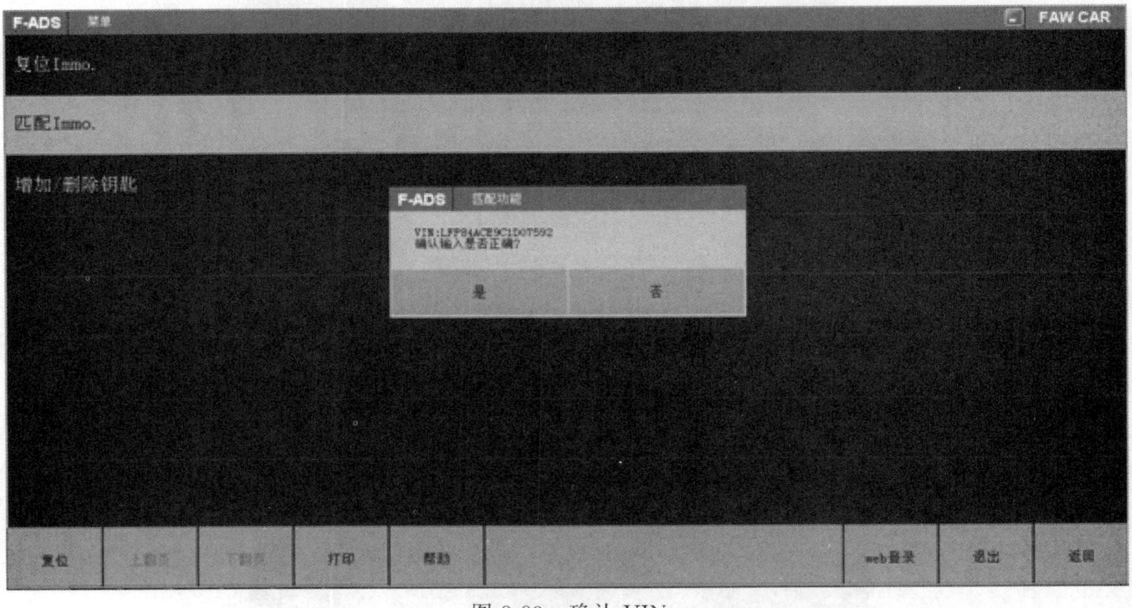

图 8-83　确认 VIN

若出现图 8-84、图 8-85 所示提示页面现象，可进行下述操作：

① 增加删除钥匙，路径：车身—安全—增加删除钥匙。

② EMS 自动配置，路径：模块编程—自动配置模块—EMS。

进行上述操作后，车辆可正常启动。

对生产日期在 2013 年 1 月 20 日之后的 IMMO（对应批次号：S1301-38-1BS），不会出现上述问题，更换 IMMO 后直接进行匹配 IMMO，按诊断仪提示操作即可。

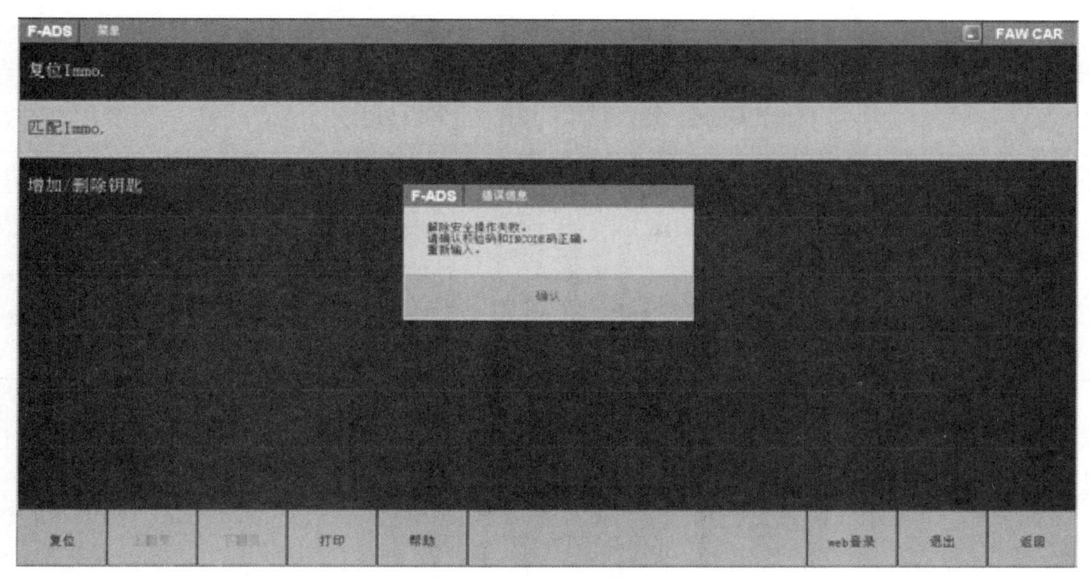

图 8-84　提示错误信息 1

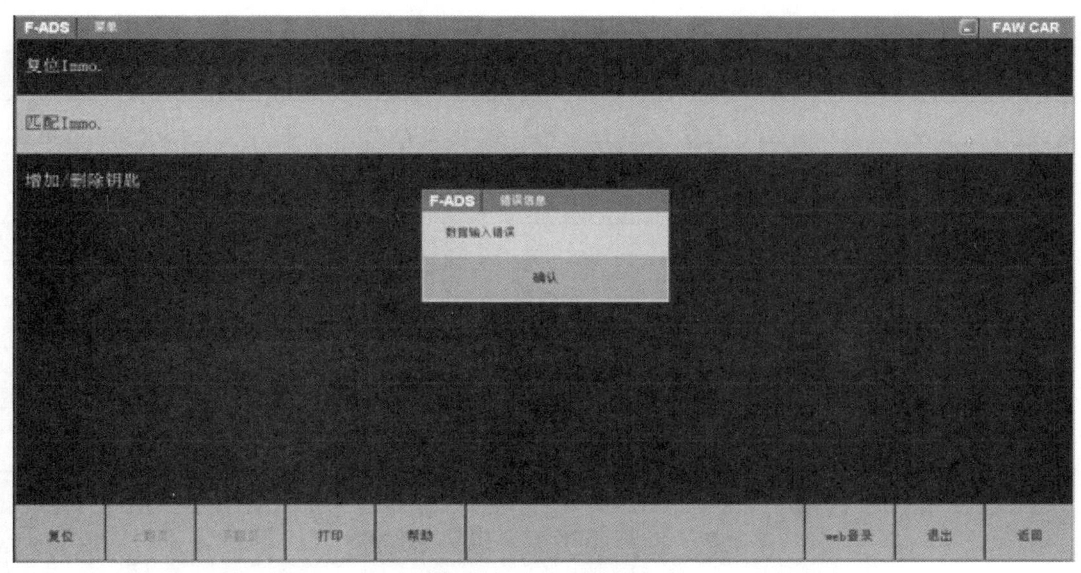

图 8-85　提示错误信息 2

五、上汽荣威汽车

以荣威 i5 车身控制模块（BCM）的编程为例，模块的编程功能与应用场景如表 8-2 所示。

表 8-2　BCM 模块编程功能与应用场景

功能	A	B	C	D	E	F	G	H	操作路径
软件升级	①								SIPS—编程与编码—BCM—刷新

续表

功能	A	B	C	D	E	F	G	H	操作路径
单元配置		①							SIPS—编程与编码—BCM—配置
更换模块	①	②	③	④	⑤		⑥	⑦	SIPS—编程与编码—BCM—更换
PDI 检测							①		VDS—快速通道—PDI—BCM 电源模式调整
添加新钥匙					①				SIPS—编程与编码—BCM—添加钥匙
删除钥匙						①			SIPS—编程与编码—BCM—删除
更换制动踏板位置传感器或制动踏板总成								①	VDS—快速通道—学习值/调整—制动踏板位置传感器零位学习

注：○内数字表示执行功能操作的顺序。

功能 A：电控单元软件刷新。此项功能用于对电控单元内部的应用软件和标定软件进行更新，从而实现电控单元控制逻辑和控制功能的升级。

功能 B：电控单元配置。此项功能用于根据车辆的实际特征，配置电控单元的各项控制功能，同时写入车辆识别号（VIN）。

功能 C：防盗匹配。车身电子模块（BCM）属于防盗相关模块，更换新的 BCM 后需要做防盗匹配，包括写入 PIN 码和密钥匹配，成功完成防盗匹配后车辆才能正常启动。异常结果处理如表 8-3 所示。

表 8-3 防盗匹配异常结果处理

异常结果	建议解决方法
无 PIN 码	请重试，若无效请联系上汽售后服务中心
无效 PIN 码	请重试，若无效请联系上汽售后服务中心
BCM 已锁定	更换新的 BCM 后重试
发动机运行中	关闭发动机后重试
电控单元被锁定（三次 PIN 码错误）	等待 15min 电控单元解锁后，重新执行操作
BCM EEPROM 错误	检查 BCM 故障码，必要时更换 BCM
超时	请重试，若无效请联系上汽售后服务中心
上一例程未结束	等待后重试
CAN 总线通信错误	检查故障码和相关线束接插件，通信正常后重试

功能 D：锁定 BCM。新的 BCM 完成刷新、配置和防盗匹配后需要锁定，锁定后的 BCM 无法再进行防盗匹配，锁定 BCM 后才能添加新钥匙。

功能 E：添加钥匙。在 BCM 和 PEPS（如配置）中添加和匹配新钥匙，添加成功后新钥匙可以正常解锁、锁止和启动车辆。

功能 F：删除钥匙。在 BCM 和 PEPS（如配置）中删除已有钥匙，删除成功后被删除的钥匙无法解锁、锁止和启动车辆。

功能 G：BCM 电源模式调整。在新车交付客户前或更换新的 BCM 后，为防止 BCM 控制的部分功能无法正常使用，需要对 BCM 的电源模式进行检查，确保其处于正常模式下。

功能 H：制动踏板位置传感器零位学习。制动踏板位置传感器输出的不同电压值代表制动踏板的不同位置，更换 BCM 或制动踏板位置传感器/制动踏板总成后需要对传感器做零位学习。BCM 内部存储零位学习值。

六、东风风神汽车

本部分以东风风神 S30/H30 CROSS 车型为例讲解。该车型搭载带德尔福 MT22.1 电控系统的 A15/A16 发动机。更换新的防盗控制盒进行匹配时，可按以下步骤操作：

① 保证车辆 VIN 号准确无误，并向厂商售后取得钥匙密码。

② 准备好需要匹配的新密码防启动控制盒。

③ 通过座舱内诊断接口连接东风风神专用诊断仪，将第一把钥匙插入点火开关并拧到 ON 挡。

④ 操作诊断仪，按照下面流程根据诊断仪提示依次进行钥匙匹配：

a. 选择诊断程序版本（一般选择最新版本）。

b. 选择车型为 S30/H30 CROSS，如图 8-86 所示。

c. 选择发动机电喷程序版本为 S30/H30 CROSS（DFM A15-MT22.1），如图 8-87 所示。

菜单

S30/H30 CROSS

A60

E30

D23

G29

上一页　下一页

返回　复位　帮助　打印

图 8-86　选择车型

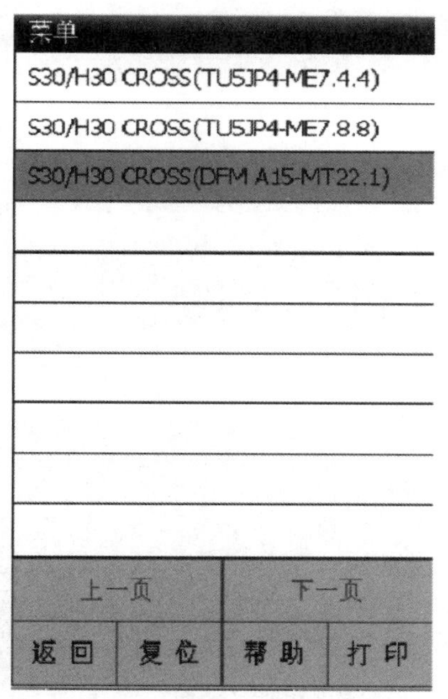

图 8-87　选择发动机电喷程序版本

d. 选择“IMMO 防盗控制系统”，如图 8-88 所示。

e. 选择“电控单元设置”，如图 8-89 所示。

f. 选择“售后服务”，如图 8-90 所示。

g. 诊断仪提示是否已经获取密码，如果已经获取密码，点击“是”进行下一步操作，否则请先向技术援助室申请密码。

h. 选择“更换防盗控制器”，如图 8-91 所示。

i. 输入 PIN 码（即从技术援助室获得的钥匙密码），如图 8-92 所示。

注意： 输入诊断仪的钥匙密码只有四位，字母大写。例如密码格式为 13 位的 K9BF0000MBADP，实际输入诊断仪密码为 MBAD，即倒数第 2 位到倒数第 5 位。

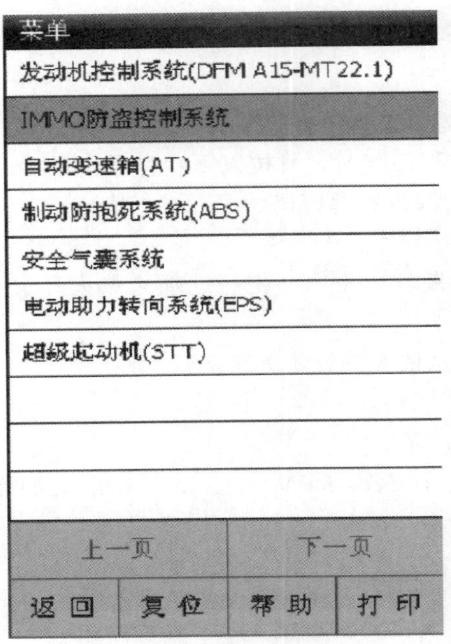

图 8-88 选择防盗控制系统

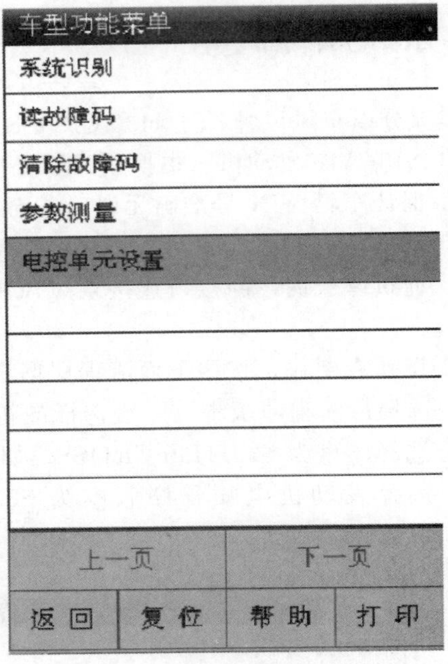

图 8-89 选择“电控单元设置”

图 8-90 选择“售后服务”

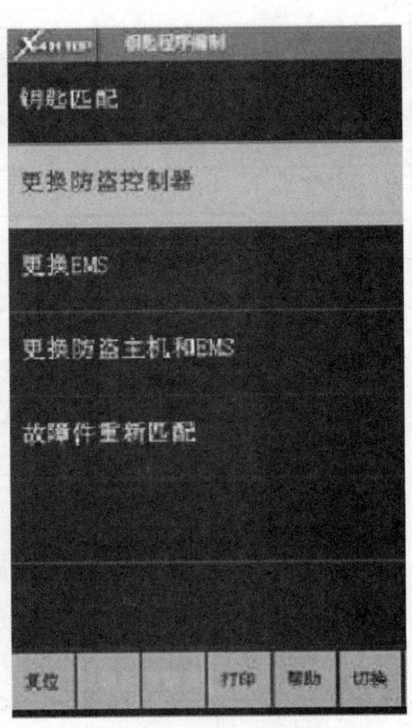

图 8-91 选择“更换防盗控制器”

j. 再次输入 PIN 码，如图 8-93 所示。

注意：如果两次输入密码诊断仪都提示密码错误，请首先核对是否输入有误，如果确认无误，等待 15min 以上再次输入，如果仍然提示密码错误，不要再尝试输入密码，应确认

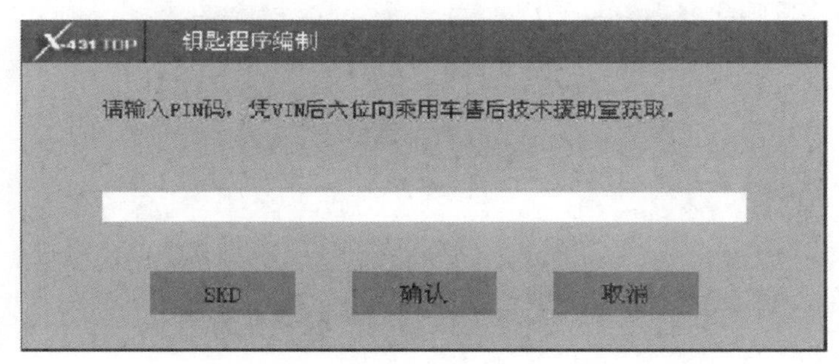

图 8-92　输入 PIN 码

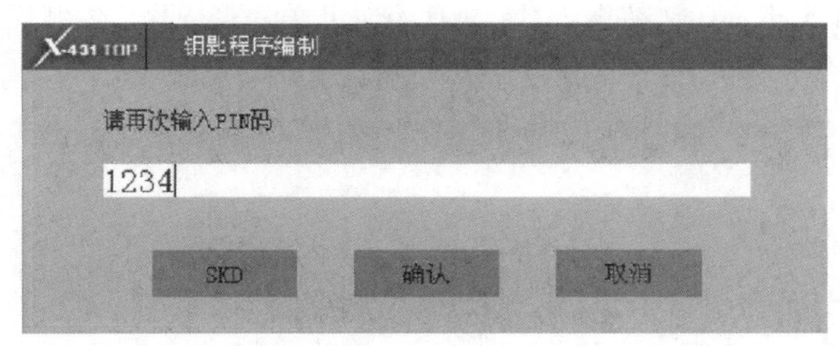

图 8-93　再次确认 PIN 码

该车 VIN 号无误后向技术援助室核对密码。

k. 输入该车辆的 17 位 VIN 码，并确认该车 VIN 号准确无误，如图 8-94 所示。

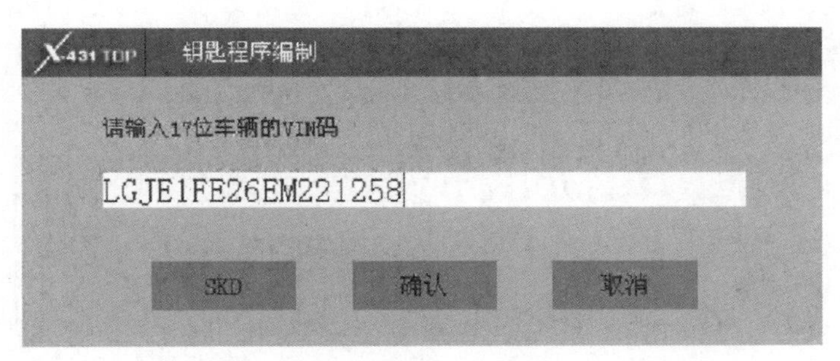

图 8-94　输入 17 位 VIN 码

l. 第一把钥匙与防启动控制盒程序编制完成，按诊断仪提示插入第二把钥匙并打到 ON 位置，如图 8-95 所示。

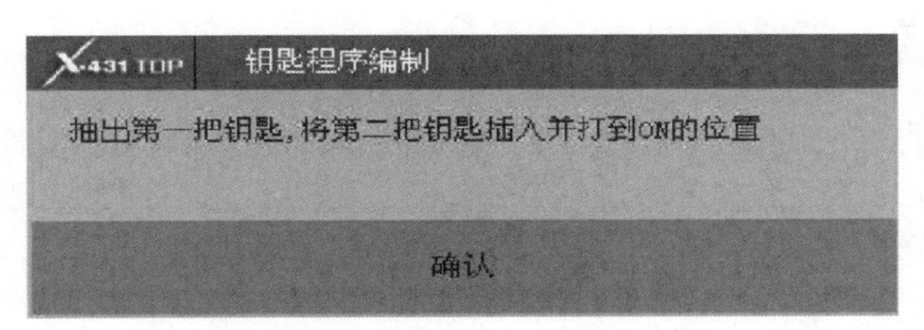

图 8-95　插入第二把钥匙

m. 输入 10 位诊断仪 ID 号，如图 8-96 所示。

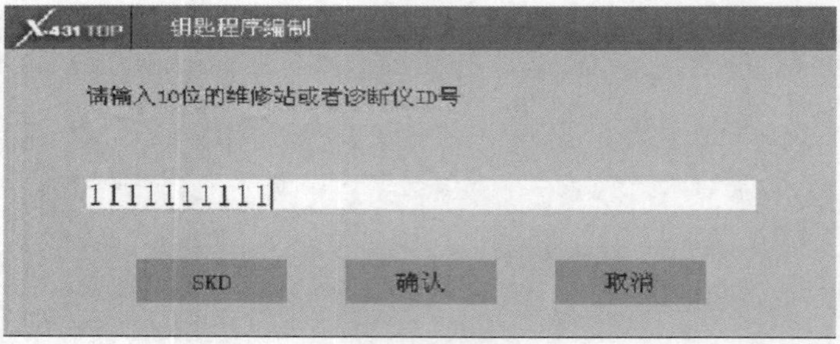

图 8-96　输入 ID 号

n. 诊断仪进行程序编制过程，直接提示“完成 EMS 匹配”，如图 8-97 所示。

注意： 此时不要进行任何动作，不能关闭点火开关，等待程序编制完成后诊断仪出现提示。

图 8-97　完成匹配提示

o. 诊断仪提示将钥匙打到 OFF 等待 3s 以后启动发动机（每把钥匙都执行同样的操作），如图 8-98 所示。

注意： 此步骤在完全退出诊断仪程序、拔出诊断插头后进行。

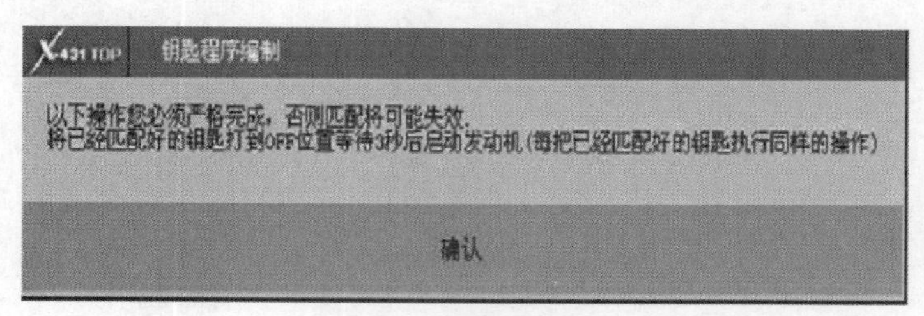

图 8-98　操作提示

七、奇瑞汽车

在售后维修过程中如果遥控钥匙、PEPS 控制器、发动机控制模块都需要换新，就需要用整套系统匹配的流程。将全新的整套系统安装连接好后，将诊断设备连接至车辆诊断接口，点火钥匙转至 ON 挡。

连接诊断仪，首先进入 PEPS 模块进行配置代码输入，然后进入 IMMO 模块进行防盗功能匹配完整系统，执行以下操作：

① 车型配置代码输入（PEPS 模块中输入）。

② 将 VIN 码输入诊断设备。

③ 将 PIN 码输入诊断设备。

④ 诊断仪匹配 IMMO。

⑤ 诊断仪匹配发动机控制模块。

⑥ 添加钥匙。

⑦ 清除故障码。

以上步骤除了①②③需要手动输入，其他的都由诊断仪自动完成。

诊断仪具体操作如下。

车型配置代码输入：捷途 X70→无钥匙启动系统（PEPS）（见图 8-99）→特殊操作（见图 8-100）→写系统配置代码（见图 8-101）。捷途（X70）车型需输入 00 10 00。

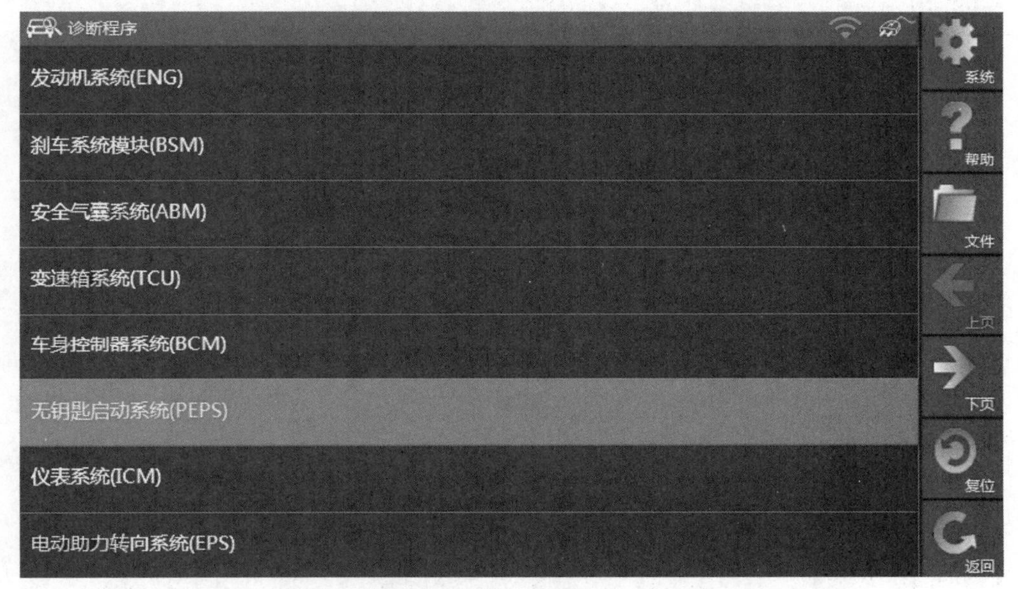

图 8-99　PEPS 选项

图 8-100　“特殊操作”选项

图 8-101 “写系统配置代码”操作

配置代码输入后，退出 PEPS 模块，进入发动机防盗模块（IMMO）（见图 8-102）→防盗系统匹配（见图 8-103）→匹配完整系统（见图 8-104）。

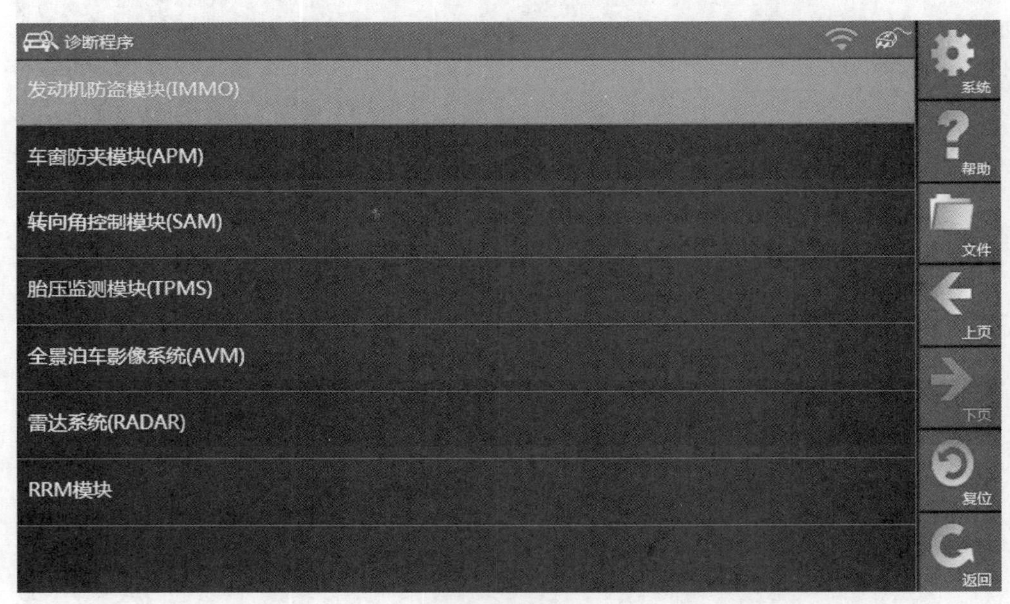

图 8-102 IMMO 选项

将 VIN 码输入诊断设备：先用诊断仪从原发动机系统（ENG）或无钥匙启动系统（PEPS）或者变速箱系统（TCU）读出车辆识别码（VIN），然后进行输入。

将 PIN 码输入诊断设备：服务站在售后服务系统→技术支持→ECU 防盗密码申请进行 PIN 申请，售后服务部审批后在系统中进行恢复。

剩下的步骤诊断仪自动完成。

图 8-103　“防盗系统匹配”选项

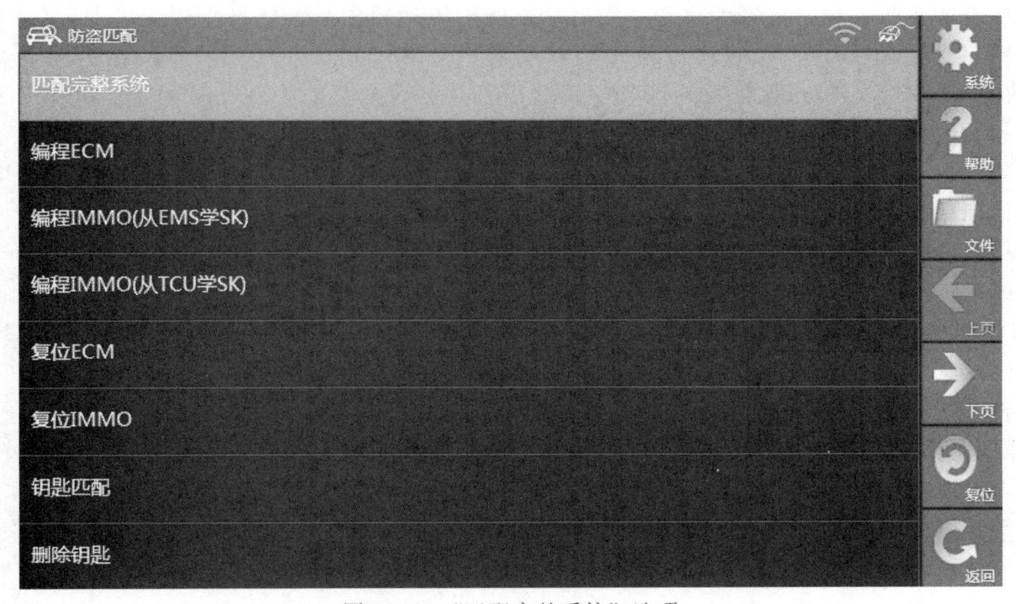

图 8-104　“匹配完整系统”选项

如果 ECM 出现不可修复的故障，必须更换 ECM，为使更换的 ECM 能在原车上正常工作，必须进行匹配操作。更换的 ECM 必须是新的或者已经恢复出厂状态。

先用诊断仪从原发动机系统（ENG）或无钥匙启动系统（PEPS）或者变速箱系统（TCU）读出车辆识别码（VIN），然后进行输入，通过 VIN 在售后服务系统中申请 PIN 码。将全新的发动机控制器（EMS）装配成功后，按下点火（IGN）开关使车辆上电。进入诊断仪防盗控制系统程序，选择编程发动机系统菜单，按照诊断仪提示输入车辆识别码（VIN）和识别码（PIN），诊断仪执行编程 EMS 成功之后，会显示 EMS 匹配成功。

踩下刹车踏板（自动挡车型）或离合器踏板（手动挡车型），按一下点火开关看车辆是否能启动成功，如果启动成功则更换完成，如果启动不成功则更换未完成。

诊断仪操作如下：

捷途 X70→发动机防盗模块（IMMO）→防盗功能匹配→编程 ECM。

对 ECM 执行以下操作：

① 将 VIN 码输入诊断设备。

② 将 PIN 码输入诊断设备。

③ 如果 PIN 码正确，进行 ECM 的匹配学习。

学习完成后，ECM 匹配完成，退出防盗功能匹配，进入写数据→输入 VIN 码、输入维修站代码、输入编程日期。

更换电子转向柱锁 ESCL（仅适用于手动挡车型）的方法如下：

先用诊断仪从原发动机系统（ENG）或无钥匙启动系统（PEPS）或者变速箱系统（TCU）读出车辆识别码（VIN），然后进行输入，通过 VIN 在售后服务系统中申请 PIN 码；将全新的电子转向柱锁（ESCL）装配成功后，保持车辆电源处于关闭（OFF）状态；进入诊断仪防盗控制系统程序，选择编程 ESCL 菜单；按照诊断仪提示输入用户个人识别码（PIN），诊断仪执行编程 ESCL 成功之后，会显示 ESCL 匹配成功。

按一下点火开关使车辆电源处于关闭（IGN OFF）状态，打开驾驶员侧车门再重新关上，检查能否听到锁闩上锁的声音，然后检查能否转动转向盘，如果听到锁闩上锁的声音，并且转向盘转动不了，则电子转向柱锁上锁成功；按一下点火开关使车辆电源处于点火（IGN ON）状态，检查能否听到锁闩解锁的声音，然后检查能否转动转向盘，如果听到锁闩解锁的声音，并且转向盘可以转动，则电子转向柱锁解锁成功，即 ESCL 配对成功，否则配对失败。

诊断仪操作：捷途 X70→发动机防盗模块（IMMO）→防盗匹配→编程 ESCL。

更换 TCU（仅适用于自动挡车型）的方法如下：

先用诊断仪从原发动机系统（ENG）或无钥匙启动系统（PEPS）或者变速箱系统（TCU）读出车辆识别码（VIN），然后进行输入，通过 VIN 在售后服务系统中申请 PIN 码。

将全新的变速箱控制器（TCU）装配成功后，按下点火（IGN）开关使车辆上电；进入诊断仪防盗控制系统程序，选择编程 TCU 菜单；按照诊断仪提示输入车辆识别码（VIN）和用户个人识别码（PIN），诊断仪执行编程 TCU 成功之后，会显示 TCU 匹配成功。

整车电源状态在点火（IGN）状态下，踩下刹车踏板检查是否可以将换挡杆从 P 挡轻松挂入其他挡位，如果可以则匹配成功，如果不能，则配对失败。

诊断仪操作：捷途 X70→发动机防盗模块（IMMO）→防盗匹配→编程 TCU（见图 8-105）。

更换 PEPS 模块的方法如下：

MT 车型：

先用诊断仪从原发动机系统（ENG）读出车辆识别码（VIN），通过 VIN 在售后服务系统中申请 PIN 码。

将全新的无钥匙控制系统（PEPS）装配成功后，保持车辆电源处于关闭（OFF）状态，连接诊断仪，进入 X70 发动机防盗模块（IMMO），选择防盗功能匹配擦除 ESCL 功能，按照诊断仪说明书输入 PIN 码，擦除 ESCL；ESCL 擦除后，按下点火开关使车辆处于 ON

图 8-105 “编程 TCU”选项

挡，进入诊断仪无钥匙启动系统，选择特殊操作，然后再选择系统配置代码，X70 车型需输入 00 10 00，输入完成显示配置完成，后返回诊断仪界面；进入发动机防盗模块（IMMO）“写数据”功能，分别写入用户授权码（PIN 码）和 VIN 码；进入发动机防盗模块（IMMO）“防盗系统匹配”功能，选择编程 IMMO（从 EMS 学 SK）或编程 IMMO（从 TCU 学 SK）（自动挡车型），按照诊断仪提示输入用户个人识别码（PIN），诊断仪执行编程 IMMO 成功之后，会显示编程 IMMO 成功；IMMO 编程成功后，选择“钥匙匹配”功能，按照钥匙匹配说明，将原车钥匙逐个完成匹配，或进行新钥匙匹配；钥匙匹配完成后，选择“编程 ESCL”功能，按照诊断仪操作提醒，编程 ESCL；检查全车功能是否完好，如功能正常，PEPS 更换匹配完成。

注意事项：未配对的无钥匙进入模块（PEPS）有 50 次机会可以将车辆电源从关闭（IGN OFF）打到点火（IGN ON）状态，一旦超过 50 次将导致 PEPS 就不能使用，所以在 PEPS 未配对的情况下，不能随意开关电源；换上新的无钥匙进入模块（PEPS）IMMO 编程完成后，需执行“ESCL 擦除”操作，否则可能会导致 ESCL 进入“Anti-scanning”保护模式。

若不慎使 ESCL 进入“Anti-scanning”保护模式，需执行“ESCL 擦除”操作。

AT 车型：

先用诊断仪从原发动机系统（ENG）或无钥匙启动系统（PEPS）或者变速箱系统（TCU）读出车辆识别码（VIN），然后进行输入，通过 VIN 在售后服务系统中申请 PIN 码；将全新的防盗控制系统（PEPS）装配成功后，按下点火（IGN）开关使车辆上电；进入诊断仪无钥匙启动系统，选择特殊操作，然后再选择系统配置代码，X70 车型需输入 00 10 00，输入完成之后返回诊断仪界面；进入发动机防盗模块（IMMO）“写数据”功能，分别写入用户授权码（PIN 码）和 VIN 码；进入发动机防盗模块（IMMO）“防盗系统匹配”功能，选择编程 IMMO（从 EMS 学 SK）或编程 IMMO（从 TCU 学 SK）（自动挡车型），按照诊断仪提示输入用户个人识别码（PIN），诊断仪执行编程 IMMO 成功之后，会显示编程 IMMO 成功；IMMO 编程成功后，选择“钥匙匹配”功能，按照钥匙匹配说明，将原车钥匙逐个完成匹配，或进行新钥匙匹配；钥匙匹配完成后，检查车辆功能，功能完好，则匹配完成。

诊断仪操作：

① 擦除 ESCL：捷途 X70→发动机防盗模块（IMMO）（见图 8-106）→防盗系统匹配（见图 8-107）→擦除 ESCL（见图 8-108）。

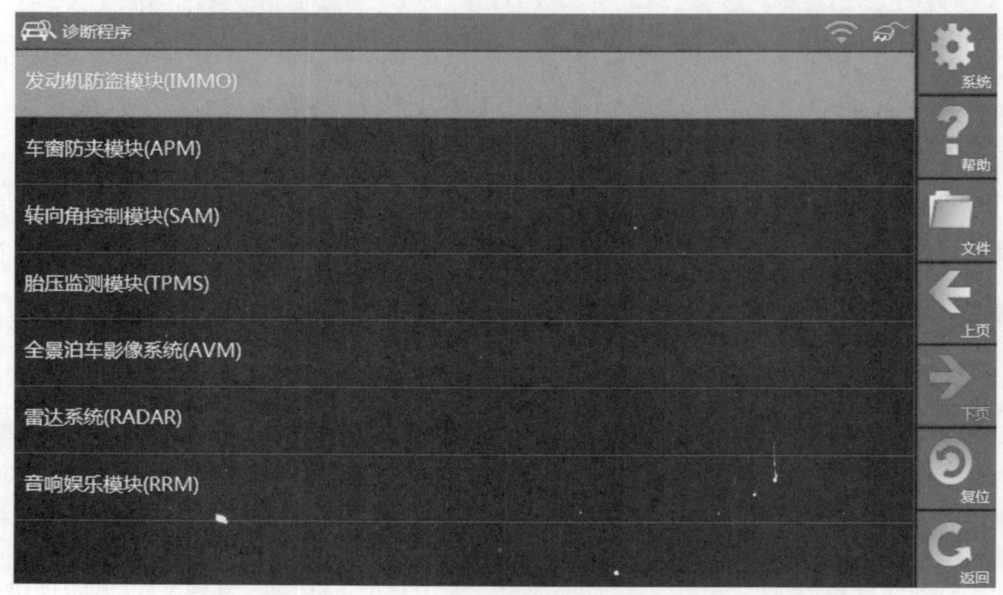

图 8-106　发动机防盗模块（IMMO）选项

图 8-107　“防盗系统匹配”选项

② PEPS 配置代码写入：捷途 X70→无钥匙启动系统（PEPS）→特殊操作→写系统配

图 8-108　“擦除 ESCL”选项

置代码。X70 车型需输入 00 10 00。

③ 防盗系统写数据：捷途 X70→发动机防盗模块（IMMO）→写数据（见图 8-109）→用户授权码（PIN 码）和 VIN 码（见图 8-110）。

图 8-109　“写数据”选项

④ 防盗系统写入 SK：捷途 X70→发动机防盗模块（IMMO）→防盗系统匹配（见图 8-111）→编程 IMMO（从 EMS 学 SK）（见图 8-112）。

⑤ 编程 ESCL：捷途 X70→发动机防盗模块（IMMO）→防盗功能匹配→编程 ESCL（见图 8-113）。

图 8-110 “用户授权码”与“VIN 码”选项

图 8-111 “防盗系统匹配”选项

ESCL 编程成功后，MT 车型更换 PEPS 模块匹配完成。

防盗功能零部件在售后过程中发生故障或者调换时，在将零部件装到其他车上进行匹配前一定要先将其恢复出厂状态。即为将模块 EEPROM 上防盗相关的信息清空，回到模块出厂时的状态。

① 将 PIN 码（通过售后服务系统申请）输入诊断设备。

② 如果 PIN 码正确，将模块恢复到出厂状态。

图 8-112 “编程 IMMO（从 EMS 学 SK）”选项

图 8-113 “编程 ESCL”选项

备注： 正常情况下请不要复位各模块，否则将造成防盗功能故障，车辆无法着车。

八、理想汽车

以理想 one 车型为例，BCM 模块防盗匹配编程步骤如下：

① 车辆连接诊断仪。

② 选择“匹配功能—BCM”，如图 8-114 所示。

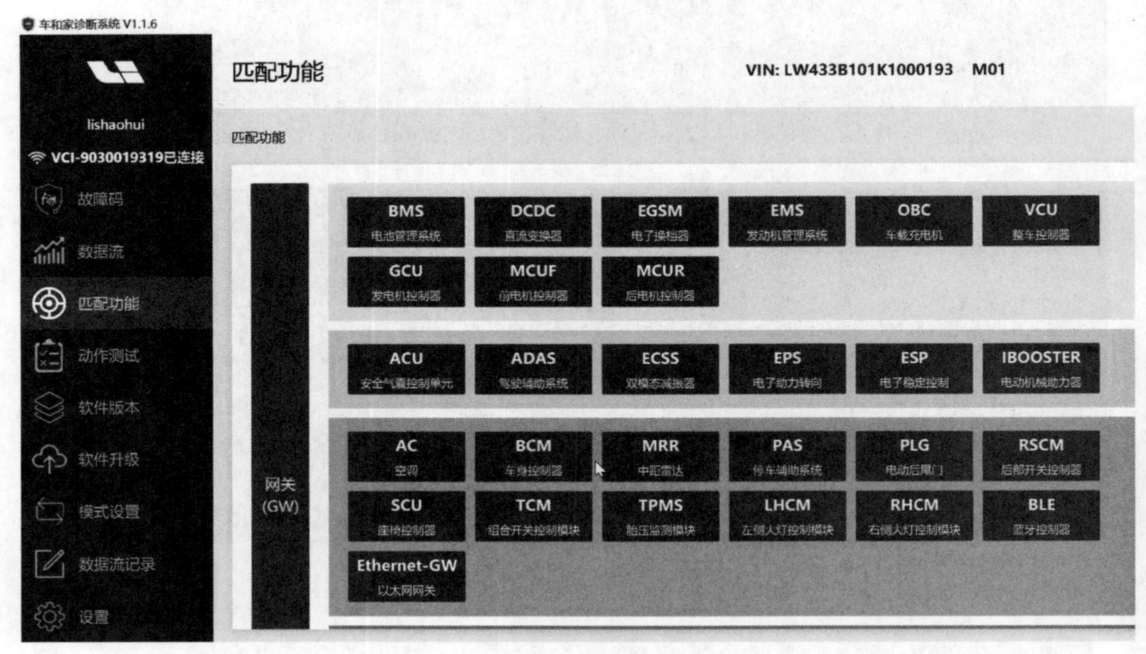

图 8-114　进入 BCM 匹配

③ 点击“确认”，如图 8-115 所示。

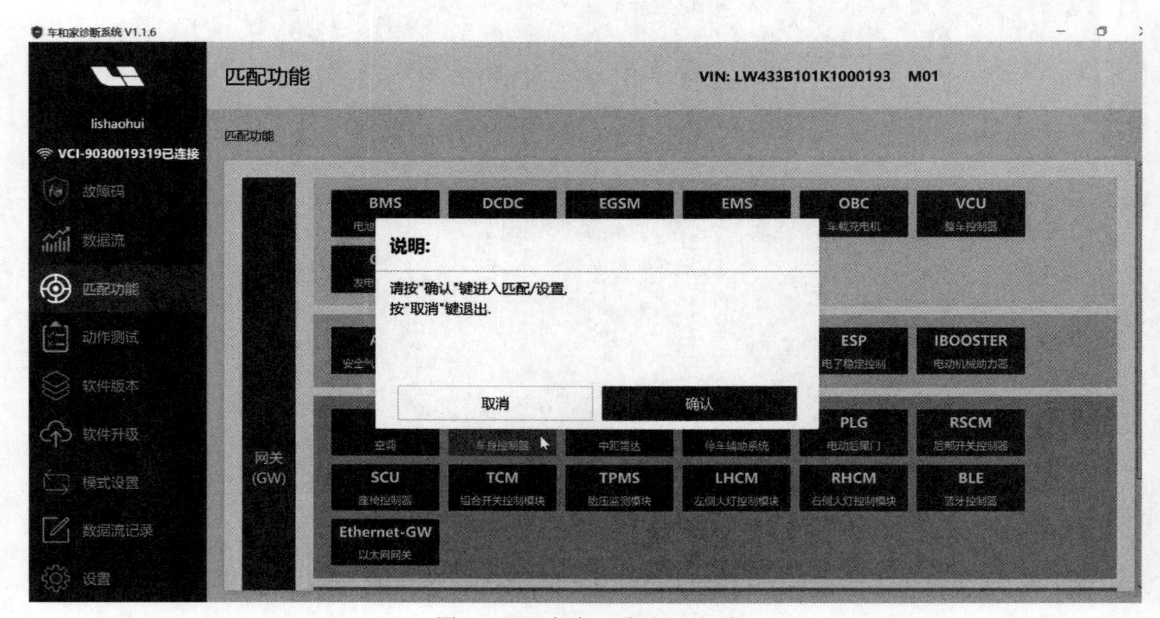

图 8-115　点击“确认”选项

④ 点击“防盗学习”，向 BCM 注入 PIN 码，如图 8-116 所示。

⑤ 点击“钥匙全部丢失后售后钥匙学习”，重新学习原车钥匙。

图 8-116 进入“防盗学习”选项

附 录

常见品牌主流车型防盗系统电路图

扫码查看

参考文献

[1] 鲁植雄．汽车防盗系统故障诊断图解［M]．南京：江苏科学技术出版社，2008.

[2] 孔军．图解汽车防盗和中控门锁电控系统故障［M]．北京：化学工业出版社，2014.

[3] 李昌凤．汽车中控门锁与防盗系统维修快速入门30天［M]．北京：机械工业出版社，2016.

[4] 刘春晖，何运丽．汽车中控门锁与防盗系统维修技能与技巧点拨［M]．北京：机械工业出版社，2021.

[5] 何琨，宋广辉．汽车防盗系统维修全解读［M]．北京：化学工业出版社，2015.

[6] 周晓飞．看图学汽车防盗系统维修［M]．北京：化学工业出版社，2011.

[7] 瑞佩尔．汽车编程设置一册通［M]．北京：化学工业出版社，2018.

[8] 曹晶．汽车防盗技术 原理 应用 检测 匹配 案例［M]．北京：化学工业出版社，2022.

[9] 曹晶，汪正河．汽车防盗原理与编程技术［M]．北京：化学工业出版社，2019.

[10] 胡杰．奔驰宝马工程师 编程设码操作实例彩色图解［M]．北京：机械工业出版社，2018.

[11] 张月相，王雪艳，刘大学，等．电控汽车防盗培训教程［M]．哈尔滨：黑龙江科学技术出版社，2008.

[12] 吴文琳．汽车防盗及中控门锁系统维修方法精讲［M]．北京：人民邮电出版社，2012.

[13] 谭本忠．看图学修汽车防盗系统［M]．北京：机械工业出版社，2013.

[14] 高宇．新款汽车中控与防盗系统电路图集［M]．北京：机械工业出版社，2013.

[15] 曹宇航．汽车中控门锁与防盗系统维修必会技能200问［M]．北京：机械工业出版社，2014.